中国社会科学院重大课题

国家“十五”重点出版项目

列国志

GUIDE TO THE WORLD STATES

中国社会科学院《列国志》编辑委员会

苏里南

◉吴德明 编著

社会科学文献出版社
SOCIAL SCIENCES ACADEMIC PRESS (CHINA)

苏里南国旗

苏里南国徽

首都凯泽大街上比肩而立的犹太教堂（右）和伊斯兰教清真寺（左）

首都凯泽大街的犹太教教堂

首都凯泽大街的伊斯兰教清真寺

苏里南首都的独立广场（又称团结广场）

苏里南西部城市尼克里一景

泽兰迪亚要塞的荷兰女王威廉明娜塑像

亨克·阿龙大街
(前格拉温大街)一角

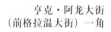

摩根斯通德种植园

独立广场上的彭格尔塑像和财政部塔楼

首都滨水大街街景

棕榈园里的“冰人”。

苏里南的华人商店

范布洛梅斯泰恩湖中的小岛

通往蒙戈城的路上

范布洛梅斯泰恩湖上小岛一隅

苏里南阿尔比纳和法属圭亚那圣洛朗之间的轮渡

苏里南名贵树种绿心樟

穿越热带雨林的道路

苏里南河上游热带雨林

苏里南河大桥

前言

自1840年前后中国被迫开关、步入世界以来，对外国舆地政情的了解即应时而起。还在第一次鸦片战争期间，受林则徐之托，1842年魏源编辑刊刻了近代中国首部介绍当时世界主要国家舆地政情的大型志书《海国图志》。林、魏之目的是为长期生活在闭关锁国之中、对外部世界知之甚少的国人“睁眼看世界”，提供一部基本的参考资料，尤其是让当时中国的各级统治者知道“天朝上国”之外的天地，学习西方的科学技术，“师夷之长技以制夷”。这部著作，在当时乃至其后相当长一段时间内，产生过巨大影响，对国人了解外部世界起到了积极的作用。

自那时起中国认识世界、融入世界的步伐就再也没有停止过。中华人民共和国成立以后，尤其是1978年改革开放以来，中国更以主动的自信自强的积极姿态，加速融入世界的步伐。与之相适应，不同时期先后出版过相当数量的不同层次的有关国际问题、列国政情、异域风俗等方面的著作，数量之多，可谓汗牛充栋。它们对时人了解外部世界起到了积极的作用。

当今世界，资本与现代科技正以前所未有的速度与广度在国际间流动和传播，“全球化”浪潮席卷世界各地，极大地影响着世界历史进程，对中国的发展也产生极其深刻的影响。面临不同以往的“大变局”，中国已经并将继续以更开放的姿态、更快的步伐全面步入世界，迎接时代的挑战。不同的是，我们所面临的已不是林则徐、魏源时代要不要“睁眼看世界”、要不要“开放”问题，而是在新的历史条件下，在新的世界发展大势下，如何更好地步入世界，如何在融入世界的进程中更好地维护民族国家的主权与独立，积极参与国际事务，为维护世界和平，促进世界与人类共同发展做出贡献。这就要求我们对外部世界有比以往更深切、全面的了解，我们只有更全面、更深入地了解世界，才能在更高的层次上融入世界，也才能在融入世界的进程中不迷失方向，保持自我。

与此时代要求相比，已有的种种有关介绍、论述各国史地政情的著述，无论就规模还是内容来看，已远远不能适应我们了解外部世界的要求。人们期盼有更新、更系统、更权威的著作问世。

中国社会科学院作为国家哲学社会科学的最高研究机构和国际问题综合研究中心，有11个专门研究国际问题和外国问题的研究所，学科门类齐全，研究力量雄厚，有能力也有责任担当这一重任。早在20世纪90年代初，中国社会科学院的领导和中国社会科学出版社就提出编撰“简明国际百科全书”的设想。1993年3月11日，时任中国社会科学院院长的胡绳先生在科研局的一份报告上批示：“我想，国际片各所可考虑出一套列国志，体例类似几年前出的《简明中国百科全书》，以一国（美、日、英、法等）或几个国家（北欧各国、印支各国）为一册，请考虑可行否。”

中国社会科学院科研局根据胡绳院长的批示，在调查研究的基础上，于1994年2月28日发出《关于编纂〈简明国际百科全书〉和〈列国志〉立项的通报》。《列国志》和《简明国际百科全书》一起被列为中国社会科学院重点项目。按照当时的计划，首先编写《简明国际百科全书》，待这一项目完成后，再着手编写《列国志》。

1998年，率先完成《简明国际百科全书》有关卷编写任务的研究所开始了《列国志》的编写工作。随后，其他研究所也陆续启动这一项目。为了保证《列国志》这套大型丛书的高质量，科研局和社会科学文献出版社于1999年1月27日召开国际学科片各研究所及世界历史研究所负责人会议，讨论了这套大型丛书的编写大纲及基本要求。根据会议精神，科研局随后印发了《关于〈列国志〉编写工作有关事项的通知》，陆续为启动项目拨付研究经费。

为了加强对《列国志》项目编撰出版工作的组织协调，根据时任中国社会科学院院长的李铁映同志的提议，2002年8月，成立了由分管国际学科片的陈佳贵副院长为主任的《列国志》编辑委员会。编委会成员包括国际片各研究所、科研局、研究生院及社会科学文献出版社等部门的主要领导及有关同志。科研局和社会科学文献出版社组成《列国志》项目工作组，社会科学文献出版社成立了《列国志》工作室。同年，《列国志》项目被批准为中国社会科学院重大课题，国家新闻出版总署将《列国志》项目列入国家重点图书出版计划。

在《列国志》编辑委员会的领导下，《列国志》各承担单位尤其是各位学者加快了编撰进度。作为一项大型研究项目和大型丛书，编委会对《列国志》提出的基本要求是：资料详实、准确、最新，文笔流畅，学术性和可读性兼备。《列国志》之所以强调学术性，是因为这套丛书不是一般的“手册”、“概览”，而是在尽可能吸收前人成果的基础上，体现专家学者们的研究所得和个人见解。正因为如此，《列国志》在强调基本要求的同时，本着文责自负的原则，没有对各卷的具体内容及学术观点强行统一。应当指出，参加这一浩繁工程的，除了中国社会科学院的专业科研人员以外，还有院外的一些在该领域颇有研究的专家学者。

现在凝聚着数百位专家学者心血、约计200卷的《列国志》丛书，将陆续出版与广大读者见面。我们希望这样一套大型丛书，能为各级干部了解、认识当代世界各国及主要国际组织的情况，了解世界发展趋势，把握时代发展脉络，提供有益的帮助；希望它能成为我国外交外事工作者、国际经贸企业及日渐增多的广大出国公民和旅游者走向世界的忠实“向导”，引领其步入更广阔的世界；希望它在帮助中国人民认识世界的同时，也能够架起世界各国人民认识中国的一座“桥梁”，一座中国走向世界、世界走向中国的“桥梁”。

《列国志》编辑委员会

2003年6月

CONTENTS

目　录

CONTENTS
目 录

CONTENTS

目　录

CONTENTS

目 录

CONTENTS

目 录

CONTENTS

目 录

CONTENTS

目 录

苏里南驻华大使序

中国社会科学院拉丁美洲研究所邀请我为本书作序，这是我最大的荣幸之一。首先，我非常希望对吴德明博士的辛勤劳动表示感激，他花费了大量时间去观察、了解多元而复杂的苏里南社会。其实，真正了解我国社会、经济和文化各个领域的情况是一项最具挑战性和最困难的任务，特别是将它纳入学术领域的时候。然而，构成苏里南各种团体的社会、历史、经济以及多民族因素的复杂性在书中展示得淋漓尽致，好像作者自己就是当地人一样。

用语言是不足以表达我对吴德明博士和中国社会科学院出版本书是多么感激的心情的。唯一能做的是，我有许多重要理由去鼓励青年人阅读这本书。理由之一是交流工具的发展理念。据此，人们必须做的事情，就是需要去了解其他的人。通过建立友谊和互相理解，世界正在变成一个地球村。所有这一切都开始于一个简单的但是很重要的行动，即了解人们相互之间的文化。本书在苏里南共和国的多元文化和多民族社会方面，为读者提供了非常有用的和清楚的介绍。进而言之，本书是为数不多的用中文撰写的描述苏里南社会文化结构的书籍之一，它使得中国人评价和分享一个处于地球另一侧相距 180 经度的国家的多元文化经验，变得更为容易了。

中国作为世界上经济发展最快的国家之一，不仅是人们经济方面关注的中心，而且伴随着许多国际性盛事在中国的举行，文化方面也在获得动力。正如我们在苏里南关注中国一样，我请求中国人对地球另一边的我们也给予越来越多的关注。苏里南的人口由印度人、克里奥尔人、印度尼西亚人、华人、非洲人、来自中东的人、犹太人、印第安人（土著人）和大批混血种人组成，具有多民族、多文化和多宗教的特点。苏里南实际上是一个民族、宗教和谐的典范。相较而言，苏里南可能是一个相当小的国家，但是我们希望在社会经济领域向中国学习的同时，苏里南在涉及全球化进程方面能够提供许多社会文化一体化方面的经验。

1976 年 5 月 28 日，中华人民共和国和苏里南共和国正式建立外交关系。1977 年 5 月，中国在苏里南建立使馆；1998 年 1 月，苏里南在中国开设使馆。但是，我们两国之间的联系可以一直追溯到 1853 年。当时，第一批中国移民踏上了苏里南海岸。自从建立外交关系以来，两国在政治、经济、军事和文化领域进行了富有成果的合作。在国际事务方面，两国一贯互相支持和密切合作。

尽管我只是在去年才有机会来到中国，但是，我感觉好像之前我已经了解了中国。作为一个苏里南人，我因此有机会至少探索了一部分我们国家的文化遗产。看到本书的出版，我很高兴，因为了解苏里南作为世界上文化最多样性的国家之一，无疑会对中国进一步建设社会和谐有所裨益。

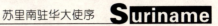

这本书是一本关于发现的书。此种发现并不是地球上的火或电，而是一种仍然引起变化的因素。我希望，本书的出版能够为进一步加强中国和苏里南之间的关系作出贡献，同时在共同努力建设和谐世界的过程中，成为中国人民和苏里南人民之间建立相互理解的桥梁。

苏里南共和国驻中华人民共和国大使

穆罕默德·伊萨克·苏罗卡索

2008 年 3 月 14 日

Preface

Being asked by the Institute of Latin American Studies of the Chinese Academy of Social Sciences to write the preface to this book is one of the greatest honors bestowed upon me. First and utmost I wish to express my gratitude for the painstaking efforts of Dr. Wu Deming for spending a lifetime observing making sense of the multi-complex Suriname society. The understanding of the socio-economic and cultural aspects of my country is a most challenging and difficult task especially when put into an academic perspective. The complexity of the socio-historical, economic as well as the multi-ethnic elements which constitute the Suriname community have been laid out in clear and comprehensive manner as if the author were a local himself.

As words are not enough to express how thankful I am to Dr. Wu Deming and the CASS with this publication I can merely begin to encourage the youth to read this book for many important reasons. One of this reasons is the concept of development of the means of communication by which the need to understand others becomes a must. The world is becoming a global community through the building of friendship and mutual understanding. This all begins with the simple but important action of knowing about the culture of each other. This book on Suriname provides the readers a very useful and clear introduction in the multi-cultural and multi-ethnic society of the Republic of Suriname. Further more it is one of the few books written in the Chinese language describing the socio-cultural mechanism within the Suriname society. Making it far easier for people in China to assess and share in the plural cultural experience of a country located 180degrees on the other side of the globe.

China as one of the world's fastest growing economies has not only been in the center of economic attention but is culturally also gaining momentum with the many upcoming international events to be organized. As we in Suriname are focusing on China I call upon the people in China to pay more and more attention to know about us on the other side of the world.

The population of Suriname is multi-ethnic, multi-cultural and multi-religious, comprising of East Indians, Creoles, Indonesians, Chinese, Africans, Peoples from the Middle East, Jews, Amerindians (Indigenous Peoples) and a multitude of mixtures. Suriname is in fact a model of ethnic and religious harmony. Suriname may be relatively small in comparison but could offer a lot in terms of socio-cultural integration in relation to the globalization process as we wish to learn from China on the socio-economic level.

On May 28, 1976, the People's Republic of China formally established diplomatic relations with the Republic of Suriname. In May 1977, China set up its embassy in Suriname, and Suriname opened its embassy in China in January 1998. But the bound between our two countries goes back all the way to 1853 when the first Chinese immigrants set foot on the Suriname shores.

Since the establishment of diplomatic ties, the two countries have carried fruitful cooperation in political, economic, military and cultural fields. In international affairs, the two countries always support each other and cooperate closely.

Although is it just only since last year I had the opportunity to come to China I feel as if I already know China before.

As a Surinamese, I have thus had an opportunity to explore at least part of my country's cultural heritage. It is satisfying to me to see this book published because the knowledge of understanding Suriname as one of the most culturally diverse countries in the world can undoubtedly contribute to the further building of social harmony in China.

This is a book about discovery, not the earth shattering ones such as fire or electricity, but ones which have none the less caused change. My wish is that this book may contribute to the further strengthening of the relations between China and Suriname and that it may as well be a bridge for building understanding between the people in China and the people in Suriname in their mutual efforts to build a harmonious world society.

Ambassador of the Republic of Suriname
in the People's Republic of China

March 14th 2008.

Mohamed Isaak Soerokarso

自序

1979年6月，我调入拉丁美洲研究所南美研究室工作。所里分配我负责苏里南的综合研究。一年后，分管研究圭亚那的同志调离，所里又将圭亚那的综合研究任务分配给了我。从此以后，我负责研究圭亚那和苏里南两个国家。慢慢地，我对两国的了解不断增多，同时也对两国产生了深厚的感情。后来，尽管所里对研究室进行了调整，我的研究工作也另有侧重，但我对苏里南和圭亚那的研究工作一直坚持了下来。

苏里南是南美大陆最小的国家，但它和圭亚那一样，非常具有特色。苏里南是拉美和加勒比地区继圭亚那1966年独立之后第4个独立的国家，是南美大陆唯一的荷兰语国家，同时还是加勒比地区较早与中国建交的国家之一。苏里南山清水秀，物产丰富。境内动物、植物品种繁多，而且其中许多为珍稀品种；热带雨林覆盖率名列世界前茅，铝土生产居世界重要地位。苏里南江河溪流纵横交错，瀑布急流多而壮观，同圭亚那一样，称“多水之乡”，名副其实。在长期的历史发展过程中，苏里南聚集了欧洲、非洲、亚洲等地各种移民，成为全球少有的民族和种族繁多复杂、同时又相互和谐共处的国家，素有“小联合国”的雅称。现在，苏里南不仅拥有灿烂辉煌的古代美洲印第安文化，而且还拥有丰富多彩的现代各洲多民族文化。另外，苏里南像圭亚那一样，在国家政治舞台上出现过华裔总统、印度裔总统和非洲裔总统。出现过此三个民族总统的国家，在南美、加勒比乃至整个拉丁美洲，迄今为止仅有圭亚那和苏里南两国而已。

苏里南与中国相距遥远，但自1853年首批契约华工踏上苏里南大地以来，相互之间的了解不断增多，友谊不断加强。特别是1976年两国建交以来，相互之间的友好合作关系进一步发展。苏里南和中国同属发展中国家，有着相似的过去和面临着共同的发展任务。苏里南奉行“一个中国”政策，支持中国和平统一。中国对苏里南奉行“国家不论大小一律平等”的原则，尊重苏里南政府和人民对国家政治制度和经济发展道路的选择。长期以来两国政府和人民在国际事务中互相理解、互相同情、互相尊重和互相支持，谱写了篇篇华章。

中国社会科学院决定编写出版一套《列国志》丛书，拉丁美洲研究所负责编写拉美各个国家，我很高兴地接受了有关苏里南的写作任务。作为一个科研工作者，经过近30年的积累资料和潜心研究，非常愿意将自己了解的苏里南介绍给中国的广大读者，非常愿意为增进中国同苏里南之间的了解和友谊尽一份力量。当然，这也是一个科研工作者的义不容辞的光荣职责。我祝愿《苏里南》一书的出版能为中国和苏里南人民之间的友谊大厦增砖添瓦。

《苏里南》一书在编写过程中，得到了中国社会科学院和院科研局有关领导的热情指导和帮助，同时得到了拉丁美洲研究所领导和同事们的热情帮助和支持。前副所长徐世澄研究员、前科研处副处长曹琳同志等都曾为我提供过关于苏里南的宝贵资料。所里编辑部、科研处、图书资料室、办公室的同事们为我查阅、收集、复印资料等提供了各种方便和照顾。副所长江时学研究员、副所长宋晓平研究员、所长助理吴国平研究员等对苏里南的写作、修改提出了许多宝贵建议和指导意见。另外，《苏里南》

一书的编写还得到了苏里南驻华使馆的热情帮助和支持，为我提供了许多相关的图片和信息等，苏里南驻华大使穆罕默德·伊萨克·苏罗卡索欣然为本书撰写序言。中国社会科学院社会科学文献出版社的领导和编辑同志们为《苏里南》一书的出版付出了大量的辛勤的劳动。在此，对他们一并表示衷心的感谢。

由于本人才疏学浅，能力和水平有限，加之时间仓促，《苏里南》一书中难免存在一些缺点、疏漏、甚至错误之处。诚恳欢迎广大读者不吝指正。

吴德明

2007 年 12 月于拉丁美洲研究所

第一章

国土与人民

第一节 自然地理

一 地理位置

“苏里南”一词系印第安语，意为“多岩石的激流”（The Rocky Rapids）。“苏里南”一词作为国名，据说源自当地古代一个印第安人部族——“苏里南族”（The Surinen，亦作 The Surinas）的名字。

苏里南共和国（De Republiek Suriname 或 The Republic of Suriname，简称苏里南）位于南美洲大陆东北部，在西经 54°～58°、北纬 2°～6°之间，西接圭亚那，东邻法属圭亚那，南界巴西，北濒大西洋。面积 163820 平方公里（包括同圭亚那有争议的 1.7 万平方公里。一说面积为 163270 平方公里，其中陆地面积约 161470 平方公里，水域面积约 1800 平方公里）①，略大于

① 诸说不一，163820 平方公里，见 2000 年之后的《世界知识年鉴》，英文 2004 年《苏里南城市人口网站》、1997 年和 1999 年《南美手册》、1987 年《苏里南政治、经济和社会》、1986 年《不列颠百科全书》以及 1995 年之后的英国经济学家情报社《国家概况》等。一说为 163265 平方公里，见 2000 年之前的《世界知识年鉴》、1989 年新华社《环球》、1999 年（转下页注）

美国佐治亚州，与中国的河南省面积相似。苏里南是南美洲最小的国家，但不是拉丁美洲最小的国家。它的面积比任何一个中美洲国家或加勒比国家都要大，甚至比前宗主国荷兰还要大将近3倍。

苏里南国土南北长498.9公里，东北至西南为662公里，东南至西北为487公里。海岸线长约364公里（另说346公里或386公里等）。陆地边界线长1703公里（另说1786公里或1560.7公里等），其中苏里南与法属圭亚那边界长510公里，与巴西边界长593公里，与圭亚那边界长600公里①。苏里南与圭亚那和法属圭亚那都存在边界争议问题，另外与圭亚那还有海域争议。

苏里南时差比格林尼治时间晚3个小时（一说3.5个小时），比北京时间晚大约11个小时（一说晚11.5个小时）。由于苏里南临近赤道，处于北纬6°的地理位置，每天日落基本上在同一时间。黄昏景色甚为壮观，但是，大约20分钟之后天空由明亮瞬间变得漆黑一片。据介绍，苏里南所处的地理位置恰好在大西洋飓风区的南边，远离气旋中心，因此基本上不受强热带风暴的袭扰。

（接上页注①）《新编实用世界地图册》，英文2003年《欧罗巴年鉴》、2005年《南美、中美和加勒比概览》、1981年《土地与人民》、1987年《第三世界百科全书》以及1995年之前的英国经济学家情报社《国家概况》等。一说181455平方公里，见英文1974年《新不列颠百科全书》。一说163000平方公里，见英文1978年《南美洲》一书。一说163270平方公里，其中陆地约161470平方公里，水域约1800平方公里，见英文https://www.cia.gov/cia/publications/factbook/geos/ns.html和http://www.infoplease.com/ipa/A0108000.html等。一说142823平方公里，见1964年英文《不列颠百科全书》。

① 关于海岸线、陆界线等，诸说不一，详见George Thomas Kurian, *Encyclopaedia of the Third World*, Facts on File, Inc. New York, 1987, *The New Encyclopaedia Britannica*, vol. 8, Encyclopaedia Britannica Inc. Chicago, 1981, 英文网址：https://cia.gov/library/ publications/the-world-factbook/geos/ns.html等。

二　行政区划

苏里南早在1863年即荷兰统治时期（时称荷属圭亚那），就开始划分行政区进行管理。但是，当时的行政区实际上是设在首府帕拉马里博（Paramaribo）的中央政府的行政小分部，是完全缺乏具有行政责任的代表团体。从1865年起，殖民地有关行政权力的地方分权制法律已经建立起来，但实际上该法律并未真正得到实施。1937年苏里南颁布一项“农村社团法令”（The Rural Comminities Decree），其中规定在农村建立社团，允许社团成员根据永久租约获得殖民政府一块农业用地。这样做有以下两个主要目的：一是保护小农利益不受较大经济团体的侵害；二是通过将农民稳定在种植园附近的乡村土地上，可以确保种植园有充足的劳动力来源。法令实施后成效并不明显，在1937~1945年的8年期间仅建立了22个农村社团，而且它们在行政管理过程中同样未能发挥多大的作用。然而，如此建立起来的这些行政机构在很长时间内没有再加以改变。后来，在所谓的“1955年政体”文件中以及1975年宪法中均规定了行政方面地方分权制的可能性。但是，直到1980年发生军事政变前，苏里南地方行政权力有限，作为首都帕拉马里博的行政优势不曾有任何减弱。

20世纪50~60年代，苏里南作为荷兰的殖民地（后亦称海外领土）划分为8个行政区，首府帕拉马里博为其中之一，每个行政区由一名政府代表负责管理。苏里南自1975年独立至1985年之前，全国一直分为9个行政区，帕拉马里博仍为其中之一（即市级行政区）。每个行政区均由政府派遣一位专员管理。1985年政府对行政区划进行了调整，撤销了苏里南（Surinam）行政区，增加了瓦尼卡（Wanica）和锡帕利韦尼（Sipaliwini）两个新行政区。全国行政区总共达到10个，其中6

个为沿海区，4个为内陆区。6个沿海区分别是尼克里（Nickerie）、科罗尼（Coronie）、萨拉马卡（Saramacca）、帕拉马里博、科默韦讷（Commewijne）和马罗韦讷（Marowijne），帕拉马里博区仍为市级区。4个内陆区分别是瓦尼卡、布罗科蓬多（Brokopondo）、帕拉（Para）和锡帕利韦尼。在10个行政区中，锡帕利韦尼区最大，面积130566平方公里，占全国总面积的79.7%；帕拉马里博区最小，仅183平方公里，只占全国面积的0.11%。

全国主要城市有帕拉马里博、新尼克里（Nieuw Nickerie）、蒙戈（Moengo）、新阿姆斯特丹（Nieuw Amsterdam）和莱利多普（Lelydorp）、阿尔比纳（Albina）等。帕拉马里博位于苏里南河入海口左岸，濒临大西洋，距大海仅约20公里，为全国首都、最大城市和港口。其他几个城市较小，故有的外刊称其为镇甚至乡村。其中新尼克里、新阿姆斯特丹和莱利多普分别为尼克里、科默韦讷和瓦尼卡行政区的首府。莱利多普还是苏里南的铝土工业基地之一，原为一乡村，名叫“科非－佐姆坡”（Kofi-Djompo），后仿照荷兰工程师、1902~1905年曾任苏里南总督的科内利斯·莱利（Cornelis Lely）的名字改为现名。新尼克里位于西北部边陲，为苏里南第二大城市和主要港口。新阿姆斯特丹亦为重要港口之一，历史悠久，隔苏里南河与帕拉马里博相望。蒙戈位于东北部的马罗韦讷行政区，是苏里南重要港口和最早的铝土工业生产基地。阿尔比纳是苏里南东北部一边境小城市，东临马罗韦讷河，北靠大海，地理位置很重要，可谓苏里南的“东大门”。

三　地形特点

南美洲北部的圭亚那高原（Guiana Highlands，又称圭亚那地盾 Guiana Shield，或圭亚那地壳 Guiana Shell）形成于大约20亿年以前，为地球上最古老的前寒武纪板块之一。

苏里南在地理上除了部分为侵入的中生代岩层（intrusive Mesozoic rock formations）之外，其他绝大部分系圭亚那高原的组成部分，形成于5.7亿年之前。高原的成层沉积（the sedimentary deposits）使包括苏里南在内的南美洲北部地区，形成了一些截然不同的地形和地貌，海拔高度一般为150多米。内地大量的砂岩形成了典型的热带草原覆盖的高原，在相当广大的地区内都保持着一致的景观。总的来看，苏里南的地势情况是南高北低，坡度不大，但中央地区有部分隆起。从地形、地貌和土壤类型方面分析，全国由北向南大致可以分为沿海平原、热带草原和内陆丛林三大自然区。

沿海平原包括许多沙洲和泥滩，由东向西长约350公里，宽约25～80公里，大致分为古老的沿海平原和年轻的沿海平原两部分。在长满高大树木的贝壳和沙脊地带，可以看出形成于最后两个冰期之间的埃姆间冰期（Eem Interglacial Period）的古老海岸的痕迹。古老的沿海平原由泥土和沙石组成，面积约4300平方公里，距今大约1万～250万年。上面古老的河流与溪谷现在已充满黏土和泥炭土壤，形成沼泽地，周围是稍高的地体（terrain），高度4～10米，有雨林覆盖。后来，由于河流带来的泥沙不断沉积，古老的海滩逐渐向外延伸，在魏克塞尔冰期（Weichsel Ice Age）又形成了年青的沿海平原，由东向西宽度约8～50公里，面积为16200平方公里。年轻的沿海平原主要由泥土组成，其中也有大量泥炭土壤，地势低洼，多沼泽，许多地方低于海平面，最低处可达2米。在河口地区分布着大片红树林和一些小的咸水湖等。现在，整个沿海平原区，特别是其中年轻的沿海平原，土壤肥沃，雨水充沛，是水稻、蔬菜、水果和其他农作物的主要产地。古老的沿海平原有丰富矿藏，其间也有茂盛的草场，很利于发展畜牧业。全国绝大多数居民和城镇都集中在沿海平原。不过，人类居住和种植业都需要依靠海堤保护和良好的排灌设施。

沿海平原的南边为热带草原区。它呈东西方向、细长，形状如带，通常被人们称作赞德赖地层（Zanderij Formation，意为“白色地层”），或赞德赖地带（Zanderij Belt，即“白沙地带”），面积约8750平方公里，海拔10~100米。它的形成可追溯到上新世（Pliocene Era），距今250万~700万年。区内地势平坦，起伏不大，土壤瘠薄多沙质（棕沙、白沙），富含石英，人烟稀少。区内很多地方为热带雨林所覆盖，只是在丘陵起伏的地形中有大片热带草原。其植被包括热带雨林、旱生森林和开阔的热带草原。该区自然资源丰富，是苏里南铝土的主要产地，也是畜牧业基地；另外，区内有一些江河的支流穿插而过，在地势低洼之处形成了苏里南最南部的沼泽地。

热带草原区的南边是内陆丛林区。它基本上占据了苏里南中部、南部的所有地区，面积13.4万平方公里，占国土的80%以上[①]。该区为圭亚那地盾的组成部分，地形特点是中部和南部地壳隆起，形成中央高原和南部山地。区内地势起伏，绝大部分地区被茂密的热带雨林所覆盖。中央高原实际上是海拔不高的山地，但地势比较平缓。范阿奇·范威克山（van Ach van Wyck Mountains）、埃玛山（Emma Mountains）、威廉明娜山（Wilhelmina Mountains）和艾勒兹·德罕山（Eilerts de Haan Mountains）4条山脉绵延起伏，宛如张开的手指，由中央高原向四面缓缓伸展。其中唯有威廉明娜山较高，其朱丽安娜峰（Juliana Peak）海拔达1280米，为苏里南的最高峰。南部山地峰峦叠嶂，地势起伏亦大，其东南及西南部分别有奥兰治山（Oranje Mountains）和凯塞山（Kayser Mountains）。南部的阿卡赖山（Acarai Mountains）和图麦克·胡

① AQUASTAT-FAO's *Information System on Water and Agriculture*, *Suriname* 见网址：http：//www. fao. org/ag/agl/aglw/aquestat/counties/suriname/printl. stm。

麦克山（Toemak Hoemak Mountains），海拔约为760多米，呈东西方向，构成苏里南与巴西的天然边界。在接近巴西边界处地势变得平坦开阔，人称“锡帕利韦尼平原”（Sipaliwini Plain），呈热带草原状地貌。苏里南的印第安人和丛林黑人大部分生活在这一自然区内。

由于苏里南地质板块古老，境内基本上无地震、无火山喷发等自然现象。所以，苏里南还赢得无飓风、无地震、无火山的“三无世界”的雅称。但水灾有时却是苏里南的一大自然灾害。最近的一次水灾是发生在2006年5、6月间。当时大雨滂沱，江河横溢，造成中部和西南部居民丛林黑人和印第安人的175个村庄被淹，大约2.5万人无家可归，政府为此宣布当地处于紧急状态。

四　河流与湖泊

苏里南是多水之乡，境内河流密布。主要河流共有7条，由西向东依次为科兰太因河（The Couranyne 或 The Corantijn）、尼克里河（The Nickerie）、科佩那姆河（The Coppename）、萨拉马卡河（The Saramacca）、苏里南河（The Suriname）、科默韦讷河（The Commewijne）和马罗韦讷河（The Marowijne，也称马罗尼河 The Maroni）。其中科兰太因河和马罗韦讷河分别为苏里南与圭亚那和苏里南与法属圭亚那的界河。两河长度相近，均约724公里。河内都有许多小岛，其中也有较大一些的，但无人居住。苏里南所有的主要河流都是由南向北、蜿蜒曲折地流经山地、森林、丘陵、草地、平原，最后注入大西洋。当然，也有一些较小的河流在流经沿海地区时没有径直向北而是转为向西，最终入海或汇入其他河流之中。在上述的主要河流中，除了两大边界河流外，其余的河流长度都不很大。苏里南河尚为其中较长河流之一，但其长度亦仅480多公里，流域面积为16500平方公里。从水文学角度讲，苏里南不是地区性的亚马孙河体系，因为其领土在亚马孙盆地之外。但苏里南之所以能够成为亚马孙合作条约组织成员国，据说是由于它拥有亚马孙盆地内部和其周围的热带雨林植被等方面的原因。

由于境内丘陵起伏，许多地区层峦叠嶂，几乎所有的河流都是多瀑布、多激流。江河流域的绝大部分地区有河流台地，成为苏里南水系非常突出的特点。苏里南因此拥有丰富的水力资源，但可以正式通航的河道却很短，一般仅在河流下游的 80～160 公里以内。再往上游航行就要靠小船或独木舟。据报道，帕拉马里博南边的丛林黑人居住区内有一条完全呈黑色的河流，人称“黑水河”，现为苏里南旅游景点之一。河水呈黑色完全是由于热带泥炭土壤和原始森林中冲刷下来的腐烂枝叶等杂物所染而成。这本是一种自然现象，在南美洲热带雨林地区，这样的河流并非绝无仅有，而且也无大碍。但近年来由于小型采矿活动，内地的一些河道出现污染，引起了人们的关注。

从严格的意义上讲，苏里南没有真正的天然湖泊，但大小沼泽很多，广为分布在沿海和中、西部地区，当然也有人习惯上称之为湖泊。苏里南有一个著名的大型人工湖，即布洛梅斯泰恩教授水库（Prof. Blommestein Reservoir）。它位于中东部地区苏里南河中游，正式名称为 W. J. 范布洛梅斯泰恩教授、博士、工程师湖（Prof. Dr. Ir. W. J. van Blommestein Meer）。20 世纪 50 年代中期，为满足苏里南铝土工业生产对电力的巨大需求，政府决定在苏里南河阿福巴卡（Afobaka）处建一座水电站。根据设计，人们在此拦河筑坝，大量蓄水形成平湖（水库），并以设计师的名字为之命名。湖的拦河坝高 54 米、长 1913 米，湖水面积约 1600 平方公里，海拔高度为 80 米，淹没大片热带雨林，成为世界上最大的人工湖之一。水库中盛产多种鱼类，可供当地及附近地区居民消费。旁边修建的大型水力发电站解决了铝土公司的用电问题。但是，水库造成的生态问题也是明显的。为了修建水库，人们需要修筑道路，在河上建桥梁，对当地的2500名居民实行大搬迁等。水库西部的布朗斯韦格小镇就是为安置那些移民特地建起来的。由于大面积雨林被水淹腐烂，造成水质酸化，引起大坝金属构件生锈，以至于建筑成本远远超过原来预算。水库中风信子和其他漂浮的蕨类植物疯长蔓延，两年内覆盖了绝大部分水面，喷洒除莠剂控制其生长又引起水质和鱼类污染等问题。

五 气候

苏里南地处热带，南距赤道大约190公里，终年高温多雨，属热带气候（一说是副热带气候）。内地与沿海气候稍有差别。沿海地区及南部与圭亚那临界的地区气候比较典型，属热带雨林气候，其他大部分地区特别是内地则属季风气候。地理位置不同，其降水量也不同，风力大小也有差别。热带雨林气候的地区月降水量一般在60毫米以上。季风气候的地区一年之中总有一些月份降水量不足60毫米，而剩余的月份中雨量还相当大。从风力方面来讲，沿海地区风力较大，随着向内地深入，风力强度逐渐减弱。

沿海地区干湿气候交替，一年之中分为四季，即两个雨季和两个旱季。两个雨季为大雨季（4月末至8月中）和小雨季（12月初至2月初）。两个旱季为小旱季（2月初至4月末）和大旱季（8月中至12月初）。但是，旱季和雨季并无严格区分，实际上旱季亦有雨，只不过是少一些而已；雨季雨水则要多一些。每逢雨季到来，下雨次数骤增，甚至每天都会下好几场雨，但每次下雨时间不长。大雨过后马上碧空如洗，艳阳高照；地面很快晾干，雨水湿痕不留。一年中最干旱的月份是10月，平均降水量为76毫米；最潮湿的月份是5月，平均降水量可达310毫米。沿海地区由西向东年均降水量在1930～2400毫米之间。首都帕拉马里博的年均降水量总共为2200毫米左右。也有的资料表明，沿海地区降水量最高可达3720毫米。而内地降水量一般低于沿海，年均约为800多毫米。一些山区由于地势较高，如中部和东南部，潮湿气流受阻，雨水较多，年均降水量亦高，大约为3000毫米。所以，在暴雨季节，当地常有山洪暴发，顺河流奔腾下泻，凡洪水宣泄不畅之处时有水灾发生。

苏里南一年之中潮湿气候居多，绝大部分时间里相对湿度都比较高，在70%～90%之间，年均相对湿度约为80%。沿海地区由于东北信风（又称贸易风）的影响，加之雨水充足，那里气温适中，气候宜人，一般不存在极端的高温天气，尤其是夜间。首都帕拉马里博虽地处热带，但气温亦非酷热难耐。凡去过那里的人都有体会，它实际上很像中国昆明的夏天，尽管阳光强烈，但也不乏清爽之感觉。白天气温一般在23～31℃之间，午间最高和最低气温相差8℃左右，年均午间气温为27℃。全年气温变化不大，近乎恒温。最热月份（9月和10月）气温为23～33℃，最凉月份（1月和2月）气温为22～29℃，平均温差只有2～3℃左右。然而，到了内地气温变化较大，午间最高和最低气温相差大约11℃，白天和夜间气温也有较大差别。

第二节　自然资源

一　矿物

据介绍，圭亚那高原是地球上地壳矿物密集层，是各国的植物学家、地理学家和农学家公认的世界上最富裕的地区之一。由于高原最初主要由花岗岩和火成岩形成以及时间久远，岩层经过不断侵蚀等原因形成矿藏，其中最重要的矿藏是铝土矿和铁矿。苏里南国土面积虽小，但作为圭亚那高原的一部分，乃“位居自然财富的储藏窖里”，其林业、矿产、水产、电力等资源非常丰富。20 世纪 90 年代末，在世界银行按自然资源列出的最富裕国家的排行榜上，苏里南名列世界第 17 位[①]。

苏里南的矿产资源主要为铝土、石油、黄金，其次还有镍、银、铁、锰、铜、铂、铀、高岭土、磷酸盐、花岗岩、金刚石等。铝土矿脉与圭亚那相连，紧靠沿海平原南边，由西向东呈带状向前延伸。苏里南已探明的铝土蕴藏量为 5.8 亿吨，产量占世界重要地位，长期以来是苏里南出口的重要产品。蒙戈、帕拉南等地为铝土生产和加工中心。另外，境内石油蕴藏量估计为 1.71 亿桶，产地主要在首都帕拉马里博附近 40 公里处的坦巴雷佐（Tambaredjo），近年来在近海又有新的发现。现在国内石油产量自给自足。黄金和金刚石产地一般分布在河床地带，主要分布区域在中东部的马罗韦讷河、苏里南河、萨拉马卡河、科佩那姆河和拉瓦河附近。据报道，马罗韦讷地区最富庶和最易进入地区的黄金因开采已近枯竭。20 世纪 90 年代初以来，在萨拉马卡河附近的格罗斯·罗塞贝尔（Gross Rosebel）又发现大量金矿并已进行大规模开采。该地区金矿蕴藏量大，年产量可观。与铝土一样，黄金现已成为苏里南重要的出口创汇产品。此外，国内金刚石矿、高岭土等蕴藏量也很大，极具开采潜力。

二　植物

众所周知，苏里南地处亚马孙三角洲，是一个热带植物王国。全国大约 90% 的土地为茂密的甚至许多是未被触动的原始热带雨林所覆盖，人们进入极为困难。剩余地带是热带草原和农作物种植区。

沿海地区有成片的根系发达的红树、沼泽林和草地。在沿海

① IMF/World Bank Special Edition, *Suriname Wealth Beyond Its Measure*, September, 1998.

稍微干燥的地区生长着椰子树、特鲁利（Troolie）棕榈树和阿塞（Assai）棕榈树。还有一些大面积生长的用作胶合板工业重要原料的巴博恩树（Baboen）。在沿海浪潮稍弱的浅滩咸水中生长着各种各样的草本植物，对保护海岸和防波堤有着重要作用。

在热带草原地区，草类品种繁多，其中管茅占据优势。茫茫草原上的许多草类都生长茂盛，高过人头。内陆丛林地区的最突出特征是植被的多样性。人们在一个地方很难发现大量的同一类树种。在那里，所有植物都在疯狂地生长。各种大小植物，特别是粗细、高低不等的树木毗邻而长，互相排挤。由于大量生长的攀藤植物和附生植物，丛林可以分为不同层次。热带雨林中树木茂密高大，品种多达2000余种，而且许多种树木为稀有品种。雨林中各种树木都有奇特的性能和用处，其中硬木具有极高的经济价值。例如，喜欢砂质土壤的绿心樟木（Greenheart），成片地生长在热带雨林区的北部边缘地带，树干高达9米至18米以上，木质坚硬无比，可防腐、防蛀、防火，是坑道桩木、铁路枕木、码头和防波堤的最佳木料。还可用来制作咖啡厂和榨糖厂用的木齿轮和碌子等机械物件。其他珍贵树木还有瓦拉巴树（Wallaba，木质红棕色，生长在砂质土壤）、莫拉树（Mora，树干高大，可抗干腐和白蚁，生长在沼泽地带）、蟹木树（Crabwood，生长在沼泽地带）、巴拉塔树（Balata，可制橡胶）以及许多漂亮的细木工树木品种。这些珍稀树木的果实、树皮、木质、汁液等可以分别用来生产优质木料、橡胶、药品、染料、油漆、纸张、纤维等。由于潮湿多雨，雨林中树木上一般都披盖着寄生的藤本植物、附生植物、真菌植物、兰花等。地面上是苔藓、真菌类、需要阴凉的灌木和刚发芽的其他植物等。植被由地面延伸至河、湖水中，出现各种水生植物，其生长也异常茂盛，有的甚至封堵水流以致为害成灾。但有些植物如荷花，品种多，花儿是十分美丽的。风信子又是非常普遍的一种水草，由于疯狂生长蔓延，阻碍水流和航行。不过，其花朵亦尤为美丽、可爱。另外，王莲以其美丽的花朵和巨大叶子成为许多水生植物中之佼佼者。

首都帕拉马里博以及其他一些城镇环境都很优美，其共同特点一般是绿树成荫，花草连片。在那里无论树木还是花草，均品种繁多生长茂盛，被誉为“热带植物王国”，皆当之无愧。在帕拉马里博，高大的桃花心木、罗望子树、火焰树和开满红艳艳、紫茵茵花朵的各种乔木遍布城区各个街道，棕榈树高达数十米，遮天蔽日。最常见的木本花卉是木槿科，花朵美丽鲜艳，有红、黄、白等诸多颜色，迎风招展煞是好看。在诸多的花草中，还有一种奇异出众之花，色彩鲜艳夺目，名叫“法亚罗比”（Faya Lobi 或 Faja Lobi，意为“火热的爱情” Fire Love），是人们专门用来互相表达爱慕之情的，现为苏里南的“国花”。在盛大节日来临时，人们用此花来扎花环、搭牌楼等，更增添喜庆气氛。

苏里南是一个农业国，无论内地还是沿海地区农作物品种繁多。粮食作物有水稻、玉米、豆类、木薯、马铃薯、瓜类等。经济作物有甘蔗、烟草、皮塔麻、咖啡、可可、各种热带蔬菜和香蕉、甘蕉、芒果、橘子、柚子、柠檬、人心果、番石榴等各种热带水果。值得一提的是，全国各地芒果树很普遍，随处可见。在苏里南人们吃水果简直是太容易不过了。

由于苏里南生态平衡，无论乡村还是城镇，环境优美，气候宜人。整个国家具有较强的抗御自然灾害的能力。

三　动物

苏里南动物种类同样繁多。哺乳动物约有 150 多种，其中著名的包括吼猴（Howler Monkey）和其他猴类、树懒（Sloth）、犰狳（Armadillo）、貘（Tapir）、鹿、野猪（Pakira 或 Wild Pig）、草原狐、食蚁兽（Anteater）等。在热带丛林中，各种猴子成群地在树梢上跳来蹿去，有的甚至能发出像人一样的叫声。貘是苏里南个体最大的、力量最强的丛林哺乳动物。鹿和野猪很普遍，而且常常被人们捕获。美洲虎（Jaguar）、美洲狮（Cougar）、豹猫（Ocelot）在苏里南也时有出没。啮齿类动物包括水豚（Capybara）、大野兔、鼠类等，其中水豚为现存的最大啮齿动物。此外，当地还有各种各样的蝙蝠。

苏里南已经发现的鸟类大约有710种（一说680种）[①]。其中著名的鸟类有哈佩雕（Harpy eagle）、白鹭（Egret）、巨嘴鸟（又称鵎鵼 Toucan）、亚马孙鹦鹉（Amazon Parrot）、动冠伞鸟（Cock-of-the-Rock）、朱鹮（Scarlet Ibis）、籽鸣鸟（Seedfinch）、蜂鸟（Hummingbird）等。哈佩雕为猛禽，身长可达86厘米，双冠、爪巨有力、善隐避，生活在丛林地区，筑巢高树之上，卵生单或双雏鸟，和菲律宾食猴雕（The Phillipine Monkey-eating Eagle）一样，被认为是世界上最强大的鸟类，能够捕食猴子和树懒等大型哺乳动物。白鹭为水鸟，生活在沿海浅滩红树丛林，身长可达50厘米，雪白色，喙和腿呈黑色、黄趾。巨嘴鸟身长可达55厘米，黑颜色，喉部白色，巨喙红色黄边。亚马孙鹦鹉乃苏里南为数最多的鹦鹉品种，身长可达34厘米，绿色，头部和面颊黄色，有的翅膀橘黄色，头部微蓝色。动冠伞鸟似一般雄鸡大小，身长约30厘米，色泽艳丽，呈橘黄色或素褐色，可发出猫叫声，用植物枝叶拌泥土在岩壁上筑巢。朱鹮亦为水鸟，生活在沿海浅滩红树丛林中，身长可达50厘米，红色，幼鸟棕色，腹部和尾部为白色。籽鸣鸟在苏里南现已稀少，当地人称之为"特瓦特瓦"鸟（Twatwa），嘴较大，善鸣，声如银铃，现在多为观赏用的笼养宠物。另外，苏里南最普通的鸟类有50多种，分布在沿海或内地。如银喙裸鼻雀（Silver-beaked Tanager）、大蝇霸鹟（Great Kiskadee）、家鷦鹩（House Wren）、斑点鹬

① http://www.tem.nhl.nl/~ribot/english/common.htm 等。

(Spotted Sandpiper)、鹗(Osprey)、蕉林莺(Bananaquit)、金翼长尾鹦鹉(Golden-winged Parakeet)等。

苏里南两栖爬行动物品种也很多，有乌龟、蜥蜴(Lizard)、大鳄鱼(Cayman)、蛇等。大鳄鱼是沿海地区淡水中以及内地江河中最普通的水生动物，体长可达2米。在通往内地旅游的路上，人们坐在独木舟里，都可以看到有大鳄鱼懒洋洋地趴在河岸上的景象。蜥蜴多种多样，大小不一，大鬣蜥(Iguana)多生活在河流的下游水中，也有一些较小的蜥蜴生活在潮湿陆地上或栖息在树上。蛇类包括有毒的响尾蛇(Rattlesnake)以及王蛇(Boa Constrictor 又称蟒蛇)、丛林王蛇(Bushmaster)、森蟒(Eunectes murinus)等。王蛇为蛇类中最大的品种，丛林王蛇乃是蛇类中最凶恶的品种。此外，苏里南还有各种各样的青蛙和蟾蜍，而且有些青蛙和蟾蜍个体相当大。无脊椎动物的种类更是繁多，昆虫在此类动物中是品种最多的群体，人们最常见的如蚊子、沙蝇、蚱蜢、蝉、黄蜂、蜈蚣、蝎子、蜘蛛、蝴蝶和各种各样的蚁类等。白蚁(Termite)在当地是很普遍的，而樵蚁(Parasol Ant)则个体异常大，可以挖掘很长的地道网络，储藏咬碎的植物叶子，以供喂养幼虫。

在海洋、江河、湖泊和沼泽里，鱼、虾、蟹、贝类等水生资源十分丰富。在近海发现有鲨鱼、魟鱼(Stingray)、海龟等。红鳍笛鲷(Snapper)和双棘石斑鱼(Grouper)是捕捞的海洋鱼类中较为珍贵的品种。海龟个体很大，其纵向直径可达0.8~2米。每年7~8月为产卵时节，它们会在夜间游到加利比(Galibi)等地的海滩上来，成为一大景观。江河中鱼类丰富，品种多达300~400种。有一种食肉性鱼类叫做锯脂鲤(Piranha)，以凶残贪吃而著称。它体色多样，有的为黑色，有的为银白色但腹部为橙色，头大而钝，腹部有锯齿缘。最大的个体可长达60多厘米。锯脂鲤成群游动，捕食其他鱼类。它们可为血腥味诱集，瞬间能将一只庞大动物啃食得只剩一副骨头架。人类遇到这种鱼亦须格外小心。此外，运河及其他沟渠中盛产各种贝类、龙虾和小虾。

在内地和沿海的广大农村，畜牧业都是一项重要经济活动。人工饲养的牛、马、羊、猪、狗等牲畜和鸡、鸭、鹅、鸽等禽类，无论是品种还是数量都是相当可观的。

第三节　居民与宗教

一　人口

苏里南地广人稀，人口分布很不平衡。据资料介绍，20世纪50年代前后人口增长迅速。1900年人口总数不足7万人。1950年进行人口调查时，人口总数为209681人，其中印第安人和丛林黑人大约为26000人；人口密度仅为每平方公里1.28人。至1960年时，人口估计数为312836人，其中印第安人和丛林黑人大约为38000人；人口密度约为每平方公里1.9人。资料还显示，全国至少有88%的人生活在沿海地区，大约有34%的人（绝大多数为克里奥尔人）居住在帕拉马里博市。1971年12月31日，苏里南进行人口普查，总人口数量上升为379607人；人口密度为每平方公里大约2.3人。

20世纪70年代之后，人口增长速度变得缓慢甚至某些年份还有下降现象。1975年苏里南独立前后出现人口大量外流，仅1975年即有大约15万人移居荷兰。独立后移民速度虽有减缓但是仍在继续，而且移民目的地扩大到美国、荷属安的列斯等国家和地区。1980年7月人口普查时，总人口数量降至355240人，其中男性175814人，女性179426人。至1991年人口总数才又恢复到大约1971年的水平，估计为370000人。又据苏里南人口统计局资料，1996年总人口增至423400人，其中70%的人生活在面积仅占国土面积大约0.5%的帕拉马里博（222800人）和瓦尼卡两个行政区（72400人）。2000年全国人口数量达到429300人。2004年8月苏里南进行的最新人口普查，全国总人口为487024人。据世界银行资料，2005年人口约为449200人（但美国人口普查统计局估计数较低，2004年中期为436935人，2005年中期为438100人，2007年中期为470784人）。从20世纪50年代初算起至2005年，苏里南经过50多年后人口增加一倍多。

1972～1996年间，苏里南向荷兰的移民情况则是其人口发生增减变化的决定因素。但自1994年以来，移民情况开始不再是严重问题，也不再是苏里南人口变化的决定因素。据介绍，人口数据的增长主要依赖人口出生和死亡两个数目之间的差额。1995年荷兰对入境旅游人员严加控制，苏里南向荷兰的移民数则由1994年的2836人减为1716人。与此同时，1989～1991年，每年来自荷兰、圭亚那以及亚洲一些国家合法进入苏里南的移民约有2300人，1994～1995年降为1350人。其间，进出苏里南的人口数量大体平衡。21世纪以来，向外移民的问题已经不再是突出问题，2006年净移民率约为8.76‰，2007年估计仅为0.78‰。

苏里南人口的一大特点是密度小、分布不均衡，20世纪50、60年代是如此；70年代至今的30多年间，人口密度和人口分布不均衡的状况仍无太大变化。1980年人口密度较1971年减少，为每平方公里2.17人。1988年的人口资料显示，65%的人口生活在仅占国土大约0.5%的帕拉马里博和瓦尼卡地区，而在80%的领土（锡帕利韦尼地区）上仅生活着7%的人口。1991年人口密度增至每平方公里2.3人，基本上等同于1971年的数字。21世纪以来人口密度呈小幅度增长之势，2000年和2002年分别为2.6人和2.8人，2004年增至2.97人。现在，全国人口中将近90%生活在狭窄的沿海平原，约一半以上生活在首都帕拉马里博市内及郊区。帕拉马里博的人口密度相当高，平均每平方公里约1000人。广大内地由于地势起伏、峰峦叠嶂、江河密布、热带草原和茂密丛林所覆盖，人们只有靠飞机、船只或四轮车辆才可进入。因此，除了一些丛林黑人居住区和印第安人村寨外，内地基本上渺无人烟。那里的人口密度自然相当低，20世纪90年代末平均每平方公里约0.1～0.2人。据报道，90年代中期以前人口都市化进程较慢：1975年苏里南49.5%的人口生活在城镇，此后直至90年代初期（1991～1994年），城市人口的比例一直保持在大约48%。但由于农村地区长期贫穷落后、缺乏医疗卫生设施、教育和就业机会极少等原因，人们遂大量流向城镇，特别是近年来人口都市化发展非常迅速。2002年城市人口占总人口的比例猛增至75.4%，农村人口仅占24.6%。另外，由于荷兰原为苏里南宗主国以及两国之间现存的特殊关系，现在大约有30.9万苏里南血统的人生活在荷兰，其中在苏里南出生的有18.5万人，在荷兰出生的父母中至少有一人是苏里南人的为12.4万人。

苏里南人口的另一大特点是不存在老龄化问题和男女比例失调问题。以2004年人口普查结果为例，全国总人口为487024人，其中14岁以下的人占29.4%，15～29岁的人占25.6%，30～44岁的人占22.1%，45～59岁的人占12.3%，60岁以上的人占8.7%，未详细说明的人占2%。从上述数字可以看出，少年儿童和婴幼儿占总人口的将近1/3，青年人占总人口的1/4强一些，老年人不足1/10。另外，在上述总人口中，男女比例分别占50.5%和49.5%，两者基本平衡[①]。又据美国中情局资料，在2007年470784的总人口中，0～14岁的人占28%（男67088

① The Economist Intelligence Unit, *Country Profile 2005 Suriname*, The Economist Intelligence Unit Limited, London , 2005 , p. 14.

人，女 64949 人），15～64 岁的人占 65.7%（男 154148 人，女 155345 人），65 岁以上者占 6.2%（男 12726 人，女 16528 人），总的男女人口比例为 0.988∶1，同样不存在老龄化问题。

联合国人类发展报告和美洲开发银行资料显示，苏里南人口增长缓慢，特别是 20 世纪 80 年代国内军人掌权、政局动乱时期，大量人口外流，国内人口减少。1981～1990 年平均每年人口增长率为 0.3%，而 1960～1993 年平均每年人口增长率为 1.1%。90 年代恢复民主政体后人口增长率稍有回升，然而 2000 年以来人口增长速度再次减缓。2000 年和 2005 年人口增长率分别为 0.9% 和 0.6%。2001～2006 年的人口年均增长率明显下降，由 1990～1996 年的 1.2% 降为 0.3%；2006 年当年的人口增长率估计为 0.2%。2007 年的增长率估计会大幅回升，达到 1.1%。人口下降的主要原因除了人口再次严重外流之外，还有过去 30 多年来妇女生育率的严重下降。例如，1982 年的妇女生育率为 134.8‰，至 1991 年时则下降为 90.9‰。1970～1975 年平均每位妇女生育 5.3 个孩子，而到 2001～2006 年降至 2.5 个孩子，2006 年估计降为 2.32 个孩子。

表 1－1 中数字稍为旧一些，同时由于资料来源不同可能与行文中数字略有出入，但不影响人们从中看出苏里南人口的分布概貌。全国最大的行政区锡帕利韦尼由于位于内地，1996 年和 2000 年人口分别占总人口的 5.6% 和 5.7%；2004 年升为 6.9%。帕拉马里博作为沿海市级行政区，在全国面积最小，而人口却最多，1996 年和 2000 年分别占总人口的 52.6% 和 51.8%；2004 年略降，为 49.3%，但就人口数量而言仍居全国之首。与帕拉马里博毗邻的瓦尼卡行政区面积为全国倒数第二，但人口数量和所占比例仅低于帕拉马里博，始终排序为正数第二。另外，即便同是沿海行政区，但由于面积大小和经济发达程度的差异，人口数量也有较大差别（见表 1－1）。

表 1-1　10 个行政区面积和人口情况

单位：平方公里，人

行政区名称(位置)	面积	1980 年人口	1996 年人口	2000 年人口	2004 年人口
布罗科蓬多(内地)	7364	6621	7200	7662	14215
科默韦讷(沿海)	2353	20063	20900	22134	24649
科罗尼(沿海)	3902	2777	2900	3092	2887
马罗韦讷(沿海)	4627	16125	12600	13351	16642
尼克里(沿海)	5353	32690	33600	35577	36639
帕拉(内地)	5393	12027	14400	15191	18749
帕拉马里博(沿海)	183	169798	222800	224218	242946
萨拉马卡(沿海)	3636	10808	13000	13250	15980
锡帕利韦尼(内地)	130566	23226	23500	24824	34136
瓦尼卡(沿海)	443	60725	72400	73219	85986
合　计	163820	354860	423400	432518	492829

注：1996 年人口数为估计数字。

资料来源：http：//www. citypopulation. de/Suriname. html，*The Europa World Year Book 2003*，Europa Publications 2003，London，p. 3905. The Economist Intelligence Unit，Country Profile，Suriname，The Economist Intelligence Unit Limited，London，2005，p. 3.

二　民族

苏里南是个多民族国家，常被人们描写为“世界的缩影”，甚至还有“小联合国”的雅称。国内民风淳朴，社会总体稳定。据介绍，苏里南有 8 个主要民族群体，它们分别是印度人（亦称印度斯坦人 Hindustanis）、克里奥尔人（Creoles）、印度尼西亚人（Indonesians，亦称爪哇人 Javanese，因主要为爪哇人）、丛林黑人（Bosnegers 或 Boschnegers 或 Bush Negroes）、印第安人（Amerindians）、华人（Chinese）、欧洲人（European）和其他人（Others）。也有的资料将欧洲人和其他人归为一类，称苏里南有 7 大民族群体。但是，众所周知欧洲人和其他人并非是民族概念，而是与地域和族类相联系的笼统称谓，其中还包含着许多不同的民族成分。另外，即便是印度人、华人、印第安人、丛林黑人等业已明确的民族概念，也还可以进一步细分。因此，严格地讲来，苏里南的民族群体不止是7个或8个了，而是可以多达几十个或者可能更多。

苏里南不仅民族数量多，而且每个民族都各自抱团，相互界限分明，之间联系不紧密。因此外刊称，就民族的多样性和民族的分离程度而言，苏里南是拉美和加勒比地区首屈一指的国家；在全世界范围内，苏里南也是位居最为典型的民族众多而分离程度较高的20个国家之中。苏里南的民族分离还表现在政治舞台上，其国内主要政党、群众组织等都是依据民族界限组建起来的。然而，值得称道的是，由于苏里南各民族之间能够相互尊重、理解，并能包容对方民族的文化传统，民族关系相当地宽松、融洽与和谐。外电评论称，无论在新、老国家中，如此众多的民族能够如此融洽与谅解地生活在一起的国家在世界上是不多的，苏里南就是这样的国家。这种情况让前来旅游的人啧啧称赞，也使苏里南人自己引以为骄傲。

在众多民族中，克里奥尔人、印度人和爪哇人人数最多，堪称3大主要民族。1959年时苏里南人口发展到264372人[①]，其中印度人为93537人（占总人口的35.4%）、克里奥尔人为115382人（占43.6%）、爪哇人为43159人（占16.3%），其次是华人（为4441人，占1.7%）、欧洲人（为4473人，占1.7%）和其他人（如叙利亚人等，为3344人，占1.3%）。[②] 又据1980年人口普查资料，在总人口355240人中，印度人占

① 原文如此。人口总数应为264336人。——编者

② Ron Ramdin, *Arising From Bondage, A History of the Indo-Caribbean People*, I. B. Tauris Publishers, London, 2000.

33.49%，克里奥尔人占34.70%，爪哇人占16.33%，丛林黑人占9.55%，印第安人占3.10%，华人占1.55%，欧洲人和其他少数民族成员占1.28%。另有资料介绍，1991年苏里南人口组成为：印度人占33%，克里奥尔人占35%，爪哇人占16%，丛林黑人占10%，印第安人占3%，华人、欧洲人和其他人占3%。[①] 然而，2004年8月，苏里南举行的最新人口调查表明，民族组成的比例发生了较大变化，印度人和克里奥尔人都有减少。在总人口487024人中，印度人占27%，克里奥尔人占18%，爪哇人占15%，丛林黑人占14.5%，混血种人占12.5%，印第安人占3.7%，华人占2%，欧洲人占1%，其余为圭亚那人、巴西人、犹太人、黎巴嫩人、北美人、西印度群岛人等。[②]

苏里南土著居民是印第安人，其他民族都是外来民族。但严格地讲，从现有的考古证据推定，印第安人也是外来民族，只是他们进入拉美和苏里南的时间更早一些。与后来民族相对而言，一般将他们视为土著人。在历史上，英国和荷兰等欧洲列强曾对苏里南进行长期的殖民统治。殖民者发展甘蔗等种植园经济需要大量劳动力，于是先从欧洲移民，接着又从非洲贩入黑人奴隶。在奴隶制被废除后，殖民者又从欧洲、亚洲、非洲等地引进契约劳工。因此，苏里南社会逐渐由单一的印第安民族演变成为多种族、多民族社会。现在，各民族一般都有自己的生活地区、经济活动、语言文化、风俗习惯、政党或群众组织等。各民族的上层人物、社会名流一般可以通婚。他们之外的普通人一般仍保持各

---

① Ben Box, *South American Handbook*, Footprint Handbook Limited, England, 1997 and 1999.

② The Economist Intelligence Unit, *Country Profile Suriname*, The Economist Intelligence Unit Limited, London, 2005, p. 13, 2006, p. 14. Bureau of Western Hemisphere Affairs, U. S. Department of State, *Background Note: Suriname*, October 2006.

自民族群体的界限。但是，由于各族成员之间一般能够互相理解、容忍与和睦相处，民族同化或融合一直在自然地发展。在首都帕拉马里博，人们可以发现，犹太教教堂和清真寺比肩而立，似有手足之情。在学校和工作场所，人们可以看到各种各样的民族成员组合在一起，各行其职。在市场、商店及其他公共场所，不同肤色、不同衣着的人混杂一起，相安无事。

印度斯坦人是1873年以后进入苏里南的印度契约劳工的后裔。由于历史原因，现在他们大部分人生活在尼克里、萨拉马卡等行政区的农村，经营小型农场，或租种土地，从事水稻、甘蔗、咖啡、柑橘、香蕉、蔬菜、花生等种植业，兼事渔业、林业等经济活动。除了沿海的科罗尼行政区外，印度人和印度尼西亚人在其他所有行政区的农村人口中都居统治地位。苏里南的印度人富有雄心壮志和竞争精神。他们通过艰苦奋斗，其中一部分人成为大农场主；一部分人通过教育途径，进入政界、商界、自由职业界，或出国深造、谋生。帕拉马里博的许多较大的商店都为印度人所拥有。在生活习俗方面，他们逐渐欧化，特别是年青人；但他们一般不会牺牲民族传统去谋求自我利益的改善。尤其一些年纪大的人仍保留了东方原籍的语言文化特征，其宗教、饮食、衣着等习俗仍同原籍相似，变化不大。

克里奥尔人是非洲奴隶的后裔，在苏里南是特指没有“逃入”内地丛林而生活在城镇的黑人，故又称“城市黑人”（Urban Blacks），与拉美西班牙语国家的概念有所不同。克里奥尔人已经不同程度地发生混血，不再是纯粹的黑人。所以，现在克里奥尔人的概念中亦包括当地的混血种人。克里奥尔人多数生活在城镇，从事工矿业、商贸、自由职业等，其中许多人从军、从政。少数人生活在乡下，主要分布在科罗尼和马罗韦讷行政区，特别是在科罗尼行政区，克里奥尔人居压倒多数。他们务农为生，从事椰子栽培、椰子油生产等。在生活习俗方面，克里奥尔人已经完全欧化，信仰基督教，饮食、衣着、语言等已失去非洲原籍特色，讲官方语言荷兰语或所谓母语“斯拉南语”（即苏里南语）。妇女好强能干，在该民族群体中拥有重要地位。她们在没有男人协助的情况下，能按照西方的生活方式为子女的穿戴和教育做出难以置信的牺牲，使子女们进入较好的学校；能用温和的但不间断的压力使子女们在社会的阶梯上不断向上攀登。年青人一向敬重老年人，因为老年人被认为是最具有智慧的人。当然，也有的年青人已经开始不赞成这种习俗和不尊重这种自然形成的权威。老年人遂亦产生忧虑：如此发展下去将会引起各种政治问题。

爪哇人为1890～1939年间进入苏里南的印度尼西亚爪哇人契约劳工的后裔，现为苏里南第三大民族集团。他们主要集中在科默韦讷行政区，多数人生活在农村，从事稻谷种植业、渔业等。少数人生活在城镇，从政或经商。长期以来，爪哇人一直被认为是苏里南最为传统约束的民族群体，处世安分守己，与人无争，对向上层社会流动不感兴趣，很长时间以来一直是一支无声的社会力量。但是，情况是在不断发生变化的，爪哇人为维护本民族利益，后来也建立了自己的政党和群众组织，坚持参加政治活动，积极参与国家一体化进程。在多民族的社会格局中，爪哇人成为印度人和克里奥尔人之间的一种平衡力量。1949～2005年爪哇人共产生68名议员和30位部长。伊丁·苏米塔（Iding Soemita）、萨利金·哈佐（Salikin Hardjo）等是爪哇人政治觉悟方面的先驱。尽管荷兰语在学校教授，斯拉南语几乎每个人都能懂得，但爪哇人特别是年长者更喜欢用爪哇语进行交流，至今仍保留了原籍的语言文化和风俗习惯，如他们有自己独特的婚礼仪式、舞蹈、木偶戏等。爪哇人家庭观念强，视尊敬长辈、孝顺父母、礼貌待人为传统美德。在社交场合，爪哇人非常注重礼仪，接送礼物时要用右手，最忌讳单用左手，但对长辈则要双手送接，以示恭敬。上述所有民族特点使得爪哇人成为苏里南最为迷人的团体之一。

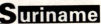

印第安人被称为苏里南土著人。他们最初人数很多，分为许多部族。由于欧洲人到来后实行野蛮的屠杀政策，人数锐减，幸存者逃入内地丛林和草原地带，生活繁衍下来。现在，内地丛林和热带草原仍是印第安人的传统生活领域。他们强壮的双腿表明，他们在该区域内的所作所为基本上都是靠步行完成的。印第安人大体上分为南、北两大群体，每个群体又可分为多个部族。南部群体的居住地区更靠内地南部一些，接近巴西边界，至今与外边其他民族很少接触，生活比较封闭和孤立。至 20 世纪 70 年代末，他们之中有些人甚至不懂得金属的使用知识，而仍在使用石器作工具。北部群体（主要是瓦亚纳人和特里奥人）住在中部地区沿河流而建的村庄里，与外界民族相对接触多一些，生活比较开放。两大群体中的印第安人至今仍以渔、猎、采集和简单的农、牧业为生，有一些人甚至还实行刀耕火种，经济水平低下。印第安人保留了本民族的许多方言土语、生活方式和风俗习惯等。但是，他们之中也有少数人融入了主流社会，生活方式和习俗逐渐发生变化。

丛林黑人是历史上为反抗殖民者残酷统治、逃入内地丛林中的黑人奴隶后代，至今仍生活在内地丛林之中，故人称“丛林黑人”。他们沿马罗韦讷河、萨拉马卡河、苏里南河等上游建起许多村庄，在瀑布和急流附近安营扎寨，远离主流社会。据介绍，每个村庄或露营地 25 人至 2000 人不等，加上印第安人，村庄总数约有 230 个。长期以来，丛林黑人与外部世界很少联系，仍保留了原籍非洲的一些语言文化、生活习俗和社会组织。丛林黑人现分为萨拉马坎人、帕拉马坎人、马图瓦里人、昆提人、阿卢克人、恩佐卡人等 6 大部族，以渔、猎和简单农业为生。他们生性豁达、开朗，总是快乐和充满幽默感，即使在从事笨重的搬运活计累得筋疲力尽的时候，仍然不乏笑声。他们像印第安人一样，在苏里南木材工业生产中发挥了重要作用。丛林黑人男子双腿不如印第安人健壮有力，但膀大腰圆，躯干宽厚、发达，胜任各种艰苦劳动；在日常生活中负责开辟田地、打猎、捕鱼、建房、造船、雕刻等工作，其中造船是所有丛林黑人不可或缺的生活属性。他们划船技术高超，能应付各种水况其中包括大小瀑布和急流，并能自如地借助水的浮力搬运、装卸各种笨重货物，故有“奔腾咆哮的江河之王”、“声响如雷的瀑布之王”和“寂静荒凉的港湾之王”等雅称。妇女从事种植、养殖和收获作物等工作。在丛林黑人社会中，女人的势力如同神灵的势力一样神秘。她们是本民族传统、法律和遗产的忠实捍卫者，因而受到尊重。家族联系完全依赖母亲，继承权利也是母系性质的。部族酋长和村长由男人来担任而且是终身制，但要辅以男、女助手，重要的疏导工作要靠妇女来做。20 世纪 70 年代人类学家认为，在历史上许多逃跑的奴隶中，苏里南丛林黑人是建立了独立的和至今仍然繁荣的社会之唯一成功者，是新大陆唯一的保留了传统的西非生活方式而且未被触动的非洲血统的部族群体。但实际上随着时代的发展，现在丛林黑人的生活方式和文化传统已在发生变化，特别是临近矿区和农业发达地区的村庄丛林黑人的变化更大一些。所以，丛林黑人现在又有“森林克里奥尔人”（Forest Creoles）之称。当然，他们的意志力量、乐观精神、自由意识等也影响着与之接触的城镇克里奥尔人。

华人和欧洲人数量不多。据 2004 年人口普查，华人占苏里南总人口的大约 2%，计 9700 多人。他们一部分是历史上契约劳工的后裔，另一部分是在中国抗日战争或解放战争期间前往苏里南的，也有不少人是新中国成立后从香港或内地陆续前往苏里南的。华人的数目最初较少，至 1905 年时，总共仅约 1160 人，1950 年发展到 2371 人，但至 1971 年增加到 6400 人。华人中主要是广东客家人。他们为人和善、勤劳、俭朴，并在很大程度上与犹太人发生同化。许多人同其他民族的妇女通婚，在帕拉马里博华人一般同克里奥尔人结婚者多，在外地同爪哇人结婚者多。但与别的民族妇女通婚生的孩子在人口统计上一般不计为华人。

现在，华人主要生活在城镇，从事商业或服务业，以经营超市和餐馆等为生，少数人从政。史载，早在1867年苏里南就有了几家中国商店，到了19世纪70年代，种植园里的商店基本上都是华人开办的；1898年中国商店在帕拉马里博占了30%，在内地各行政区占了所有商店的一半，而且其中不乏一些大型的商店。20世纪后，华人不仅涉足生活日用品的经营，而且扩展到镶金业等方面。20世纪70年代初，华人的日用品商店在帕拉马里博占到75%，在其他地区占到65%。后来由于苏里南政府对生活日用品贸易进行了调整，华人的商贸地位有所变化。但是，至今华人在贸易界还有相当的影响。华人重视教育，在苏里南的各民族中接受教育的水平是名列前茅的。土生的华人由于受到西方教育，一般不愿在商店工作，而是另择新业，如做医生、教师、律师、银行和保险公司的职员，甚至从政等。苏里南华裔与英联邦其他地区的华裔不大一样，他们一般是卷入政治的。苏里南独立后的第一位总理（独立前的1973年已当选为总理）、后曾任副总统又兼总理的亨克·阿龙即为华裔，他曾任“苏里南民族党”领袖，在苏里南取得国家政治独立的过程中发挥了重要作用。“苏里南人民党”的创建人李宝三也是一位华人医生，他免费为糖业工人看病，设立公共图书馆传播文化知识，受到当地人好评。另一位华裔内科医生亨克·陈亚先博士来过中国学习针灸，曾任“民族共和党”领导人，在1980～1982年还担任苏里南国家总理兼总统，后受军政权挤压辞职移居荷兰。在那里他建立“苏里南解放运动”组织，力促苏里南军人还政于民。华人有自己的社团组织，其中最大的最有影响的是“广义堂”，且办有中文报纸《洵南日报》，经常刊登一些介绍中国的文章。华人至今在本族社团之内保留了讲汉语、过中国传统节日的习俗。每年春节华人都要聚会团拜、张灯结彩、燃放鞭炮、舞龙灯、耍狮子等。特别是华人传统的耍狮、舞龙活动一经上街，都会观者如云，热闹非凡，成为首都帕拉马里博的一大景观。现在，华人仍是东方文化的典型代表，有很深的中国情结，非常关心中国发生的重大事件。1998 年长江发大水时，广义堂组成“帮助中国”赈灾委员会，与来访的中国杂技团共同将门票收入 1.5 万美元汇往国内。在增进苏里南和中国的友好合作关系方面，华人发挥了重要作用。

欧洲人包括荷兰人、葡萄牙人、英国人、法国人、西班牙人、德国人等，主要是过去殖民者或移民的后代，也有一些是后至移民。苏里南独立，他们之中许多人回国。现在，欧洲人为数不多，大约 5000 人，多数生活在城镇，从事自由职业或服务业；另有一些人为外资企业管理人员、技术人员或工人。其他少数民族如黎巴嫩人、犹太人、巴西人、圭亚那人、北美人等，居住分散，根据职业状况或生活在城镇，或居住在农村，或在沿海或在内地。例如，犹太人多数生活在帕拉马里博，主要以经商为生，有自己的社团，保留了自己的文化传统。巴西人、圭亚那人多为淘金者，主要生活在苏里南东部热带丛林中江河两岸或山谷地带。但一般来讲，同一个民族的成员为了生活方便和互相依靠、照顾，还是喜欢聚族而居的。

三　语言

由于苏里南长期曾是荷兰的殖民地，荷兰语在苏里南有很大影响。苏里南独立后，官方语言采用了荷兰语。但是，又由于苏里南是一个多民族国家，语言不可避免地出现多样性。现在全国除荷兰语外，当地人广为使用的主要语言至少还有 16 种，如英语、法语、西班牙语、葡萄牙语、阿拉伯语、斯拉南语（Sranan Tongo 意即苏里南语，Sranan 即苏里南，Tongo 即语言）等。亚洲语言也在本民族一些成员之间以及社团和社区活动中流行，印度人使用印地语（Sarnami-Hindi）和乌尔都语，印度尼西亚人使用爪哇语（Suriname-Javanese），华人则使用汉语等。丛林黑人使用奥卡语（Aukan）和萨拉马卡语（Saramaccan）等。印第安人至少保留了 4 种部族语言。但总的情况是，由于荷兰语是法定的官方语言，几乎每一个苏里南人（或者说绝大多数苏里南人）至少能够讲一点荷兰语。现在，荷兰语在苏里南的影响仍随处可见，如许多城镇、乡村、街道、山丘、河流的名字等都来自荷兰语。

荷兰语作为官方语言，一般在学校、广播、出版、政府部门以及外交场合等使用。不过许多人将荷兰语视为第二语言，或者一门外语，也有许多人根本不使用它。英语、法语、西班牙语、葡萄牙语等主要用于商业贸易方面，这是由苏里南的周边环境决定的。苏里南邻国巴西讲葡萄牙语、圭亚那讲英语、法属圭亚那讲法语、其他南美洲国家一律讲西班牙语。苏里南是南美洲唯一的荷兰语国家，与各国商贸交往自然要入乡随俗，语言并轨。至于国内各民族的语言，作为一种民族文化的反映，一般在本民族群体中作为交流工具和联络感情的纽带，使用人群中多为老年人。鉴于上述情况，故人们在家庭使用一种语言，上学或工作时需要使用荷兰语或另一种语言，等等；在教学、出版、广播、阅读、商业贸易等方面有时也会遇到一些不便，但人们已习以为常。另外，苏里南的荷兰语已地方化，在当地学习了荷兰语，真正到了荷兰之后，听到荷兰人讲荷兰语又觉得有些不太习惯了。在苏里南流行的外国语言中，英语是最为广泛流行的语言。

关于苏里南各个语种的使用人数比例，未见新的资料。据 20 世纪中、后期的资料，使用官方语言荷兰语的人数占全国人口的37%，使用印地语的人数占32%，使用爪哇语的人数占15%。又据20世纪90年代初的资料，79%的人口讲荷兰语，33%的人口讲印地语，13%的人口讲爪哇语。但新近的资料显示，绝大多数苏里南人以斯拉南语为国语（Mother Tongue），而且将它直接称为苏里南语（Surinamese）。各民族成员之间都愿意而且能够使用它进行交流，折射出苏里南国民的一种共同心理。

斯拉南语或苏里南语，也称克里奥尔语（An English-based Creole Language），是一种由英语、荷兰语、法语、西班牙语、葡萄牙语以及西非黑人的语言、甚至希伯来语等混合而成的语言。但其基础是英语，产生和形成于17世纪，大约从1700年开始广泛流行使用。这种语言的产生有其特定的历史背景。当初，非洲黑人奴隶被贩入苏里南后，奴隶主（初为英国人，后为荷兰人等）不允许他们讲自己的原籍语言，原因是怕奴隶使用奴隶主听不懂的语言谋划逃跑、暴动、起义等反抗活动。与此同时，奴隶主也不允许奴隶使用奴隶主的语言，因为两者使用同一种语言，则意味着奴隶和奴隶主处于平等地位。但是奴隶们在生活中又不能不说话，于是为了交流思想感情，奴隶们只好将英语和原籍西非语言掺和使用，逐渐创造出一种以英语为基础的混合语言，最初被称之为"皮钦语"（Pidgin），又称"黑人英语"（Negro English）。荷兰人统治苏里南后，皮钦语又受到荷兰语的影响，收入了许多荷兰语词汇。荷兰人当初将此种混合语称之为"塔基-塔基语"（Taki-Taki，意为"卑劣的俗语"）。该混合语在发展过程中还受到了其他移民语言的影响，逐渐形成一种约定俗成的各民族之间认可的交流工具。据介绍，斯拉南语单词发音与英语等欧洲语言相近，语法简单兼有欧洲语言和非洲语言的特点，易懂易学，朗朗上口。现在，它虽非官方语言，但广泛用于社会交往、新闻出版、广播电视、报章杂志、教育、商业和服务行业等，在国内有很大影响。苏里南的国歌就是用斯拉南语写成的。

2005年1月苏里南和荷兰、比利时一起加入了一个名叫“塔鲁尼”（The Taalunie意即“语言联合”）的文化和语言团体。此团体的宗旨是，将使用荷兰语的荷兰和使用荷兰语的欧洲佛兰德（Flanders）地区联系在一起。苏里南加入该团体，可以在语言和文化方面加强与其他成员国之间的相互联系。现在，尽管荷兰语是苏里南文化教育、政府机构和公共生活的官方语言，但苏里南一些有影响的政治家们仍在提倡学习英语。例如，苏里南民族党的奥特马·罗杰斯（Otmar Rodgers）、2000－民主民族论坛的伊冯娜·拉韦莱斯－雷西达（Yvonne Raveles-Resida）和民族民主党的詹妮·吉林斯－西蒙斯（Jenny Geerlings-Simons）等3位国民议会议员曾建议，将英语和荷兰语一起列为苏里南的国家官方语言。其原因是，尽管苏里南英语口语水平一般很高，但人们担心它不能满足商业或高等学术研究的需求。为此，苏里南应该加强英语教学，从小学开始（与葡萄牙语和西班牙语一起）学习，使其成为继荷兰语、斯拉南语之后的第三大语种。[①]

四 宗教

苏里南实行宗教信仰完全自由的政策，居民信奉多种宗教。但苏里南的主要宗教为基督教（Christianity）、印度教（Hinduism）和伊斯兰教（Islam）。1986～1987年的资料显示，基督教徒约占总人口的42%，印度教徒占27%，穆斯林占20%。这一比例一直延续到20世纪90年代末期。1998～1999

① The Economist Intelligence Unit, *Country Report*, February 2005, *Suriname*; *Country Profile 2005*, *Suriname*, The Economist Intelligence Unit Limited, London, 2005.

年的资料显示，三大宗教的人数比例分别为40%、33%和20%。之后直到2004年，上述比例数在相关资料中保持不变。2004年8月，苏里南举行的最新人口普查结果表明，宗教信仰状况有所变化，信奉基督教的居民数目略有增加，占总人口的41%；信奉印度教的居民和信奉伊斯兰教的居民均有所减少，二者分别仅占总人口的20%和13%。其他教派还有巴哈伊教、犹太教、英国圣公会、新教卫理公会、浸礼会、佛教以及万物有灵、多神等原始宗教。

苏里南社会是一个沿着民族、文化、语言界限，同时又沿着宗教信仰界限划分的社会。宗教界限和民族界限在很大程度上是平行存在的。首批摩拉维亚弟兄会成员早在1735年就来到了苏里南。罗马天主教则是随着1866年赎世主会牧师到达苏里南后才建立了第一个永久性传教基地。克里奥尔人当时是苏里南主要的民族集团，因此成为两大宗教的追随者，直到现在情况仍然是这样。信仰基督教的人主要是克里奥尔人和欧洲人，其他民族仅有少部分人信仰。华人信仰基督教或天主教，部分人还信仰佛教、道教等。内陆边远地区的印第安人仍崇尚多神、万物有灵等原始宗教，少数人融入主流社会后，皈依基督教、天主教等。

基督教始终是苏里南宗教界一个有强大影响的教派，现设有基督教委员会（Committee of Christian Churches），其主席、主教是约翰·肯特（Chair. Rev. John Kent）。基督教教派很多，在苏里南据称有大约19个。但其中最主要的是新教（The Protestant）和罗马天主教（The Roman Catholic Church）两支，其社会成员最多。新教包括黑恩胡特摩拉维亚弟兄会（The Moravian Brethren of Hernhutt）、荷兰新教（The Netherlands Reformed Church，亦称荷兰归正会）、福音路德教（The Evangelical Lutheran Church）、基督教归正会（The Christian Reformed

Church）等。20 世纪 80 年代中期，摩拉维亚弟兄会和罗马天主教分别有教徒 5.74 万人和 7 万人。天主教徒人数增长较快，为管理方便，在苏里南设单一的帕拉马里博主教管区，主教参加安的列斯基督教主教团大会（会址原设在牙买加首都金斯敦，现设在特立尼达和多巴哥首都太子港）。1995 年 12 月底帕拉马里博主教管区估计有信徒 9.1 万人。1998 年 12 月底估计信徒增至 10.16 万人。2000 年 12 月底估计信徒数量为 10.028 万人。福音路德教教徒现在大约 4000 人。苏里南的英国圣公会成员数目不详，在西印度群岛的大教区中，它只是圭亚那主教管区的一个组成部分。现在，苏里南首都各种教堂林立：格拉温大街有一座建于 1883～1885 年的近代罗马建筑风格的“圣彼得勒斯和保罗斯天主教大教堂”，据称是南美洲最大的木质教堂之一，已被列入了世界纪念馆的名单。另外，在克尔克普莱因大街有一座低矮而宽大的荷兰人的新教大教堂，在格拉温大街和科宁大街有印度教教堂；在凯泽大街伊斯兰教寺院和犹太教教堂分立街道两边，翘首相望，等等。这些教堂在首都名声较大而且有代表性，在一定程度上也是民族关系和谐的象征。

有少数丛林黑人皈依基督教，完全是出于实利主义动机，即为了求学和就医方便等。但多数丛林黑人仍信仰多神等原始宗教。他们认为，有许多神灵和他们生活在一起或者就在他们的附近。比如，每一类动物、每一种植物群体甚至任何其他东西在生长或者腐烂过程中都有灵魂。他们给诸多神灵所起的名字都是非洲式的。在丛林黑人村庄的中央或森林边沿的某个隐蔽之处，他们都设有自己崇拜的神像并摆着供品。人们一旦有病或遇上麻烦时，往往认为是恶邪的神灵在作祟，于是在身上涂以白色泥浆，改变体貌特征以求吓跑恶邪的神灵。人们对村里的术士们很尊敬、友好、乐于相助，认为他们是人类和神灵之间的调解人。

非洲人的宗教“温提教”（Winti）现在是苏里南有重要影

响的一个教派，其狂热的追随者相当普遍，特别是在丛林黑人中间。温提教有自己的概念参照物和核心象征，即四大因素：土地、水、火和空气，还有自己的巫术仪式。所有这些都用来创造和保持“可见的和不可见的自然力”之间的平衡。温提教强调灵魂的力量，也强调人们的生活方式以及与其周围所有事物关系的重要性。它声称人们从出生到死亡以及死亡之后，都可以从温提教文化中得到庇护、支持和帮助。温提教的根在非洲，但现在广为蔓延于南、北美洲，而且与亚洲的萨满教、佛教以及其他一些世界宗教有着某些相似之处。

犹太教在苏里南有一定影响，与历史上葡萄牙和西班牙的犹太人有直接关系。两国犹太人在 15 世纪末遭受宗教法庭迫害，有些人先迁居荷兰及荷兰在南美洲的殖民地，随后几经周折来到苏里南。他们在热带草原上定居下来，并于 1665 年建起了据称是南美洲乃至西半球的第一个犹太人大教堂。现在，苏里南的荷兰犹太人和葡萄牙犹太人都信仰犹太教。在首都有两大著名的犹太教教堂：从罗马天主教大教堂沿着格拉温大街再向前走，就可见到其中之一座（建于 1737 年），另一个如前所说，在凯泽大街的清真寺附近。

印度教和伊斯兰教是在基督教稍后一些时候才成为苏里南主要宗教的，两者都是伴随着印度人和印度尼西亚人契约劳工进入苏里南的。现在，其信徒或追随者依然是印度人和印度尼西亚人。印度人主要信仰印度教，印度尼西亚人主要信仰伊斯兰教。他们在帕拉马里博各自建立了一些教堂或寺院。

全国最主要穆斯林组织是苏里南穆斯林会议（The Madjlies Muslimeen of Suriname），下辖各种穆斯林协会、联合会、基金会等，与世界穆斯林大会和穆斯林世界联盟一直保持联系，会议每年都要派出 20~50 名穆斯林前往麦加朝觐。在苏里南还设有南美洲和加勒比伊斯兰宣教会的分会。至 20 世纪末期，苏里南大约有伊斯兰教清真寺50多座，其中最著名的是位于首都的1932年建造的杰米尔清真寺。另据报道，上述凯泽大街的清真寺是加勒比地区最大的寺院之一。

1873～1916年大约34000名印度人契约劳工被招入苏里南，其中穆斯林约6000人。印度人中的穆斯林最初来自旁遮普邦。现在，他们属于正统的伊斯兰教逊尼派四大教法学派之一的哈乃斐学派（Hanaphatic Shar'ia），用乌尔都语念诵"呼图白"（圣训），其清真寺面朝东方。苏里南的印度尼西亚人几乎都是穆斯林，极少数人皈依基督教。印度尼西亚人穆斯林属于沙斐依学派，在传统上忠于同等正统的"沙菲特运动"（Shafit Movement），并且以一种折中的信仰，即既信仰阿拉又信仰无数的神灵（多神）而闻名于世。但前伊斯兰文化的残迹至今在他们这些人中间仍然可以找到，例如，崇尚祖先和各种神灵。据介绍，印度尼西亚人穆斯林几乎对伊斯兰教法（沙里亚）一无所知，只是简单地、一丝不苟地恪守伊斯兰教的那些洁净、斋戒、沐浴和祈祷等礼仪形式和风俗习尚。在每个印度尼西亚人的定居地，都建有清真寺或用木头修建的长方形礼拜堂；在所有印度尼西亚人的家庭或社会生活中，如婚嫁、出生、割礼、教育、葬礼、继承等活动，都可以发现一些伊斯兰信仰与原始招魂术的合成物。印度尼西亚人穆斯林的价值观念与其他民族群体的价值观念大相径庭。他们强调和睦与平等远远胜过对物质商品的占有，权力、权威和特权是他们不想而且不能触及的。他们认为接触任何外来势力都是危险的，是会触怒神灵和遭到报应的。因此，他们宁愿留守在一个封闭的与世界隔绝的少数人群体环境中。另外，改革的伊斯兰教派阿赫默底亚运动（Ahmadiyah Movement）在印度人和印度尼西亚人中都拥有大量的追随者，在印度人穆斯林中约占1/3。

现在，印度人中80%为印度教教徒，其余20%的人中多数信奉伊斯兰教，极少数人信仰基督教等。在印度教徒中，80%的人属于正统的印度教大会（Sanatan Dharm，1930年建立），人数大约为15万；小部分属于较为现代的雅利安社（Arya Samaj，1929年建立），但两者之间的社会活动差别不大。实际上，传统的印度教在苏里南已经几乎完全消失，而且印度教的种姓制度在苏里南也从未起过重要作用。原因是印度人最初都是作为契约劳工到苏里南来的，大家从事一样艰苦繁重的劳动，享受一样的生活待遇，没有高低贵贱之分。另外，为新的环境条件所限，印度教的教规、礼仪也不像在原籍那样严格和标准，而且在某些方面必须发生一定的变化，以适应新环境的需要。受西方世界的影响，印度人离婚率高，尽管印度教大会不予以承认。在首都科宁大街和格拉温大街都有高大的印度教教堂，其建筑工艺精细、宏伟壮观，人们在很远的地方就可以辨认出来。

过去，由于欧洲人长时间为殖民统治者以及他们与基督教的关系，苏里南始终承认、重视并在财政上支持基督教。直到1970年，印度教节日“好利节”（Holi Phagwa）和伊斯兰教节日“开斋节”（Id al-Fitr）等才为当局所承认，法定为公共节日。然而，当局对这两个宗教在财政上的支持低于基督教的状况仍然继续很长一段时间。宗教与政府的关系一般是和睦的。但20世纪70年代末，宗教团体（主要是基督教委员会，包括摩拉维亚弟兄会、天主教及其他小的宗教组织）对独立后的苏里南政府之批评多了起来，内容主要包括人民生活贫困、福利事业差等。1980年苏里南发生军事政变推翻民选政府后，基督教派并未立即予以强烈谴责。1982年与军政府有关的“12月8日流血事件”发生后，基督教派才真正成为军政府明显的谴责者，两者关系随之极为不融洽。相反，印度教和伊斯兰教始终保持着较为低调的政治态度，不大张扬，但总是还要为民众做一些事情。1988年1月，经过政党、宗教和其他群众团体等共同努力，苏里南恢复宪制民主，通过大选产生了一个多党联盟政府。但是，印度人和印度尼西亚人的政党参加联盟政府后，仍然与印度教和伊斯兰教保持着密切关系。

第四节 民俗、节日与国家象征

一 民俗

苏里南是一个多民族国家，它的民俗具有多样性。但随着社会的不断发展和民族之间不断融合，各民族的风俗习惯既有独立性又有趋同性。

服装 由于苏里南地处热带，人们的衣着、服饰一般比较简单。无论是哪个民族，也不管是男女老少，衣着可以概括为颜色浅、质地薄、尺码大等特点，旨在减少对光和热量的吸收，宽松透气，穿戴方便。所以，在城镇除了正式场合外，男人穿短袖衬衫、T恤衫、长裤或短裤、凉鞋等很普遍。妇女穿短袖衬衫、短裙子或连衣裙、无袖裙、吊带裙等，但一般都喜欢戴帽子或裹头巾。帽子或头巾在当地可以起到防晒的作用，同时也是一种装饰。当然，不同的民族，在服装方面存在一定的差别。然而，除了宗教信仰方面的特殊服饰外，各民族成员之间的衣着日益趋同，相差不大，特别是青年一代。例如，年长的华人在着装上还有些恋旧，但年轻人越来越与其他民族一体化：他们和其他民族成员上同样的学校，或做同样的工作，同样积极地参加体育活动，使用同样的化妆品和穿着同样的服装。

但是，在国家（或宗教）节日庆典、政府活动或外交场合，人们的衣着是很讲究的，出席人员西装革履，或穿着节日盛装。尽管天气炎热，人们还是要认真打扮一番，特别是妇女浑身上下珠光宝气、熠熠生辉。在农村，农民下地生产劳动时衣着比较随便，穿长衣长裤的或短衣短裤的、着T恤衫甚至光膀子的情况应有尽有。妇女多着长衣长裤，亦喜欢戴帽子、围头巾，尽量避开阳光直射。

印度妇女像在原籍一样，喜欢披莎丽、裹头巾，仅露出脸部。鼻饰、脚环、手镯、项链、耳环、戒指等是非常普遍的装饰品。男人一般穿着欧式服装，但有的老年人还保留穿印度传统服装的习惯。印度尼西亚人男性服装已欧化，但仍喜欢戴一顶圆筒形的饰有流苏的无沿毡帽；女性一般都穿欧式的连衣裙或衬衫配长裙子。另有许多妇女在特定的场合仍喜欢穿爪哇莎笼装（Javanese Sarong，即一块长条布将身体从上到下缠裹起来，像一件长裙子，中间束一根腰带），上身穿一件宽大的像罩衫一样的外套，肩膀上扎一条白色的长披巾。长披巾有时也用来背孩子。爪哇妇女生过孩子后，为了保持身材苗条往往用布将腹部、腰部从上到下紧紧缠绕，实际上等于又多了一层穿着。生活在内地热带丛林中的印第安人和丛林黑人，穿戴一般简单、原始，但也有特殊的民族服饰。例如，印第安人喜欢在脸上、身上涂抹红颜色；男男女女的腰间束一块围裙似的遮羞布权作服装，喜欢披戴珠子或用种子做成的长项链；在腿、臂上系各种各样的果核链、动物牙齿链、彩色石子链或细小的彩色带子等。男人有时还在头、臂、腿等处扎捆带子，插上羽毛、竹片、鞘翅、树叶等饰物，遮羞布和臂、腿带子一般用棉花或其他纤维织成。现在由于和外界的联系越来越多，印第安人装饰品中的石子、种子、牙齿等已为玻璃珠子、塑料珠子等所代替。

丛林黑人的儿童多赤身裸体，进入青春期后才穿上“卡米萨”（Kamisa），即一块大的系在腰间的布片。女青年结婚后穿一件裙子扎一条珠子腰带，取代在此之前束的一块围裙。丛林黑人无论老幼，都喜欢披戴各种各样的由巫医根据流传很久的秘诀制作的护身符。其中“特别有价值”的是一个很粗的绳套，叫

"生命之绳"（Life Cords），即一根两头有流苏的短绳，扎成一个环状，每天套在脖子上。现在，靠近城镇和沿海地区的印第安人和丛林黑人服装已经发生变化，与其他民族成员基本相似。尤其在他们进城去办事时，一般都会穿上长衣长裤、连衣裙等新样式的服装。

克里奥尔男子的服装一般都是欧洲样式的。妇女的服饰则保留了本民族特色。在平时或节日，妇女最喜欢穿的服装是一件传统的名叫"科托-米赛"（Kotto-Missie）长袍式连衣裙，配上一条缠裹样式多变的大头巾。连衣裙料子一般为家织的印花棉布，肥松宽大，腰处有一大褶边儿，在背部有一衬垫。这种长袍式的连衣裙和大头巾都是奴隶制时期流传下来的女式服装。据介绍，连衣裙原是摩拉维亚传教士的教衣，随着传教士进入苏里南后，被奴隶主选来作为掩饰女性身体外形的标准奴隶服装。奴隶制废除后，这种服装经过改造、加工沿用至今。克里奥尔妇女的头巾缠裹样式很有讲究，缠裹种类可达百种以上。不同的样式有不同的含义。熟谙世故的人一看头巾样式，即知头巾的主人是生气、烦恼、友好、愉悦，还是调情、求爱等。例如，有一种缠裹样式是头巾的角儿松散地耷拉在脑后边，寓意"烦恼"。它表示头巾的主人心情不好，脾气很坏，千万不要招惹她。还有一种样式叫做"在墙角处等我"，它向人们传递一种调情的信号，喜欢和人们交往，等等。据苏里南民间传说，当初女奴隶不允许相互讲话，不允许穿自己喜欢的衣服。奴隶们无奈只好一年到头穿一件长袍式的连衣裙。奴隶主不允许她们讲话，而实际上她们又不可能终年不讲话。于是她们渐渐约定俗成，用变换头巾样式来表达不同的思想感情。久而久之，头巾遂演变成为她们相互交流情感的工具，样式也越来越多。现在虽然时过境迁，但这种穿戴习俗仍然保留了下来。连衣裙的花纹、图案及款式也有所增加和翻新，头巾样式也更具有想象力。

饮食 苏里南农、牧、渔业产品多种多样。大米、豆类、薯类等粮食作物以及热带蔬菜、水果和畜肉、禽肉、鱼类在人们的日常饮食中发挥着重要作用。各民族成员在饮食方面除了宗教原因外，其他差别不大。帕尔博（Parbo）是当地生产的一种啤酒，味道好而且价格比进口的要便宜，是人们常用的饮料。但最流行的饮料是用甘蔗榨汁发酵制成的一种“朗姆酒”。不过，各民族均有自己的所爱。城市中一些居民有吃西餐饮咖啡等习惯。农村的居民饮食随便，因地因人而异。

克里奥尔人喜欢吃烤大蕉或水煮的大蕉，以及香甜可口的混有大米、秋葵、豌豆、鱼肉、畜肉或鸡肉的炖饭。在他们的菜系中，木薯、山芋、车前草、鸡肉、对虾、鱼等都很有名。印度人和爪哇人的饮食同原籍很相似，一般都喜欢吃大米。“箩提”（Roti，即含有咖喱蔬菜和鸡肉的煎饼）、“弗劳里”（Phulawri，即炒小豌豆）是印度人的特色食品。爪哇人家庭观念很强，很重视团圆饭。但有时成员因工作或其他事情并不能在一起吃饭，所以，白天的饭菜（主要是米饭），清早做好之后放在厨房一个方便的架子上。家庭成员无论谁饿了，自己取食即可。爪哇人的饭菜讲究色、香、味。在首都帕拉马里博，凭着巨大的圆顶清真寺和印度尼西亚式的食物美味儿，人们就可以判断出爪哇人的居住区。绝大多数爪哇人的饭店都供应一道名叫“里斯塔费尔”（Rijsttafel）的饭菜，很招人喜欢。它包括煮熟的米饭，配上10多种色彩鲜艳的蔬菜，菜里有拌过作料的肉片和扑鼻香气的花生油。对胃口小的人来讲，在一些很便宜的但十分热闹的摊点上，爪哇人的一盘酷辣的“纳西·戈伦”（Nasi Goreng，即炒米饭）或一盘酷辣的“巴米”（Bami，即鸡肉面条）就足以饱餐一顿了。华人的菜肴种类也很多，而且颇为有名气。外人评价是“丰富好吃，物有所值”。

印第安人的饮食中木薯占有重要地位，其次还有山芋、山药、玉米、番椒等。木薯分苦、甜两种，苦的含氢氰酸，有毒性，但淀粉含量高。印第安人食用苦木薯时，首先将木薯摩擦成糊状，再装入用芦苇或其他草类编织的筒状袋子“马塔皮”（Matapee）里，将其中毒液挤出、晒干；之后压成木薯粉，用来烙饼、做汤，吃法很多。挤出的苦木薯汁可以用来酿造饮料等。使用苦木薯汁酿造的酒被当地人称为“皮瓦里”（Piwarrie），是印第安人平时或聚会时最喜爱的饮料，须喝上1～2加仑才能使人发醉。甜木薯一般毒性较小，经过加热后，其毒性自然消失，煮熟当菜食用而不用来做糕饼。猎物、鱼类、畜牧业是印第安人肉类的重要来源。

住房 无论在城镇还是农村，苏里南人的住房大部分都是高脚（立柱）木质结构，砖石结构的少。因为苏里南森林资源极为丰富，木材极易获得。另外，天气炎热潮湿，房屋建筑还要考虑通风避暑等因素。城镇多两层或三四层的木结构楼房，屋顶为木板，呈两面斜坡；房墙和房柱均为木质。屋顶和外墙一般涂以各种颜色的油漆，掩映在高大的棕榈树之间，美丽壮观。房子最下层由立柱撑起，一般为库房，供存放车辆或家具等使用；第二层以上住人或办公。每栋房子至少有一个小院子，许多人家既有前院子又有后院子。这是因为苏里南人少地多。苏里南国土面积是荷兰的4倍，但人口却只有阿姆斯特丹市人口的一半多一些，建房用地不成问题。居民房子的档次高低则视住户经济状况而定，贫穷居民的房子比较简陋一些。在帕拉马里博等城市，还有一些18、19世纪的荷兰等欧式建筑。

农村的房子较城镇的档次一般要低一些，亦多为木质结构。在森林附近的甘蔗和稻米田地旁边，爪哇人盖起一座座“卡姆蓬”（Kampongs即房子），一般为木质结构，房顶为编织精美的一长溜一长溜的棕榈叶等物所覆盖，可隔热、防雨，简易而实用。丛林黑人也是以简易的茅草木板房屋为居所。在热带丛林深处，他们先辟出一块空地，然后用木板、棕榈叶、茅草等为原料在空地上面搭建各种住房，“A”形茅寮乃是其中流行最为普遍的一种。这种房子正面看很像英文字母“A”。房子两侧没有屋墙，屋顶为木板，呈两面斜坡一直连接地面，上面一般铺以茅草、树叶等物，以防晒隔热。房子山墙为正面，以木板或苇席封上，中间开有一扇门供人出入。房子虽然简陋，但门面、门框及门周围的板墙上往往雕刻着粗犷质朴、形状各异的几何图形或动物图案等。在房子外边，人们用几根木棍支个架子，上面系一条白布，像一面小旗子似的，即成为供奉神物的处所，用以祭祀和避邪。由于身处丛林的原因，所有房子排列均不规则，只是因地制宜。在丛林黑人的村庄中，小茅屋可谓星罗棋布。但有一点是共同的，人们在房前高大的树荫下都要留出一块清扫干净的空地来。房子内部大都没有像样的家具和设备，人们席地而坐。门旁木板墙上钉有架子，上面可以摆放锅碗瓢盆等物。丛林黑人的作物耕地一般距村子较远，所以人们还习惯在耕地旁边修建一些临时的茅屋供栖息之用。丛林黑人擅长雕刻的技艺还表现在船桨、打衣棒、连枷、托盘、桌面、凳面、梳子、葫芦等家具的雕刻上。产品既有美学价值又有实用价值，很受欢迎。城镇的商人时常乘船溯河而上，前往丛林黑人村寨订购各种木质家具回城销售。内地印第安人的住房多为木架茅屋，屋内家具简单，有吊床、板凳、木桌以及用藤条或芦苇编织的箩筐、提包、筛子、扇子等。吊床是用纤维或棉纱织成的，上面还有作为装饰的各种图案，是印第安人最喜欢的坐卧或睡眠的家具，既舒适又适用，比睡在潮湿的地上或烘架式的木头床上要好得多。

婚姻　男婚女嫁是各个民族都很重视的事情，但婚姻形式因民族不同稍有差异。克里奥尔人的婚姻一般都为欧式的，结婚一般上教堂举行仪式。皈依基督教、天主教的华人、印度人、爪哇人等亚洲人也接受了欧式婚姻仪式。但许多华人仍喜欢东方式婚礼仪式。华人好客，举行婚礼时要大摆酒席，宴请亲朋好友。往往一家的婚礼，几乎有半个村的华人前来赴宴，当然也欢迎其他民族成员前来做客，并且专门为他们设席。华人如果和克里奥尔人结婚，自然要举行西式婚礼。印度人的婚礼也很隆重，其中包括在新娘父母家和新郎父母家分别举行的盛大婚宴。所有街坊邻居，乐意或不乐意的，都会前来参加。穆斯林和印度教徒之间由于宗教习惯不同，通婚者为数不多。但印度人穆斯林和基督教徒的克里奥尔人结婚现在已经不是罕见的事情了。

爪哇人的婚姻很有特色。过去，爪哇人的首婚一般都由父母做主、安排。新郎和新娘在举行婚礼之前是不允许见面的。但随着社会的发展，人们的观念也在不断地发生变化。20 世纪六七十年代以来，包办婚姻受到青年人的强烈反对。随之，婚姻双方只要一方有了意中人，婚姻即可解除。爪哇人穆斯林对离婚之事已是司空见惯而且不再皱眉摇头了。所以，爪哇人离婚率高，结婚率也高。爪哇人的婚礼安排是极其精心的。婚礼包括一个传统的“斯拉默坦”（Slametan）即家庭祈祷会。主人邀请亲朋好友前来一起做祈祷，首先摆上几十种菜肴祭祀神灵世界，然后所有人都面对神灵做祷告，展示家族的团结。对爪哇人穆斯林来讲，他们敬奉的这些神灵与安拉和穆罕默德是一样重要的。祈祷会后另择一天，主人邀请一位优秀文雅的爪哇舞女，表演一些很具特色的舞蹈片段，内容是有关古代国王和王后的故事以及一些宗教传说等。舞蹈通常用一种带有金属声的名叫“加默朗”（Gamelang）的木琴伴奏，显得极为优美、高雅、庄重。在爪哇人的婚礼仪式中，有一些活动仅限于家庭，另有一些活动仅限于男人，也有一些活动，如传统的“哇扬”（Wajang）木偶戏，则是对全村居民都开放的。现在，华人和印度人甚至也可以参加爪哇人的婚礼。

直到 20 世纪中期，丛林黑人一夫多妻制不仅是允许的，而且是一个普遍流行的规则。但是，丛林黑人实行强有力的异族通婚法律，并有完全的司法程序，对违者可以进行严厉的肉刑或其他惩罚。丛林黑人求爱和结婚者需要双方经过长时间的谈判和交换礼物之后才可以进行。情郎必须经过一番真正的努力之后才可获得意中人的同意，即使是在结婚之后，郎君还要尽许多诸如照顾家庭、妻子怀孕期间给予精心看护等义务。现在，丛林黑人的婚姻情况或多或少地也发生了一些变化。

印第安人婚姻习俗颇多，不同部族也不尽相同。这里仅简单介绍一下加勒比族印第安人的婚俗。加勒比族印第安人有雪茄联姻的习俗。如一位小伙子爱上一位姑娘后，先征得父母同意，然后由父亲携带自制的精美雪茄，选择良辰吉日登门拜访姑娘的父亲，表示求亲之诚意。如姑娘的父亲欣然接受雪茄，那么这门婚事就算成了。如女方父亲不同意，和睦友好的气氛也不会受到破坏，双方父亲可避开婚姻问题闲聊一些天气、狩猎或捕鱼的事情。加勒比族印第安人有倒插门之习俗。新郎婚后住到新娘家，在岳父母家旁边盖一座简易房子作洞房。过一段时间后，年轻夫妻有能力时再盖一座较好的大的房子，便可自立门户独立生活了。

二　节日

苏里南的节日很多，就其性质来讲，有的属于政治性的，有的属于宗教性的，有的属于民族传说性的。就其规模范围来讲，有的属于全国公共性的，有的属于某个民族内部性的。现在，将其主要的公共节日按月份列举如下。

新年（New Year's Day，1 月 1 日）　苏里南法定的公共节日，全国放假一天。

开斋节（Id al-Fitr，End of Ramadan）　在公历 1 月、2 月或 11 月份，又称“尔德·菲土尔”，伊斯兰教主要节日之一。

该教规定，穆斯林每年在伊斯兰教历太阴年9月戒斋一个月，即阿拉伯语的“莱麦丹”（Ramadan），俗称“斋月”。斋月最后一天看月，见月后的次日，即伊斯兰教历太阴年10月1日，为开斋节。当日穆斯林沐浴盛装，到清真寺集合做礼拜，互相祝贺，亲朋好友盛宴聚会。1970年政府将开斋节法定为全国公共节日。

好利节（Holi Phagwah，公历3月21日或22日） 即颇勒窭拿月的望日，又音译胡里节或意译洒红节等，是印度教春节（亦称新年），旨在庆祝善美战胜恶丑、真理战胜邪说和光明战胜黑暗，庆祝大地母亲的苏醒和丰腴。同时，它还标志印度历新年的开始和春天的到来。该节日可能起源于古代，是专为纪念印度教大神克里希纳（Krishna）而设，富于纵情狂欢的特征，一般延续9天。节日当天早上，印度教徒前往教堂做祷告，祈求新的一年平安与兴旺。之后，印度人家庭成员、亲戚朋友、街坊邻居等一般身着白色服装，成群结队涌上街头尽情欢乐。大家不分男女老幼、尊卑贵贱，互相泼洒、涂抹或抛扔红色液体、清水、香水或红色染料等，同时送上真挚的祝福。届时，还有专门的歌手放声高唱赞美印度教中克里希纳和普拉哈拉德等英雄人物的颂歌。不仅印度教徒而且许多非印度教徒都会沉浸在这种有趣的、善意的和愉快的狂欢和嬉闹之中。节日期间人们还要走门串户互致问候，共话家常。印度人家中特备节日甜肉等食品招待来访的亲朋好友。1970年政府将好利节法定为全国公共节日。

复活节（Easter，一般在公历3、4月份） 基督教的重大节日，纪念耶稣基督在十字架上受刑死后第三日复活。节日一般为4天，具体日期要根据基督教历而定，但是一般紧随四旬节。耶稣受难日（Good Friday）的当天，商店停业，影院关门，绝大多数的基督教家庭前去教堂做礼拜。复活节后的星期日和星期一各种娱乐活动开始，人们倾家出动去野外踏青、野餐，其中一项重要内容是放风筝，寓意为庆祝耶稣复活升入天堂。耶稣受难日和复活节均为苏里南公共节日。

劳动节（Labour Day，5 月 1 日） 国际劳动节，政府法定的公共节日。

国家团结日（National Union Day，亦称解放日 Emancipation Day，7 月 1 日） 苏里南历史上长期遭受英国、荷兰等殖民统治。殖民当局曾实行奴隶制，从非洲贩入大量黑人奴隶充当种植园的劳动力。1863 年 7 月 1 日，经过黑人奴隶、社会各界以及国际社会的斗争和努力，荷兰作为欧洲列强，最后一个宣布废除其殖民地的奴隶制。从此黑人奴隶获得解放成为自由人。7 月 1 日被苏里南法定为国家节日，称“解放日”。考虑到国内多民族因素，又将此节日改称为“自由与人权日”（Day of Freedom and Human Rights）。后又称“国家团结日”。

独立日（Independence Day，11 月 25 日） 1975 年 11 月 25 日，苏里南摆脱荷兰殖民统治，宣布独立并成立共和国。这一天被政府法定为国家公共节日，亦称“独立纪念日”。

圣诞节（Christmas Day，12 月 25～26 日） 基督教的重要节日，是为纪念基督耶稣的诞生日而设立。节日来临时，人们通常要对房间进行清扫、整理和装饰一番。大街上张灯结彩。商店里摆上圣诞老人、圣诞树等。在节日期间，父母带着孩子到街上赏景，到商店里观看圣诞老人，所到之处孩子们通常还可以得到一份小小的礼物。庆祝活动还包括许多聚会、舞会。教堂还要举行礼拜活动，基督教信仰者前往参加祈祷。其他人不管是什么宗教信仰者，也都庆贺这一节日，届时，人们和睦与快乐的感情超越一切民族、宗教和社会的屏障。

节礼日（Boxing Day，12 月 26 日，即圣诞节第二天） 原为英国法定假日，现为苏里南法定公共节日。按英国俗例，这一天向邮递员等赠送“节礼”，故称“节礼日”。苏里南早期曾为英国殖民地，受其文化传统的影响沿用此习俗。

三 国家象征

国旗 苏里南国旗呈长方形，长与宽之比为3比2，自上而下依次由绿色、白色、红色、白色、绿色等5个平行相连的长方条组成。绿条宽度为白条宽度的2倍，红条宽度为绿条宽度的2倍，红、绿、白条宽度之比为4比2比1。在红条中央有一个黄色的五角星。国旗上绿色象征着拥有富饶自然资源的苏里南土地，也象征人民对国家的期望。白色代表和平与正义。红色象征进步和爱情，也象征苏里南人民为了祖国而奉献全部力量的热情和愿望。黄色五角星的5个角代表5大民族群体，即克里奥尔人、印度人、华人、印第安人和欧洲人，黄色代表金色的未来。整个五角星象征民族的团结和光明的前途，鼓舞苏里南人民，使之满怀信心和牺牲精神，决心为国家和民族付出自己最大的力量。

国徽 多种图案的集合体。图案设计来自苏里南人民古老的民间标志。图案中间是一个椭圆形，并垂直地由中心线一分为二。左边的图案是：上面蔚蓝的天空占2/3，下面蓝白色波浪相间的海洋占1/3，海洋上一艘耸入蓝天的大船在航行中，象征苏里南的贸易往来。右边的图案是：上面素白色的天空占2/3，下面绿色的大地占1/3，大地上生长着一棵穿入素白色天空的高大棕榈树，象征苏里南的农业，也象征大地和生命。椭圆形图案中央是一个绿色的菱形，上面有一颗金黄色的五角星，菱形的绿色代表苏里南美好的希望，金黄色的五角星象征苏里南光明的未来。椭圆形图案两侧各站立一名执弓负箭的印第安人，头上戴有传统的装饰，代表苏里南最古老的民族。整个图案最下方是一条红色绶带，上面由左向右用苏里南语写着：“正义、虔诚、忠贞”（Justitia，Pietas，Fides）。

国歌 用斯拉南语写成。作者是著名的苏里南诗人特雷弗萨

（Trefosa，1916～1975 年），其真实姓名是亨利·F. 德泽尔（Henry F. de Ziel），但亦称亨尼·F. 德泽尔（Henny F. de Ziel）。早在 20 世纪 40 年代，他就用斯拉南语进行诗歌创作，向世人表明斯拉南语的价值。他是苏里南第一个用斯拉南语写诗的人。国歌名称："起来，同胞们，起来！"歌词共分 8 句，内容是鼓励人们的爱国热情和为国家献身的精神。歌词大意主要为：起来，同胞们，起来！苏里南大地在召唤你们。无论我们的祖先来自何方，我们都要为我们的国家尽力。上帝是我们的领袖，我们终生不惧战斗，直至死亡。我们决心为苏里南而奋斗。

另外，国内还流行一首内容为歌颂苏里南的歌曲，名曰："我真正的祖国"（Mim Kondre Troe），在苏里南影响很大，广为流行，人们也很喜欢传唱，被认为是第二首国歌。

国花 名叫"法亚罗比"，又称"爱情之花"（The Flower of Love）。它雍容华贵，像其他许多鲜花一样，常常被人们用来互相表达爱慕之意。该花伞状花序，色彩艳丽夺目，有红、黄、橙、白等多种颜色，花瓣碎小，一簇簇聚集成球形，远看好像彩色的大绣球。在苏里南，此花颇受人们青睐。许多人开办小型花卉公司专门种植，生意很好。

第二章

历 史

第一节 欧洲人的殖民活动

一 古代苏里南

苏里南原是印第安人聚居地之一。史载，印第安人将南美洲东北部奥里诺科河与亚马孙河之间广大地区都称作“圭亚那”（The Guiana 或 Guianas），意为“多水之乡”（Land of Waters 或 Land of Many Waters）。它包括今天的圭亚那、苏里南和法属圭亚那的全部以及巴西和委内瑞拉的一部分。1498年哥伦布地理大发现后，西班牙、葡萄牙、荷兰、英国、法国等探险家、殖民者蜂拥而来，先是为了探宝，寻找所谓的“黄金国”，后是为了建立移民区，进行殖民活动。经过多次战争、反复争夺和谈判签约等，圭亚那地区最终为上述5国所瓜分和统治，变成了西属圭亚那（即今委内瑞拉一部分）、葡属圭亚那（即今巴西一部分）、英属圭亚那（即今圭亚那）、荷属圭亚那（即今苏里南）和法属圭亚那（今仍为法国领地）等5个圭亚那。19世纪以来，5个圭亚那中除法属圭亚那之外，其余的全部获得独立。

一般认为，首批居民来到苏里南大约是在公元前3000年。

但是，有关哥伦布到来之前的居民的生活状况，因史料缺乏不得详细而知。一些考古资料显示，史前印第安人大都居住在诸如新形成的沿海平原或内地热带草原等特殊地貌区。由于他们的生活和存在，当地的自然环境发生了相当大的变化。比如，现在发现在低洼平坦的平原地区有大片的泥土移动位置的痕迹，估计是这些人当时在低洼地区垫起高出地面的土墩和地块所致。据分析，这些较高的土墩是史前人搬运泥土筑起来的，供人居住、建立村落；旁边较高的地块，周围有渠道痕迹，是供发展较为先进的农业生产所用的，而且高地仅出现在沼泽地区。另外，人们还发现了史前人类焚烧热带草原的痕迹。这些痕迹成为早期人类在那里生活的佐证。2007 年 7 月，相关苏里南的网站上甚至有资料介绍说，在锡帕利韦尼行政区的热带草原上发现了大约 8000 年前人类居住的遗迹。①

到 15 世纪之前，已知的苏里南土著居民印第安人有加勒比族（Carib）、阿拉瓦克族（Arawak）、瓦劳族（Warao）等。加勒比族印第安人最初生活在沿海地区，后来为避免海盗袭击逐渐向内地迁移。阿拉瓦克人主要生活在沿海平原稍靠内地的河流附近地区。瓦劳人与上述两族印第安人不同，主要生活在海滨地区。为防止大水淹没家园，他们多将茅屋建筑在埃塔棕榈树的树干上。为此，他们首先将树的上部分砍掉，然后凭借树的主干和树杈搭建栖息处所，故有“居住在树中的人”之称。随后，其他部族的印第安人也不断迁入今天的苏里南地区。至欧洲人到来时，该地区的印第安人数量已有成千上万，大约可分为 200 多个不同的部族。②

---

① 见 http：//www. nickerie. com/nickerie/nick01. htm 网上 “My beloved Nickerie” 一文。

② *Lands and Peoples*，*Central and South America*，Grolier Incorporated，Danbury，1981，p. 160.

当时的印第安人无论在沿海地区还是在内地，绝大多数都建有独立的村社，生活带有游牧性质，以狩猎、捕鱼、采集为生；极少数人是以原始农业为生，或者是游牧兼事农业。农作物品种初期很少，后经过培育逐渐增多，其中主要是木薯，其次还有山芋、玉米、番椒等。农业生产方式为“刀耕火种”。一旦所种植的土地肥力耗尽，村社则集体迁移，另谋新的生活之地。亲属关系乃是各个村社的基础。随着生产力的不断发展，农业生产水平逐渐提高，人们生活中定居的成分日益增多。

另据史载，更早一些时间生活在苏里南地区的印第安人是“苏里南族”印第安人。他们来自亚马孙地区的内格罗河附近。随后，剽悍勇猛的加勒比族印第安人也来到这里。该族印第安人凶狠好战，甚至被公认为食人肉的生番。大约在15世纪之前，他们驱逐或同化了苏里南族印第安人。苏里南族印第安人遂在今天的苏里南地区消失。但苏里南族的名字保留了下来，成为今天苏里南的国名。另外，已发现的山洞壁画表明，阿拉瓦克族印第安人大约是在15世纪末期才到达苏里南地区的。他们与加勒比族印第安人不一样，性情比较温和，不喜欢征战，但是擅长谋略。最终，他们也与先来的其他族印第安人发生同化或混合。瓦劳族印第安人也比较温和，不参与同其他部族的争斗，喜欢和平生活。现在，无论是阿拉瓦克族还是瓦劳族等，作为印第安民族的支系，在圭亚那和苏里南地区犹存。

二　欧洲人的到来

如前所述，苏里南是南美洲东北部整个圭亚那地区的一部分。苏里南的存在第一次为人们所注意是在1498年，当时哥伦布第三次远航美洲时发现圭亚那海岸。第一批登上南美洲东北部圭亚那海岸的欧洲人是西班牙探险家阿隆索·德奥赫达（Alonso de Ojeda）等人，时间是在1499年。当时，他们由意大利地理学家、航海家亚美利哥·韦斯普奇（Amerigo Vespucci）和西班牙航海家、制图学家胡安·德拉科萨（Juan de la Cosa）随从，探险南美洲地区，曾到达今天南美洲东北部苏里南和法属圭亚那边界附近的海岸，然后沿海岸向西北航行和探险，经过今天圭亚那的埃塞奎博河和委内瑞拉的奥里诺科河等的河口，最终到达委内瑞拉湾及委内瑞拉的马拉开波湖，于1500年6月回到西班牙。1500年，亚马孙河的发现者——西班牙航海家文森特·亚涅斯·平松（Vincente Yanez Pinzon）也曾到达上述地区。此后，西班牙、荷兰、英国、法国等国探险家、殖民者为寻找传说中的“黄金国”接踵而来，登陆造访苏里南这片土地。

然而，在哥伦布发现圭亚那海岸后的大约150年中，欧洲人并未在今天的苏里南以及圭亚那和法属圭亚那地区建立真正的永久性殖民地。特别是葡萄牙和西班牙探险家们将圭亚那、苏里南地区称之为“荒野的海岸”，对它们不甚感兴趣，而且亦未予以重视。1593年西班牙探险家宣布苏里南海岸为其属地，但实际上他们不曾在此定居。17世纪上半叶西班牙人、英国人、荷兰人、法国人等试图在此建立殖民地，但结果都不甚成功或者是短命的。1602年荷兰人开始在苏里南地区建立一个贸易站并进行定居，但以失败告终。1613年荷兰阿姆斯特丹商人即与“荒野的海岸”进行贸易活动，并且已知有“帕拉默博-帕拉马里博”（Parmurbo-Paramaribo）这样的地名。1616年荷兰人又在今天圭亚那的乔治敦至法属圭亚那的卡宴之间的一些河口处建立定居点，不过也未能在其间的苏里南真正地站住脚，所建定居点的发展自然亦无声息。1630年英国马歇尔上校（Captain Marshall）率领60名英国殖民者，从今天的法属圭亚那东的边界河奥亚波克河（The Oiapoque River）地区来到现在的苏里南中部的苏里南河畔，建起定居区和种植烟草等作物。该定居区一直保留到

1645 年，最终也为印第安人所摧毁。据称，英国人建立的这个定居区算是当时寿命最长的一个殖民地了。

欧洲人在入侵和殖民过程中，野蛮屠杀、奴役土著印第安人。印第安人在他们部族首领的带领下，曾经进行了顽强不屈的抵抗和艰苦卓绝的斗争，其中最杰出的首领如凯库西（Kaykusi）等人名留青史。据记载，直至 17 世纪上半叶，欧洲人在苏里南建立殖民地的企图均未能得逞，其中原因之一就是遭遇了印第安人的强烈抵抗。但是，印第安人最终由于武器原始、落后等原因，绝大多数人惨遭杀害，幸存者大部分逃入内地丛林和草原地区继续进行抵抗和斗争，同时在孤立封闭和极端艰难困苦的环境中谋取生路，一直生活、繁衍至今。

三 英国人的早期占领

欧洲人在苏里南真正意义上的定居始于 1650 年，首批定居者为英国人。当时有“英国糖岛”之称的殖民地——巴巴多斯经济非常发达，然而人口拥挤不堪。该岛殖民总督弗朗西斯·威洛比勋爵（Lord Francis Willoughby，帕海姆伯爵 Earl of Parham）遂派遣探险队、殖民者前往苏里南考察，了解建立新殖民地的可能性。结果，苏里南优美的自然环境使得前往探险的人留居下来。次年，威洛比勋爵又派出一批有经验的种植园主带着黑人奴隶，在安东尼·罗斯（Anthony Rowse）率领下，到苏里南定居，并且将苏里南宣布为英国殖民地。安东尼·罗斯因此成为该殖民地的第一位英国领导人。新殖民地建立后，由于得到了英国殖民地巴巴多斯的支持以及安东尼·罗斯对印第安人实行“和平政策”，遂很快发展起来。苏里南气候微热，环境宜人，有利于健康。另外当地土地肥沃，渔业资源也非常丰富。殖民者除了从事甘蔗等种植业外，还从事养牛、捕鱼活动。由于英国人注意与土著人“和睦相处”，印第安居民十分乐善好施，英国人从此在苏里南站住了脚跟。苏里南遂成为当时广义上的“圭亚那海岸”的最繁荣和最富裕的一块殖民地。[1]

英国人首先在苏里南河畔即今天帕拉马里博附近的地方，建起一块大的定居区和一个名叫塔拉里卡（Tararica，亦写作Torarica）的小镇，距离海岸大约80公里，吸引了西印度群岛其他地方以及南美大陆其他殖民地的西班牙、葡萄牙、美国、法国等国的移民。1662年英国查尔斯二世（Charles Ⅱ of England）批准苏里南殖民地为威洛比勋爵和劳伦斯·海德（Laurens Hide，克拉伦登伯爵 Earl of Clarendon）的封地。据殖民当局1663年11月给英国国务大臣的一份报告称，苏里南殖民地已经变得兴旺起来，居民包括奴隶在内已达到4000人，而且每星期还不断有新的移民到来。1639年在巴西的葡萄牙犹太人为逃避西班牙吞并葡萄牙后的宗教迫害，纷纷涌入荷兰在南美的殖民地——苏里南西边的伯比斯（今圭亚那境内）以及法国的殖民地——苏里南东边的卡宴（今法属圭亚那境内），1664年又从那里纷纷移居苏里南。这些犹太人带来了技术和资金，在苏里南定居后，从事甘蔗种植业，并于1665年在那里建立了南美洲第一个犹太人大教堂。还有一些在巴西的葡萄牙犹太人大约早在1644年就已迁移到苏里南河畔定居。1654年之后荷兰和意大利的一些犹太人也陆续来到苏里南谋求生路。英国人向前来定居的犹太人学习种植甘蔗和制糖技术，进一步发展甘蔗种植业。至1665年时，在苏里南河畔大约有了40～50个甘蔗种植园。同年，生活在塔拉里卡小镇的英国人移居到今天帕拉马里博所在的地方，一代一代生息、繁衍。帕拉马里博地区由此逐步发展起来。

---

① Vere T. Daly, *A Short History of the Guyanese People*, Macmillan Education Limited, London, 1978, p. 43. 詹姆斯罗德韦：《英、荷、法属圭亚那》（中译本），吉林人民出版社，1974，第32页。

英国人统治苏里南后，大力发展旨在出口的种植园经济，除了种植甘蔗之外，还发展烟草、棉花、可可、咖啡、蛇纹木、靛蓝、树胶、染料木等种植业，而且比较成功。从1651年开始至1667年，英国在苏里南建立大小种植园约500个。由于种植园经济的发展壮大，对劳动力的需求日益增加。实践证明，被强制而来的欧洲移民作为劳动力死亡率高，主要原因是不能适应热带种植园的气候和工作环境；当地的印第安人不仅数量少而且体质差，也不适应种植园经济体制的繁重劳动。唯一能依靠的劳动力是从非洲大陆贩入的黑人奴隶，因为非洲一些地区和南美洲纬度相同，气候相似，黑人身体健壮，对新环境适应性强。于是，殖民者开始进行大规模贩运黑人奴隶的罪恶勾当。黑人奴隶来自非洲西海岸从塞内加尔至安哥拉的广大地区，分属不同的部族和不同的宗教信仰。给苏里南贩入第一批黑人奴隶的是英国人和葡萄牙的犹太人，时间从17世纪开始。而后，贩运黑人奴隶的勾当又为荷兰人延续了很长时间直至19世纪初，即1814年（一说1818年）名义上宣布禁止奴隶贸易。

第二节　荷兰对苏里南的殖民统治

一　荷兰殖民制度的建立

至17世纪中期，英、法、荷等国在包括今天的圭亚那、苏里南和法属圭亚那在内的“圭亚那地区”都建起了自己的殖民地。1665年英国与荷兰、法国之间爆发战争，夺取了荷兰在“圭亚那地区”的一个要塞和法国在“圭亚那地区”的一个移民区。1667年2月27日，荷兰派出一支由7艘战舰和1000人组成的舰队，在海军上将亚伯拉罕·克林森（Abraham Crynssen）指挥下，向英国人手中的苏里南发起进攻，英国的殖民总督拜厄姆（Byam）无力抵抗，只好率众签约投降。荷兰舰队获胜后，大约在同年3月底离开苏里南。于是，英军舰队很快卷土重来，在海军上将哈蒙（Harmon）指挥下，又将苏里南夺回。7月21日，英、荷双方签订《布雷达条约》（The Treaty of Breda），英国同意将苏里南转让荷兰，换取荷兰在北美洲的多岩石而且一毛不长的殖民地新阿姆斯特丹（Nieuw Amsterdam即今纽约曼哈顿岛），苏里南始称"荷属圭亚那"（Dutch Guiana）。但是，随后一支英国舰队无视上述条约，很快又夺回苏里南，并将克林森海军上将作为战俘押往巴巴多斯。1668年5月克林森获释返回苏里南，苏里南则又回到荷兰人手中。

此后的一个多世纪里，苏里南境内奴隶不断暴动和逃跑，局势混乱，经济出现衰退。与此同时，由于欧洲人之间不断地发生战争、签订条约，苏里南在英、法、荷等之间被争来夺去，几经易手。18世纪苏里南（当时一般称荷属圭亚那）才进入相对的和平时期，发展起一个普遍较为繁荣的种植园经济。在拿破仑战争期间，英国又于1799~1802年（一说1795~1802年）和1804~1814年（一说1804~1816年）两度短时间占领苏里南。①1815年根据《维也纳条约》（The Treaty of Vienna，一说《巴黎条约》The Treaty of Paris）②，苏里南最终沦为荷兰殖民地，从1816年开始，继续称荷属圭亚那，直至1975年独立，又历时一

① *Regional Survey of the World, South America, Central America and the Caribbean*, Europa Publications, London, 1988, 1999, 2001, 2003, 2005。一说见Simon Collier and Others (General Editors), *The Cambridge Encyclopaedia of Latin America and Caribbean*, Cambridge University Press, 1992, p. 319. Henk E. Chin and Others, *Surinam Politics, Economics and Society*, Frances Pinter (Publishers), London, 1987, p. 4.

② 《维也纳条约》见英文《欧罗巴年鉴》1988，1997，2000，2003年等。《巴黎条约》见英文《新不列颠百科全书》Vol. 8，1981，英文《南美手册》1997，1999等。据查，似《维也纳条约》较为准确。

个半世纪。从1667年算起，其中除了两度为英国人短期占领之外，苏里南被荷兰人统治长达300余年。

苏里南归属荷兰后，初期曾为泽兰省议会（The Provincial Council of Zeeland）所管辖，1682年被售与1621年成立的荷属西印度公司（The Dutch West India Company）。1683年该公司由于资金不足，又转过来将其1/3的股权售与阿姆斯特丹市，另1/3股权售与荷兰贵族科纳利斯·范阿尔森·范索梅尔斯迪克（Cornelis van Aerssen van Sommelsdijk）家族。1770年范索梅尔斯迪克家族又将其股份售与阿姆斯特丹市。1795年，苏里南又归荷兰的“几内亚海岸、美洲殖民地和领地管理委员会”（Administrative Committee for the Colonies and Possessions on the Coasts of Guinea and in America）所管辖。随着1798年苏里南政体的变化，上述委员会又为荷兰的“西印度领地、美洲和几内亚海岸殖民地管理委员会（Administrative Council for the West Indian Possessions and Colonies in America and the Coast of Guinea）所取代。

1683年，经荷兰议会和奥兰治亲王（Prince of Orange）认可，范索梅尔斯迪克被西印度公司任命为苏里南第一位殖民总督，11月24日抵达苏里南任职。总督在政治委员会（a Political Council）的辅助下管理苏里南。政治委员会分为两院，即警察委员会（a Police Council）和刑法委员会（a Criminal Law Council）。随后，殖民地又成立一个民法委员会（the Council of Civil Law）。所有委员会的成员均由殖民者特别是种植园主提名，最后由总督选定和任命，此种管理方式一直保留到1816年。当然，其中在英国人两度短期占领期间，总督由英国任命。据史载，范索梅尔斯迪克总督是一位精明能干但专横跋扈的绅士，1688年7月中旬被其手下起来造反的驻军士兵们所枪杀。原因是士兵们嫌他配给的给养少和工资低，在士兵们提出改善待遇的要求后，他态度蛮横而且实行高压政策。7 月 19 日，在他下令修建的运河施工现场，范索梅尔斯迪克粗暴地对待要求增加口粮的士兵们，并且手舞指挥刀，扬言要杀死其士兵首领。当时军队司令官和他站在一起，士兵们放了一排枪，将两个人全部打死，士兵们随即占领了要塞。但是，最终士兵们还是遭到镇压，有 11 人被处死。

1791 年殖民地总人口已经发展到 4.9 万人，其中绝大多数人生活在种植园，而居住在帕拉马里博市的仅为 9650 人。殖民地所有的白人不超过 3360 人，但其民族组成则多种多样，其中主要是荷兰人、犹太人、英国人、法国人、德国人等。荷兰人最多，犹太人次之（约占白人的 1/3），再其次是一些英国落伍的士兵和为数不多的法国人和德国人。在英国人统治期间，法属圭亚那的一些法国定居者，为逃避印第安人的袭击来到苏里南。在范索梅尔斯迪克任总督期间（1683～1688 年），一些法国的工匠、前耶稣会教士让·德拉巴迪（Jean de Labadie）的追随者、前巴黎公社的成员和一些富裕的胡格诺派教徒（Huguenots）等，纷纷来到苏里南定居。范索梅尔斯迪克总督本人即婚娶了一位法国的贵族女性为妻。德国人主要是一些为外国人所雇佣的士兵和一些为谋生计而来的农民，德国士兵则是在执行军事活动之后留在苏里南的。另外，还有一个非常特殊的德国人群，即黑尔恩赫特（Herrnhut）的摩拉维亚弟兄会成员，他们是作为传教士从 1735 年开始陆续进入苏里南的。这些传教士为苏里南现在的主要新教团体之一的摩拉维亚弟兄会奠定了基础。

1800 年以后，特别是由于 1848 年欧洲革命的影响，人们开始对殖民地给予了更多关注。荷兰当局为此曾多次改变苏里南殖民地政府的管理形式。1814 年苏里南的管理权归属荷兰皇室，由殖民地部长负责具体实施各项政策。1816 年，苏里南实施新的管理体制，其中最大的变化是殖民地总督通过皇家法令任命。

1828年苏里南作为殖民地，其管理权力转移给荷兰宗主国，由殖民地部行使而不再是皇室行使。1828～1845年间，苏里南和荷属安的列斯群岛共拥有一个总督。总督驻扎在帕拉马里博，代表荷兰王国对上述两殖民地行使管辖权，并直接向荷兰殖民地部报告工作。从1848年开始荷兰殖民地部长直接向荷兰议会负责。

二 典型的种植园经济

从17世纪中期开始，欧洲人在苏里南建起了一个种植园的社会经济结构。这种社会经济结构的发展主要是在1667年苏里南归荷兰统治之后。起初，为防止海盗袭击和洪涝灾害，种植园大多数建立在远离海岸的内地河流附近。后来，荷兰的泽兰省殖民者引进了围海造田的土地垦殖系统，于是将沿海的低洼平原改造成了苏里南最重要的农业生产区，发展各种种植园，遂成为农业生产的主要经营方式。新造的耕地呈四方形，地块单位面积一般为50～1000公顷。在17～18世纪期间，围海造田共约1000块。值得指出的是，在苏里南归属荷兰之后，大批的英国殖民者、种植园主纷纷向加勒比地区其他英国殖民地移民，对苏里南的农业生产有一定的影响。但是历时不长，生产随即得到恢复。

在整个18世纪、19世纪期间，甚至一直到20世纪初，苏里南都是一个典型的种植园殖民地。18～19世纪期间，整个社会分为两大阶级：种植园主和黑人奴隶（体力劳动者，后又出现契约劳工），种植园经济所依赖的是甘蔗作物和奴隶劳动。从18世纪初开始，殖民地咖啡和可可种植业逐渐发展起来，同时还建立起相当数量的靛蓝、林木等种植园，棉花生产在殖民地经济中也发挥了重要作用。当时，荷属西印度公司和阿姆斯特丹市垄断了向苏里南贩运黑人奴隶的权力，每年大约为苏里南提供

2500多名奴隶。1787年在苏里南农村平均每个种植园主拥有65名奴隶。尽管1814年荷兰政府已宣布废除奴隶贸易，但是每年仍有大约1000多名黑人奴隶被偷偷地贩运到苏里南来，直至1824年。据史载，1650~1820年贩入苏里南的黑人奴隶共约30万人。又有史料估计，至1824年贩入苏里南的黑人奴隶总数达到30万~35万人。① 这些黑人奴隶在苏里南受尽欧洲殖民者的残酷压迫和剥削，过着牛马不如的生活。据史载，至1785年，苏里南的大小种植园达到591个，其中生产粮食的种植园为139个，种植甘蔗和其他作物的种植园为452个。18世纪后期种植园经济出现衰退，但是直至1900年，90%的农产品还都是由种植园里生产的，仅有10%的农产品来自小型农场。随后半个世纪里，种植园经济统治农业生产的局面才发生改变，水稻、香蕉和水果取代可可、咖啡、棉花和甘蔗，成为农产品的主角。改变的主要原因是种植园劳动力成本日益升高。

然而，在苏里南当初归属荷兰人之后的一段时间内，殖民地的种植园经济并未迅速发展起来。史学家认为，其主要原因是当时荷兰更多地倾注精力于有利可图的亚洲殖民地荷属东印度（今印度尼西亚），不太重视苏里南。此外，白人殖民者与当地印第安人部族的暴力冲突不断，贩进来的黑人奴隶也经常进行起义、暴动，逃往内地丛林的黑人奴隶不断对种植园进行袭击等，直接影响社会经济的发展。

三 黑人奴隶的反抗和斗争

黑人奴隶具有顽强不屈的斗争精神。他们从原籍被捕捉到漂洋过海的贩运途中，再到最终运至苏里南从事种

① Henk E. Chin and Others, *Surinam Politics, Economics and Society*, Frances Pinter (Publishers), London, 1987, p. 6.

植园里各种各样的艰辛劳动，自始至终都进行了英勇的反抗和斗争。特别是新任总督范索梅尔斯迪克就职后，对黑人奴隶的起义实行铁腕镇压政策，更加激发了黑人奴隶的反抗精神，其结果是压迫愈重，反抗愈烈。在殖民统治期间，种植园的黑人奴隶在夸科（Quako）、博尼（Bonni）、巴伦（Baron）、乔利·戈尔（Joli Goeur）、阿拉比（Araby）、阿杜（Adu）、加尼默思（Ganmeth）等人的领导下，曾多次举行暴动和起义，攻打殖民者的城堡，焚烧种植园，杀死种植园主或工头等，给殖民当局以沉重打击。其间，有大批黑人奴隶逃离种植园，进入内地丛林中。他们以丛林为基地，坚持长期斗争，经常不断地袭扰白人种植园主，后被人们称之为“马龙人”（Maroons，即逃亡的奴隶）或“丛林黑人”（Boschnegers）。特别是在18世纪后半叶，由著名的马龙人部族首领之一博尼领导的大规模丛林游击战争，在反抗白人殖民统治的史册上有着较大影响，尽管最后遭到残酷镇压。与此同时，马龙人为了在丛林中生存下去，主动与先他们而来这里的印第安人搞好关系，向印第安人学习生活、生产、医疗知识等。至1728年时，这些逃亡的黑人奴隶在丛林中以非洲部族文化习俗为基础建起了许多村寨，一代一代地生活、繁衍下来。殖民当局曾多次派远征队进入丛林围剿，但都无功而回。

1730年伯格－恩－达尔（Berg-en-Daal）种植园发生一次大规模黑人奴隶暴动，并波及其他种植园，给荷兰殖民者沉重打击。殖民当局历时3年才将暴动暂时平息下去。但此后的近20年间，除了少许间歇外，黑人奴隶与白人殖民者的斗争一直持续不断。在反抗奴隶主的斗争中，种植园的黑人奴隶和丛林黑人（马龙人）互相支援和配合，种植园的黑人奴隶给丛林黑人通风报信，双方里应外合。所以，每次丛林黑人对种植园发起的攻击，基本上都能收到较好的效果。1761年荷兰人殖民当局被迫妥协，并同丛林黑人签订一项条约，承诺保证他们的自由，同意他们在内地实行自治，并且每年为他们提供所需武器等。换取的条件是，丛林黑人允诺送回此后再逃入丛林的所有奴隶，并且不以多于6个人的武装集团形式出现在帕拉马里博城内。此后，丛林黑人开始了一种封闭和独立的内地生活。但由于奴隶制没有废除，无论是丛林黑人还是种植园的黑人奴隶的反抗与斗争实际上一直没有停止。至1770年，逃入丛林中的黑人奴隶有5000~6000人，主要分布在马罗韦讷河、苏里南河和萨拉马卡河上游。1791年即博尼领导的丛林黑人游击战被镇压之后，殖民当局再次与丛林黑人的一些部族首领签订和约，以此来拉拢、离间丛林黑人，制约他们的反抗和斗争。1808年即英国人再度短期统治苏里南的期间，迫于国际舆论和黑人奴隶斗争形势的压力，当局宣布废除苏里南的奴隶贸易。但是，此间殖民者对奴隶的镇压政策从未放弃。凡是逃跑被发现和抓获的奴隶都要受到奴隶主的严厉惩罚，其中包括砍手剁足、挖眼睛、活活烧死等酷刑。现在，首都帕拉马里博的黑利根韦格大街有一个“科佐-曼托-普雷森特广场”，就是为了纪念当时科佐（Kodjo）、曼托（Mentor）和普雷森特（Present）3位黑人奴隶而命名的。史载，1833年1月26日，他们3人试图逃跑和采取革命行动反对奴隶制，后来被当局俘获，就是在今天的广场所在地被活活烧死的。2000年初，苏里南政府在广场上还专门为他们建立了一座纪念碑。

英国和法国分别于1834年和1848年废除了与苏里南毗邻的英属圭亚那和法属圭亚那的奴隶制，对苏里南的种植园主震动很大，苏里南的黑人奴隶的反抗和斗争亦愈加激烈。荷兰国王威廉三世遂于1863年7月1日颁布“解放法令”，废除在其殖民地实行的奴隶制。苏里南大约3.3万个黑人奴隶名义上获得解放，但实际上这些黑人奴隶并未真正获得自由。因为殖民当局为保留劳动力和继续对黑人进行奴役，在同一法令中，一方面规定废除奴隶制，另一方面又规定，黑人奴隶必须经过大约10年的“特别管理期”（又称见习期）后，才能成为完全的自由人。与过去所不同的是，见习期的黑人可以得到少许的报酬，但工作条件和人身权利同过去实际上没有不同。这样，无形中将黑人奴隶的解放时间又延长了大约10年。

1863年废除奴隶制对苏里南的社会政治产生深远影响。1865年荷兰当局为维护在苏里南的殖民统治，遂颁布法令，为苏里南引入新的政体。1866年1月法令生效，苏里南建立一个拥有部分地方行政权力的“殖民地议会”（The Koloniale Staten），亦即后来的所谓“苏里南议会”（The Staten van Suriname），负责管理殖民地政府工作。“殖民地议会”设13名议员，均来自殖民者阶层，其中9名由选举产生，4名由总督从种植园主和商人中任命。“殖民地议会”的建立使殖民地以人头税为基础的种植园主的选举权得以扩大。但是，殖民地事务的最终决定权仍在海牙。从1886年开始，“殖民地议会”允许从高收入的知识阶层中增选产生一部分议员，其目的是要把苏里南建成一个与荷兰在语言、文化和宗教信仰方面相似的海外省。

四 契约劳工的到来

废除奴隶制同样对苏里南的经济产生了巨大影响。黑人奴隶获得解放后纷纷离开种植园，或结伙购买田地继续务农，或流入城镇另谋工作。种植园遂出现劳动力严重短缺、生产不断下降的局面。荷兰殖民当局千方百计谋求新的劳动力来源，于是从马德拉群岛、印度尼西亚、中国、印度、西印度群岛等地向苏里南引进大批契约劳工，填补黑人奴隶解放后出现的劳动力空缺。

实际上，殖民者向苏里南引进契约劳工的活动早在废除奴隶制的 10 年前已经开始。当时，有些殖民者估计到了奴隶制一旦废除，种植园将会出现劳动力缺乏的局面，而且其他国家的殖民地（如英属圭亚那和法属圭亚那）废除奴隶制后业已出现此种局面。所以，他们未雨绸缪，提前寻找劳动力来源。1853 年，荷兰殖民当局从其殖民地印度尼西亚引进首批华人契约劳工，之后，又从中国广东、香港等地陆续招募华人。至 1870 年中国政府颁布法令禁止移民时为止，苏里南共引进华人契约劳工大约 5000 人。与华人同时到来的契约劳工还有一些来自马德拉群岛的葡萄牙人。另外，在引进华人契约劳工之前一些时间，殖民当局已从荷兰本土的格罗宁根地区招募了一批农民，到苏里南从事小型农场的生产活动，企图以此来挽救衰落的苏里南农业，但并不成功。因不适应热带生活环境，一年之内有半数的荷兰农民死亡。华人来到苏里南后，多数人也不想长期安身于农业生产。他们在 5 年契约期满后立即离开种植园，到城镇或在种植园附近另谋生路。所以，殖民当局只好不断地寻找劳动力来源，不断地补充劳动力空缺。1853～1872 年，殖民当局又引进葡萄牙人契约劳工 500 人和西印度群岛的契约劳工 2400 人。

19 世纪 70 年代后，进入苏里南的契约劳工数量猛增，因为大批印度人和印度尼西亚人被引进。在中国政府禁止移民后，荷兰当局又与英国人签订一项条约，获得了从英国殖民地印度招募契约劳工的权力。首批印度人于 1873 年到达苏里南，至 1916 年苏里南共引进印度契约劳工 3.4 万多人，主要来自加尔各答地区。1916 年印度当局决定停止劳工移民，但最终结束移民活动是在 1918 年，英国人终止了与荷兰人的移民合同。印度人在契约期满后，少部分人回国，大约 2.2 万人留在了苏里南。此后，荷兰人又从亚洲殖民地荷属东印度（1928 年后逐渐改称印度尼西亚）的爪哇岛等地引进劳工。1890～1939 年，进入苏里南的印度尼西亚契约劳工（主要是爪哇人）约3.3万人。除1947年有8400人回国外，其余的爪哇人全部留在了苏里南。与此同时，荷兰当局还不断鼓励华人、葡萄牙人以及随后的黎巴嫩人等向苏里南移民。

契约劳工特别是亚洲契约劳工的到来，对苏里南的社会经济发展产生了重大影响。苏里南继大量贩入黑人奴隶之后出现了第二次人口增长高潮，种族和民族组成更加多样化和复杂化。然而，契约劳工的到来并未能阻止甘蔗种植园经济的衰落，因为契约劳工合同期满后他们大多数都离开了种植园。其中当然也有外部原因，比如欧洲和美国的甜菜生产以及美国的棉花生产等蓬勃发展，苏里南的同类产品有了强劲的竞争对手。最后，苏里南不得不对农业种植结构进行根本性调整，由原来种植甘蔗、咖啡、棉花和可可为主改为种植水稻、香蕉和柑橘等其他农作物。

契约劳工的工作条件和生活待遇无异于过去的黑人奴隶，故被称作“契约奴隶”。他们遭受的压迫和剥削与黑人奴隶相比，在许多方面甚至有过之而无不及。种植园主们都很清楚，奴隶是终身依附于自己的，所以除了对奴隶残酷剥削之外，还要考虑劳动力的保存和延续等问题，以便长期从奴隶身上牟利等；而契约劳工是有时间限制的，届时期满走人，种植园主就两手空空了。所以，种植园主要在有限的期限内尽可能地盘剥契约劳工，甚至不惜任何手段。因此，许多契约劳工未到合同期满便客死异乡。当然，契约劳工为了捍卫起码的人身权利，或者说为了维持生存，也不断进行反抗和斗争。据史载，契约劳工在拉姆加尼（Ramjanee）、拉杰加鲁（Rajgaroo）、翁罗（Wongro）等人领导下，曾多次举行暴动，反抗荷兰殖民者的残酷压迫和剥削。

契约劳工合同期满后，种植园主千方百计挽留了一部分人。

但其他的绝大多数人都离开了种植园，或自己购地、租地继续务农，发展小规模的农业生产，成为独立的农民，或离开农村另谋生路。华人和葡萄牙人大部分流入城镇从事零售商业和服务业。印度人和爪哇人大部分留在乡村，种植水稻等作物，发展小型农场，把种植水稻等作物的技术传入苏里南。印度人和华人还送子女到荷兰接受教育，之后有机会成为教师、医生、律师等专业人士。黑人和混血种人大多数流向城镇、矿区，从事工矿业或其他专业技术工作。荷兰人、英国人等欧洲人亦主要生活和工作在城镇，多为白领。至此，苏里南社会出现了按种族或民族划分生活区域和职业范围的特殊现象。

苏里南的小规模农业早在 1845 年即开始兴起，当时有一些荷兰农民来到苏里南从事农业生产。奴隶制废除后，这些荷兰农民渐渐取代了获得解放的黑人奴隶，耕种帕拉马里博附近的农田，为该城市提供粮食和蔬菜等。契约劳工到来后，印度人和爪哇人又逐渐取代荷兰人，成为帕拉马里博周围小规模农业生产的主力军。随后，苏里南的小型农场数目大增，稻谷、香蕉和柑橘类水果等作物种植和栽培有了一定程度的发展。

19 世纪后半叶，随着欧洲甜菜制糖业的兴起，特别是拿破仑战争期间甜菜制糖业的蓬勃发展，苏里南在世界上的蔗糖出口地位空前下降，原来甘蔗等大型种植园经济出现衰退。1869 年随着苏伊士运河的通航，亚洲产品在欧洲市场上的价格大幅下降，对苏里南的产品在国际市场上的竞争地位更是沉重一击。苏里南的蔗糖竞争力日渐低下，甘蔗种植业更趋萎缩，1863 年大型甘蔗种植园尚有 80 个，至 1940 年减少到仅存 4 个。棉花、可可和咖啡等种植业在短时期内有所发展，然而其经济重要性和出口能力亦是非常有限的。

1873 年殖民当局开始寻求生产其他可供出口的产品，随之出现了在苏里南东南部马罗韦讷河附近拉瓦（Lawa）地区的黄金勘探活动。勘探人员最终于1875年在该地区发现大量黄金矿藏。于是，黄金采掘业兴起，外国大小公司蜂拥而至。1900年苏里南黄金开始出口。随后，苏里南又发展了本地区的巴拉塔树胶采割业、森林采伐业等。1904~1908年苏里南黄金出口额仅次于蔗糖，位居第二，约占出口总额的30%。巴拉塔树胶生产猛增，在1909~1913年间出口额平均每年占苏里南出口总额的40%，超过蔗糖；20世纪20年代中期之前，巴拉塔树胶一直保持第二大出口产品的地位。然而，黄金和巴拉塔树胶的生产并不能弥补甘蔗等种植园生产下降所造成的经济损失。殖民地财政出现困难，赤字很大程度上依靠荷兰的援助来解决。另外，由于亚洲国家橡胶生产的发展，苏里南的巴拉塔树胶生产和出口很快也受到影响。

20世纪初，苏里南发现大量铝土矿藏，随之兴起铝土采掘业和加工业。1916年当地开始生产和出口氧化铝。铝土采掘业很快发展成为苏里南的重要经济支柱。铝土采掘业的迅速发展进一步改变了苏里南的种植园经济模式，同时也促进了殖民地的政治演变。第二次世界大战期间，荷兰为德国短期占领，苏里南遂成为德国的军火工业原料——铝土的重要来源地。其间，美国进口的铝土中有75%以上亦来自苏里南。

第三节 苏里南的独立运动

一 工会和民族主义政党的建立

20世纪以来，苏里南克里奥尔人和印度人的中等阶层的政治意识和民主意识不断增强，为获得成人普选权等基本权利，经常组织一些政治活动。荷兰当局为了加强对苏里南的控制，缓和当地人的斗争情绪，于1922年颁布一项政体法令，将苏里南的地位由殖民地上升到“荷兰王国归并区”，使苏里南的地位由殖民地变为荷兰的领土；“殖民地议会”亦改名为“苏里南议会”。①

早在20世纪初，苏里南一位名叫弗兰斯·帕维尔·瓦克拉克·基林格（Frans Pavel Vaclac Killinger）的警官就组织起一个团体，成员主要是警察和商人。他们计划使苏里南建立一个由总统领导的共和国，设两个议院，取代殖民地议会；殖民地政府的一些高官应被“送回”荷兰；提高国家的福利水平，特别是改进人民的医疗卫生以及自来水、电力等公用设施；解散无能的军队，扩大警察部队，向腐败作斗争，等等。然而，他们的计划还未付诸实施，便在1910年5月遭到了逮捕和审判。尽管如此，一些诸如教师、排印工人等专业团体又相继组织起来，成立联盟，共同维护自身权益。例如1911年4月，他们成立了“苏里南人民联盟”（The Surinaamsche Volksbond），要求实行自由选举法律和参加选举担任公职的权利，并且得到了下层阶级某种程度的支持。但是，在当时这些劳工组织的力量和影响是很有限的，最能够吸引民众支持的手段是为其争取尽可能高额的工资增长。20世纪30年代工会活动在左翼民族主义领导人的影响下，曾出现了短暂的繁荣期。1931年受世界经济危机的冲击，苏里南大批工人失业（主要是巴拉塔树胶工业工人和在荷属库拉索工作的苏里南籍石油工人），人民生活苦不堪言，罢工、示威抗议活动频繁发生。失业者在杜德尔（Doedel）的领导下，组织起来成立了一个“行动委员会”（A Committee of Action），反对总督和荷兰的殖民统治，要求政府创造就业机会、为失业者提供生活资

① 〔苏〕维·沃尔斯基主编《拉丁美洲概览》，中国社会科学出版社，1987，第731页。Simon Collier and Others（General Editors），*The Cambridge Encyclopaedia of Latin America and Caribbean*，Cambridge University Press，1985，p. 299.

料、为营养不良的儿童免费发放食品等，但后来同样遭警察的残酷镇压。

1932 年，由一个参加上述“失业运动”（the unemployed movement of 1931）的团体建立了苏里南第一个工会组织“苏里南工人和雇员组织”（The Surinamese Workers' and Employees' Organization），积极为工人的就业和其他福利进行斗争。该工会与侨居荷兰的苏里南左翼民族主义教师安东·德科姆（Anton de Kom）保持密切联系。1933 年 1 月德科姆回国，企图团结广大群众和成立更大规模的工人组织，最终解决国家的社会经济问题。可是，一个月后德科姆在苏里南遭警察逮捕，被指控犯有颠覆罪。当地群众闻讯后举行大规模示威抗议活动，要求释放德科姆，遭残酷镇压，但斗争活动不断。5 月，殖民当局迫于民众斗争的压力，无奈将德科姆释放，并于当天押上轮船遣返荷兰。此后，工人斗争受挫，然而并未从此消失，德科姆成为鼓舞人们争取平等自由、维护正当权益和反对荷兰殖民主义的榜样。1942 年蒙戈和帕拉南铝土工人举行大罢工并成立“铝土工人工会”。同年 12 月 7 日，在苏里南等殖民地人民的斗争压力下，荷兰女王威廉明娜发表广播讲话，承诺将批准荷属东印度群岛、荷属安的列斯和苏里南实行内部自治。此举进一步促进了地方的政治运动，苏里南的工人运动遂不断发展。1948 年以信奉天主教的克里奥尔人为主体的“进步雇员组织”（The Progressieve Werknemers Organisatie）成立，涵盖了商业、旅馆、金融等各个部门。工会运动的兴起为苏里南一些政党的建立奠定了基础。

第二次世界大战后，苏里南民族民主运动进一步发展。1946 ~ 1949 年间，克里奥尔人为主体的“苏里南进步人民党”（Progressieve Surinaamse Volkspartij，1946 年，原名罗马天主教党）和“苏里南民族党”（Nationale Partij Suriname，1946 年）、印度人为主体的“进步改革党”（Vooruitstrevende Hervormings Partij，1949年）、印度尼西亚爪哇人为主体的“印度尼西亚联合农民党”（Kaum Tani Persuatan Indonesia，1947年）等民族主义政党相继成立。这些政党都是沿民族界限组建的，因此带有明显的民族特征。它们成立之后，努力为实现苏里南人民一体化、争取普选权等政治权利、提高人民群众的福利待遇和最终实现国家独立而斗争。尽管当地人参加地方议会的选举还要受到许多的限制，但是，1946年2月的地方议会选举已成为苏里南按老规定所进行的最后一次选举。

1948年9月3日荷兰当局颁布法令，规定苏里南成为荷兰王国的一部分。同年，荷兰当局还决定在苏里南实行普选，并授权苏里南议会建立“一项行政区选举制度”（a district electoral system）。苏里南各个行政区一般都是以一个民族居绝对多数为特征。理所当然，选举结果自然会凸显民族特征。在第二年举行的第一次普选中，约翰·阿道夫·彭格尔（Johan Adolf Pengel）领导的苏里南民族党赢得议会21席中的绝对多数席位（13席）。贾格纳斯·拉奇蒙（Jaggernath Lachmon）领导的进步改革党赢得6个席位，伊丁·苏米塔（Iding Soemita）领导的印度尼西亚联合农民党赢得2个席位。通过大选，在苏里南民族党里发挥重要作用的彭格尔和苏里南第一位印度人律师拉奇蒙等一些当地领导人得以进入议会。

但是如上所述，民族政治在大选中得到了充分体现，大选制度使得民族因素在政党政治中进一步发展，而且大选中各行政区的投票比例几乎与后来的1950年人口普查的民族人口比例完全相一致。各个政党的选票一般都来自各自的民族群体和居住地区，小政党因得选票少则最终被拒之议会门外。据介绍，进步改革党在利用民族基础进行选民动员方面是再明显不过的了。其竞选口号之一就是：“印度教徒、穆斯林、锡克教徒和基督教徒，大家都是兄弟，印度是大家的母亲。”①

又据 1950 年 1 月 20 日生效的临时法令，苏里南开始拥有除外交和国防之外的日益增多的自治权力。除了女王任命的总督外，苏里南设立部长委员会（Council of Ministers，即内阁Cabinet）、顾问委员会和立法分支机构即苏里南（殖民地）议会。1954 年 12 月 15 日荷兰签发“王国章程”，宣布苏里南、荷属安的列斯和荷兰三方以“平等地位”组成荷兰王国。苏里南正式取得“内部自治”的地位，除外交和国防事务由荷兰控制外，其他政治和经济事务完全由自己管理。另外，根据王国章程，苏里南可以选派一位全权部长常驻海牙，参与讨论有关王国三方的所有事务；荷兰派遣的总督是政府首脑，负责任命由 9 名部长组成的内阁和由 5 人组成的顾问委员会；部长们向苏里南立法委员会（The Legislative Council）即议会负责；议会 21 名成员由成人普选产生，任期 4 年。

20 世纪 50 ~ 70 年代，苏里南又出现了一些更为激进的带有民族主义色彩的群众组织和政党。例如，1952 年彭格尔发起成立苏里南“工会联合会”（The Moederbond）、1959 年“我们自己的事情”（Wi egi sani，即一个文化运动组织，斯拉南语言的提倡者）的成员在罗宾·拉瓦莱斯（Robin Ravales）领导下成立了“苏里南民族主义运动”（Suriname Nationalist Movement）、1961 年律师埃迪·布鲁马领导成立的“民族共和党”（The Partij Nationalistische Republiek）、1971 年医生李宝三（Lie Pauw Sam）组织的“马林堡之友”委员会（1975 年 9 月组成“人民党”People's Party）、1973 年汉弗莱·基尔费尔德（Humphrey Keerveld）等组建参加大选的“民主人民阵线”（Democratic

① Henk E. Chin and Others, *Surinam Politics, Economics and Society*, Frances Pinter (Publishers), London, 1987, p. 18.

Peoples Front，以苏里南共产党为主体）等。它们积极主张或要求：提高人民福利待遇，保障人的生存、劳动、教育和医疗权利，发展本国工业，提高农业生产，发展民族文化运动，摆脱荷兰殖民统治和实现国家完全独立等。彭格尔作为工会和民族党的领导人曾反复强调，1954 年的荷兰王国章程“并非是永久性的协议”，因此通往独立的大门是敞开着的。当时苏里南还制作了自己的旗帜，起草了国歌等，为独立做准备。布鲁马的民族共和党甚至希望苏里南能在 1963 年 7 月 1 日，即苏里南取消奴隶制 100 周年纪念日时实行独立。其间，国家独立问题一度成为人们讨论的中心问题。

然而，关于独立问题并非是所有人都支持的，特别是所谓较为保守的印度人是持反对态度的。20 世纪 60 年代初，邻国圭亚那发生大规模民族暴乱，黑人与印度人之间互相残杀，酿成严重后果，对苏里南产生一定影响。于是，苏里南有关政党迫于当时国内外形势，暂时不再将独立问题作为一个燃眉之急的问题去解决。

克里奥尔人和印度人是苏里南两个最大的民族集团，对国家政局举足轻重。由于历史上殖民当局实行“分而治之”的政策等原因，两大民族之间以及与其他民族之间存在着这样或那样的矛盾甚至斗争。经过 20 世纪 50 年代一个时期的摩擦之后，两大民族的政党——“苏里南民族党”和“进步改革党”的领导人彭格尔和拉奇蒙在 20 世纪 60 年代，努力促进克里奥尔人和印度人之间的团结，并铸成两大民族之间的联盟。两大民族联盟奉行“民族亲善原则”，缓和了由于殖民制度所造成的民族分离、政党之间互相斗争的严重局面。1963 年和 1967 年，两大政党两次联合，参加并赢得当年举行的大选，两次组阁共同执政。在此期间，从整体上讲各民族之间相互关系有所改善，而且社会政治形势比较稳定。这种形势对于开展争取国家政治独立的各种运动和维护广大人民的自身权益无疑是十分有利的。

二　通过谈判取得独立

20世纪60、70年代，加勒比地区一些殖民地国家通过与宗主国谈判相继独立，苏里南要求独立的呼声更趋强烈。在争取国家独立的斗争中，苏里南民族党、民族共和党、进步苏里南人民党和印度尼西亚联合农民党，特别是苏里南民族党，发挥了重要作用。

在1967年大选中，民族党、进步改革党和进步苏里南人民党等组成的联盟再次获胜，组成联合政府，民族党主席彭格尔连任政府总理，再次向荷兰王国提出苏里南实现国家独立的政治主张。1969年，进步改革党对民族党的关于国家独立的政策和主张产生不满，遂向政府施加压力，两大政党联盟遂发生分裂。在荷兰政府的煽动下，苏里南出现教师工会、公务员工会等领导的反政府大罢工（其中主要是印度人），苏里南民族党联盟政府被迫同意提前下台和举行大选。进步改革党与进步民族党（The Progressive Nationale Partij，克里奥尔人为基础的第二大政党）、进步民主党等组成的"进步改革党联盟"在同年大选中获胜组阁。进步民族党领袖朱尔斯·塞德尼（Jules Sedney）出任政府总理，进步改革党主席贾格纳斯·拉奇蒙任国民议会议长。但实际上，印度人的进步改革党赢得了议会49%的议席，控制着联盟政府。1970年彭格尔因病去世，经济学家亨克·阿龙（Henck Arron，华裔）接任民族党主席，继续为苏里南的政治独立而努力。进步改革党领袖拉奇蒙担心苏里南独立后克里奥尔人掌权，印度人的利益可能受到损害，故提出"政治发展的时机还未成熟"、"苏里南应先取得经济独立然后再谈政治独立"等各种理由，反对实现苏里南政治独立。1971年苏里南罢工斗争风起云涌，拉奇蒙仍宣称，"我相信苏里南全国人口的70%将投票反对独立"。1973年3月，民族党在荷兰政府主持召开的阿鲁巴岛立宪会议上，再次提出立即实现国家独立的政治要求，并且组织群众进行集会和示威游行，要求荷兰从苏里南撤出驻军等。同年11月苏里南举行大选，由民族党、民族共和党、印度尼西亚联合农民党和进步苏里南人民党等组成的“民族党联盟”，以22席对17席战胜执政4年的“进步改革党联盟”。民族党主席阿龙出任总理，进步苏里南人民党主席埃米尔·韦恩图因（Emile Wijntuin）出任议长。

阿龙政府成立后，顺应历史潮流和人民意愿，把国家独立问题作为“人民赋予政府的具体使命”和“政府首先要解决的问题”，与荷兰政府开始了长达一年半的谈判，荷兰政府在苏里南人民日益高涨的斗争压力下，逐渐作出让步。1975年3月，荷兰首相同阿龙总理签订了关于苏里南独立的议定书，内容包括荷兰不得迟于当年10月通过关于苏里南独立的法令；成立宪法起草委员会，制定新宪法、确定新的国旗和国徽；苏里南独立后实行共和制，取消总督，设立总统；总统为国家元首，由议会选出，负责任命政府总理；总理为首的内阁为行政机构，等等。同年5月，双方又达成一项协议，荷兰同意苏里南于11月25日宣布独立；荷兰在苏里南独立前撤出1000多人的驻军，军事设施移交苏里南，同时派出一个15人的军事代表团驻帕拉马里博，负责训练苏里南国防军、维修军事设施和其他后勤工作，期限不得超过5年等；荷兰允诺在10~15年时间内向苏里南提供35亿荷兰盾“赠款”（约合10.4亿美元）的发展援助；苏里南独立后，荷兰负责为其培训外交人员；关于长期居住在荷兰的7.5万苏里南人的国籍问题，双方同意在10年内逐步加以解决，等等。

1975年11月25日苏里南摆脱荷兰长达3个多世纪的殖民统治，郑重宣布独立和成立苏里南共和国。当天，首都帕拉马里博举行了隆重的独立庆典。阿龙成为苏里南独立后的第一位政府总理。荷兰统治时期苏里南的末任总督约翰·费里尔（Johan

Ferrier）出任独立后的第一位国家总统（主要是礼仪性的职务）。1975 年 12 月初，在国家政治独立的大局已定的情况下，印度裔拉奇蒙的进步改革党遂改变立场，宣称由于政局和国内外形势的变化，该党的行动方针有调整的必要，它将加强与各党派的联系与合作。

苏里南独立后，政府将首都原来的“总督广场”改名为“独立广场”，将广场上原来的荷兰女王威廉明娜（Queen Wilhelmina）塑像迁至苏里南河的岸边留作历史见证，在原址上为倡导国家政治独立的民族党领袖彭格尔总理建立一尊高大的塑像，供后人瞻仰。

第四节 苏里南独立后的政局

一 军事政变前后的政治形势（1975～1990 年）

（一）军人掌握政权时期（1980～1988 年）

1975 年苏里南独立后，阿龙政府强调建立一个“真正民族主义的”、“民主、平等、自由和团结的国家”，主张在“维护传统民主制度”的基础上进行“社会改革”，“消除分裂人民的因素”等，国家政局基本稳定。1977 年 10 月 31 日苏里南举行独立后首次大选，由苏里南民族党、苏里南进步人民党、印度尼西亚农民党和革新进步党组成的“民族党联盟”，赢得议会 39 席中的 22 席，再次战胜进步改革党联盟（获 17 席）组阁，阿龙继续出任政府总理兼总务和外交部长。

新政府注意清除殖民主义的残余势力和影响，维护国家政治独立；对内实行“以发展独立的民族经济为主要目标”、“苏里南拥有和控制自己的自然资源，使之为本民族带来最大利益”、“对攸关国计民生的重要部门逐步国有化”等一系列经济政策。

其间，政府接管了国内最大的荷资瓦赫宁根稻谷农场以及马林堡糖厂、木材加工厂、船舶公司、农业发展银行等，独立经营原来与美国雷诺兹公司合营的一家铝土企业，提高荷资和美资铝土公司的税率，鼓励发展民族工商业等。政府对外奉行和平友好和不结盟的外交政策，注意和拉美、加勒比地区以及其他地区第三世界国家发展友好合作关系，共同致力于反帝、反殖和反霸斗争；于1975年、1977年和1979年分别加入联合国、美洲国家组织和不结盟运动，并先后同57个国家建立了外交关系。

1. 军事政变的前因后果

由于苏里南长期遭受殖民主义统治，殖民势力影响很深，独立后国家主要经济命脉仍然操纵在外资手中。国内各种社会矛盾依然存在，特别是印度人和克里奥尔人两大民族、苏里南民族党和进步改革党两大政党的斗争，起伏不断，直接影响国家政局稳定。国内人口大量外流，1975年前后国内有大约4万人移居荷兰，至1980年在荷兰的苏里南移民达到15万人，主要为工商企业家、熟练的专业技术人员等。苏里南早就有了法律学校、医校等，专业技术人员有发挥专长的部门，但在荷兰的苏里南医生、工程师、科学家和律师比在国内还要多。大量专业技术人员外流，成为国家全面发展的一大障碍，政府在恢复和发展经济方面确实遇到不少困难。

1977年新政府成立后至70年代末，国家财政连续几年未见显著改善，人民实际生活水平下降，首都时有游行、集会等抗议活动，国家政局于是出现短时期动荡不稳的状况。尤其是军队不满意政府的相关晋升政策、低劣的军事装备、军人工资等级和官兵关系等，进而要求辞退某些军队领导人，与政府产生矛盾。1979年军队沿袭荷兰军队模式，成立军人工会组织（Bomika 即 Military Union，正式名称为“士兵协会”，The Soldier's Association），以维护自己的利益。但政府拒绝承认其工会组织的合法性，反而采取高压政策，并于1980年1月派警察前往军营镇压军士们实际上的罢工活动和示威抗议活动，逮捕陆军军需部队军士劳伦斯·尼德（Laaurens Neede）、陆军医疗部队军士长巴德里塞恩·西塔尔（Badrissein Sital）和军事警察部队军士拉蒙·安东·亚伯拉罕斯（Ramon Anton Abrahams）等3名军队工会领导人，交由军事法庭审判，使由来已久的军队与政府的矛盾激化。1980年2月25日，即法院送达判决书之前的几个小时，罗伊·霍尔普（Roy Horb）、查尔斯·米纳尔斯（Charles Mijnals）、德西·德拉诺·鲍特瑟（Desi Delano Bouterse）等16名军士（后被称作16人集团）发动军事政变，救出狱中的3名军队工会领导人，随即推翻阿龙政府，解散立法议会，中止宪法，停止政党活动，并成立8人全国军事委员会（The Nationale Militaire Raad，西塔尔出任主席），控制了全国局势。阿龙总理受到军事当局通缉，后在苏里南教会领导人（帕拉马里博主教阿洛伊修斯·齐切姆等）及其他组织的调停下，于2月28日向全国军事委员会投案，政府其他主要官员也随之投降自首。阿龙政府原定当年3月27日举行的全国大选，遂被军事当局无限期地推迟。据介绍，政变发生后，多数民众起初对政变持欢迎态度，因为他们对国家旧的政治模式普遍不满，认为政治上的任何变化都可能是社会改进的一次机会。据认为，这是政变能成功的因素之一。另一个因素是鲍特瑟在财政上得到了“民族资产阶级”（贸易公司、制造业和建筑业等企业家）的财政支持。有两个工会联合会还公开声明表示支持，理由是他们是以工会会员身份采取的行动。

政变成功后，甚至还有人称“军人想要一个工会，却得到一个国家”。其实，军人组织工会一事仅仅是发生政变的一个导火索，工会问题对政变只是有间接影响。据报道，一些政党和军人有着某种密切联系以及政党斗争是其重要原因。政变后应军人邀请，出来帮助物色临时政府人选的两位律师埃迪·布鲁马和弗兰克林·利夫朗都是民族共和党的成员。布鲁马任该党主席，曾在阿龙1973~1977年的联盟政府中担任经济事务部长。利夫朗曾担任军人工会组织的法律顾问。军人工会领导人被捕后，布鲁马在军事法庭上为被捕军人进行辩护。另外，报道还称，参加政变的巴德里塞恩·西塔尔和查尔斯·米纳尔斯两名军士与苏里南人民党有密切联系。上述两个政党在当时一般被认为是激进的或左翼的。另据报道，早在一年之前，军人的政变计划就有酝酿和准备，而且当时酝酿和准备政变的不仅有鲍特瑟集团，而且还有苏伦德雷·拉莫博库斯（Surendre Ramobocus）领导的尉官们以及诸如巴德里塞恩·西塔尔和查尔斯·米纳尔斯等军士们。在这次政变中，鲍特瑟表面上并非主要领导人；在政变当天组成的8人全国军事委员会成员中，名位也并不显赫。但据他自己讲，政变前他以军人组织工会为掩护，开始与军士西塔尔、米纳尔斯、尼德和霍尔普等人积极进行谋划工作。所以，政变成功后不久，他露出庐山真面目，很快成为苏里南铁腕人物，集军政大权于一身。随后，他本人的军衔亦由军士自我晋升为中校，职务也一再升迁。

1980年3月，原总统费里尔应军事当局之邀请而留任。他拒绝全国军事委员会保留最高权力，但又无能力改变局势；遂例行公事，按照全国军事委员会的旨意，出面任命了一个以著名华裔内科医生、民族共和党前领导人亨克·陈亚先（Henk Chin-A-Sen）为首的专家、技术人员组成的文人政府。实际上，国家所有的军政权力仍由鲍特瑟（4月被任命为军队司令，6月被任命为参谋长）等军人组成的全国军事委员会所控制。8月13日，由于政策上的分歧，以鲍特瑟为首的军人集团命令费里尔总统辞职，由陈亚先总理兼任总统；同时宣布终止宪法、停止议会活动和全国实行紧急状态。12月，苏里南当局颁布一项法令，宣布结束议会制，改行总统制，相关的新宪法将于1981年出台。在此过渡时期，陈亚先总理遂成为苏里南的第一位拥有行政权力的执行总统。

2. 动荡不稳的政局

1980年2月军人政变以后很长时间内，苏里南国内政局一直动荡不稳。其主要特点是：政府变换频繁，反对军事强人鲍特瑟的政变接连不断。

1981年3月，军士长维尔弗雷德·霍克（Wilfred Hawker）领导了一场由印度人鼓动的反对鲍特瑟的未遂政变。1981年9月，陈亚先总统宣布了有关新宪法草案的详情，强调在新宪法中力求限制军人对政府的监督作用。1981年12月，鲍特瑟和另外两名军队领导人罗伊·霍尔普少校、伊万·赫拉诺赫斯特（Ivan Graanoogst）中尉，组织了一个军人牵头的文人政治联盟“革命人民阵线”（The Revolutionary People's Front），旨在牢固地控制陈亚先文人政府，继续实行军人所谓的“左翼”政策。1982年2月5日，由于鲍特瑟领导的全国军事委员会与陈亚先总统的文人政府在施政方面，特别是在制定新宪法和限制军人的权力方面发生分歧，陈亚先及其文人政府无奈宣布辞职，实际上是被军队所废黜。然而，军队对外宣称，政府内部因苏里南的发展问题发生了内讧。为防止荷兰中断发展援助，鲍特瑟军政权遂又立即任命最高法院院长奥利弗·范德·海尔德（Oliver Van Der Geld）为代理总统。但是，由于奥利弗·范德·海尔德患病，军事委员会又宣布此职暂由最高法院副院长拉姆达特·米西尔（Ramdat Misier）出任，与此同时，还任命了一个由12人组成的部长委员会（Council of Ministers，亦称部长内阁 Cabinet of Ministers，文人占多数），由温和的经济学家、前财政部长亨利·内伊霍斯特（Henry Neyhorst）出任总理。据悉，米西尔是一位不问政治、执法如山的法官，其总统职务在很大程度上是挂名的，在选择内阁成员中起决定作用的仍是鲍特瑟等军人。

1982 年 3 月新政府组成后，根据军人旨意提出要建立一个“社会主义国家”。此举被认为是，鲍特瑟第一次为其军人在 1980 年所采取的“革命行动”之后明确了政治方向。由于鲍特瑟领导的全国军事委员会仍然控制着全部政权，国内反军政权控制的斗争连续不断。事实证明，军人政变后也未能解决国内存在的经济问题，鲍特瑟逐渐失去所谓的左翼团体、工会组织以及一些军官的支持。罢工、集会、示威游行等活动频繁发生，强烈要求结束军人统治。同年 3 月 11 日，苏伦德雷·拉姆博库斯（Surendre Rambocus）中尉、维尔弗雷德·霍克军士长等再次发动反对鲍特瑟的军事政变，后遭残酷镇压。这是 1980 年 2 月以来苏里南发生的第五次军事政变。政变后第三天即 3 月 13 日，霍克被“战地临时军事法庭”行刑队处决，数天后拉姆博库斯亦在萨拉马卡地区被捕。然而，镇压并未起到威慑作用，却再次引发国内外的抗议活动。以鲍特瑟为首的军政权为控制局势，宣布全国实行戒严和军事管制法。同年 8 月，苏里南士兵自 1980 年政变以来第一次与民众发生冲突，一些工会领导人在尼克里地区农民示威活动期间遭逮捕。10 月，军政权又逮捕了组织罢工和示威活动的苏里南总工会联合会的领导人西里尔·达尔（Cyriel Daal），进一步激发了广大民众的不满情绪。军政权为平息事态，软硬兼施，颁布一项“苏里南人民基本权利和义务的法令”，同时承诺成立制宪议会，1983 年 3 月将起草一部新宪法，等等。但是，军政权的诺言从未兑现，国内政局亦未能像军事当局所希望的那样稳定下来。在 1982 年的一年时间里，苏里南唯一的大学——苏里南大学，一直被认为是反对鲍特瑟军政权而进行抗议和示威活动的中心，12 月初的一次学生抗议活动遭到军事当局的野蛮镇压。

1982 年 12 月 8 日夜，政治反对派苏里南总工会联合会在帕拉马里博的办公室、两家广播电台以及一家日报社的办公室等被大火烧毁，一般认为系武装部队成员所为。在随之而来的抗议、骚乱中，大约 15 位被捕的知名政治家、工会领导人、律师、教授、记者、专业人员等，因批评和反对军政权在泽兰迪亚要塞军营里被处决，其中包括总工会联合会的领导人西里尔·达尔，1982 年 3 月未遂军事政变的在押领导人苏伦德雷·拉姆博库斯及其律师、前内阁部长埃迪·霍斯特（Eddy Hoost）和一些在“民主协会”的声明上签名者等。外电称这次流血事件为“十二月大谋杀”。C－47 工会领导人弗雷德·德比（Fred Derby）原来也在被捕之列，但 24 小时后获释，成为“十二月大谋杀”唯一的幸存者。事件发生后，边防被关闭，所有中小学被停课，私人新闻媒体也被停业。苏里南大学因有教师和学生参与抗议活动，被军事当局关闭停课 10 个月，直到 1983 年 10 月才重新开学。在 12 月 8 日被处决的 15 人当中，有该校两位著名教授。据报道，他们被军事当局认为是煽动学生抗议活动的人。

12 月 8 日的流血事件在国内外引起强烈反响。当时，荷兰、美国和欧共体等予以强烈谴责并且中断对苏里南的援助项目。在苏里南国内，部长委员会第二天集体辞职，要求恢复民主政体的呼声日益强烈。一些军官对“大谋杀”也表示强烈不满。1983 年 1 月，苏里南发生第六次军事政变，即罗伊·霍普少校领导的反对鲍特瑟的未遂军事政变。随后，鲍特瑟逮捕了罗伊·霍普等 14 名有关人员，并对军队采取严厉的整肃措施，解除了武装部队 2/3 军官的职务等；重新组织了一个以埃罗尔·阿利布克斯（Errol Alibux，前社会事务部长）博士为总理的文人—军人部长委员会（即内阁）。1983 年 5 月 10 日，美洲国家组织美洲人权委员会发表年度报告，认为（苏里南）高级政府官员对 15 人的死亡负有责任。大赦国际发表一份正式控告，敦促美洲国家组织美洲人权委员会于当年 6 月前往苏里南进行访问和调查。联合国关于“即刻和任意处决”的特别报告起草人、肯尼亚法律专家阿莫斯·瓦科（Amos Wako），起初计划访问苏里南遭拒绝，后于1984年7月被允许成行。他在1985年2月12日的调查报告中认为，12月8日晚上“即刻和任意处决发生在泽兰迪亚要塞的军队司令部”。他的声明与官方的“15人是在试图逃跑时被开枪打死”的说法是根本不一样的。[1]

由于国内政局更加动荡，加上经济形势严重恶化，苏里南再次出现向荷兰的移民浪潮，其中包括前总统陈亚先和一些被解职的军官。陈亚先在荷兰组织了“苏里南解放运动”，企图通过和平手段推翻鲍特瑟军政权。1983年11月25日，面对日益高涨的要求恢复宪制民主的呼声，鲍特瑟为加强自己的统治基础，树立民主形象，宣布建立一个政治组织，用1980年2月25日军事政变日期，将其命名为“二·二五运动”，并亲任主席。“二·二五运动”初称“斯丹德瓦斯特”（Standvaste，即当地一种生命顽强的花草名字）。另外，政府为尽可能减少劳工骚乱遂颁布法令，规定未经特别允许禁止公司解雇工人。但法令并非灵丹妙药，也未认真执行。同年12月，军政权面临更加严重的挑战，4000名铝土工人开始大罢工，反对政府增加所得税。银行、电力和其他企业工人也加入了罢工行列，政府的不同政见者亦与之携手联合，要求军人还政于民、恢复宪制民主和举行自由大选，声势空前浩大。

3. 恢复民主体制的过程

在国内外的各种压力下，1984年初军人集团与罢工工人达成不增税协议，经过“军队、工会和私营部门”三方协商，重新任命了一个临时政府，由鲍特瑟的前顾问维姆·乌登豪特

---

① Henk E. Chin and Others, *Surinam Politics, Economics and Society*, Frances Pinter (Publishers), London, 1987, p. 114.

（Wim Udenhout）出任总理，同时宣布实行一项民主过渡计划；8月取消了自1982年以来实行的全国紧急状态。1985年1月，作为恢复民主体制的第一步，苏里南军人组建了包括“二·二五运动”（14名）、工会（11名）和企业团体（6名）代表在内的国家最高立法机构——国民议会，负责起草新宪法，其中包括选举法和政党法等。同年11月军人政权取消党禁，恢复政党活动，并着手筹备新的大选。三大传统政党的领导人——民族党的阿龙、进步改革党的拉奇蒙和印度尼西亚联合农民党的维利·苏米塔（Willy Soemita）应邀参加由全国军事委员会改组的“最高委员会”（Topberaad 即 The Supreme Council，亦称最高评议委员会 The Supreme Deliberating Council），监督新宪法的准备工作。1986年7月，三大传统政党成员自1980年军事政变以来首次进入内阁。苏里南商业和工业协会秘书长、进步改革党成员普雷塔普·拉达基顺（Pretaap Radhakishun）被任命为总理（亦即苏里南第一位进步改革党总理）。宪法于1986年中期完成，1987年3月在国民议会获得通过，9月经公民投票以压倒多数（93%的赞成票）获得批准。

1986年7月，生活在苏里南和法属圭亚那边界地带的丛林黑人以“政府开发内地破坏其社会自治”等为由，在前军人罗尼·布伦斯韦克（Ronnie Brunswijk，鲍特瑟前保镖之一）的领导下，由前军事和警察部长米希尔·范赖（Michiel van Rey，时流亡荷兰）任顾问，组织反政府武装“苏里南解放军”（Surinamese Liberation Army，或称“苏里南国民解放军”Surinamese National Liberation Army，又称“丛林军团”Jungle Commando），在盛产铝土和棕榈油的东部和中部地区发起反政府游击战争。丛林军团袭击军队哨所和工、矿业生产基地，曾控制了东部马罗韦讷行政区大部分土地，一度占领赞德赖国际机场附近地区，致使所有的国际航班被迫取消，当地铝土加工业、棕榈油制造业等被迫关闭停产。苏里南的铝土加工和棕榈油生产、电力和交通运输等企业蒙受巨大损失，尽管这些地区后被政府军队收复。另外，丛林军团为了各种袭击之所需要，有时将丛林黑人村庄的居民大批转移至军营拘留，许多人在军事拘留中间被杀害。鲍特瑟军事当局为消灭游击队，多次派遣军队进行大规模围剿和镇压，特别是当年11月对丛林军团首领罗尼·布伦斯韦克所在的莫伊瓦纳（Moiwana）村庄实行大屠杀，结果造成大量无辜平民死亡。有报道说，莫伊瓦纳村有40人被枪杀，军队在搜索、围剿游击队过程中大约有200名平民遭杀害。联合国人权委员会1988年2月发表的一份报告也声称，政府武装部队对1986年6月至1987年8月间死亡的150～200名平民负有责任。至1987年底，有7000～10000名丛林黑人和印第安人逃至法属圭亚那避难，8000～10000名丛林黑人和印第安人涌入首都帕拉马里博寻找安身之地。当年12月，政府对东部地区实行紧急状态和宵禁，国家经济形势不断恶化，人民基本生活必需品严重短缺。帕拉马里博的学校再次关闭，罢工、抗议游行活动不断。美国和荷兰等国政府对鲍特瑟军政权予以严厉抗议和谴责。

在国内政局动乱不止的情况下，1987年2月包括拉达基顺总理在内的5名内阁成员宣布辞职，鲍特瑟为首的军人集团遂又任命“二·二五运动”成员、时任内政部长的朱尔斯·韦登博斯（Jules Wijdenbosch）为总理。同年3月军人集团宣布年底进行大选，但当月晚些时候内阁又集体辞职。鲍特瑟遂于4月7日重新任命了以韦登博斯为总理的新内阁。这也是鲍特瑟在恢复民主选举之前的最后一次任命内阁。1987年7月，鲍特瑟为首的一些军、政界人士在“二·二五运动”的基础上组建“民族民主党”（Natonale Democratische Partij），由韦登博斯担任第一任主席，准备参加即将举行的大选。8月份民族党、进步改革党和印度尼西亚民族联合与团结党（前印度尼西亚联合农民党）三大反对党举行了有6万多人参加的群众集会，宣布成立竞选联盟“民主与发展阵线”（The Front for Democracy and Development，简称“阵线”），并严厉批评政府的经济政策。最后为缓和关系，鲍特瑟与三大政党领导人阿龙、拉奇蒙和苏米塔签署了“莱昂斯堡协议”（Leonsberg Agreement），表示军队将尊重大选结果，“阵线”亦表示尽可能与军队搞好关系。但协议未能真正奏效，签订协议后两天，反对党举行反政府示威活动，鲍特瑟应军队要求宣布断绝与反对党的所有关系。与此同时，作为最高委员会中的最后两名军人成员，鲍特瑟和军队司令赫拉诺赫斯特宣布退出。

1987年9月30日苏里南颁布实施新宪法，11月25日举行了10年来的第一次大选，选举产生了由51名成员组成的国民议会。民族党、进步改革党、印度尼西亚民族联合与团结党组成的“民主与发展阵线”战胜鲍特瑟的民族民主党，获得议会51个席位中的40席。民族民主党获3席，爪哇人的“彭达瓦利马党”（Pendawa Lima）和知识分子组成的进步工农联盟各获4席。1988年1月12日，国民议会选举印度裔农学家、商人、前农业部长和进步改革党监察委员会副主席拉姆塞瓦克·尚卡尔（Ramsewak Shankar）为总统，民族党主席阿龙当选为副总统并继1973～1980年两度担任总理之后，再次出任总理，领导由14人组成的内阁。进步改革党主席贾格纳斯·拉奇蒙继1958～1966和1969～1973年三届担任国民议会议长之后，又一次出任议长。印尼民族联合与团结党领袖维利·苏米塔（Willy Soemita）出任副总理兼社会事务和住房部长。为了保证向民主体制和平过渡，12月，国家根据新宪法成立了五人军事委员会，鲍特瑟被任命为领导人。“阵线”文人政府的组成，表面上结束了苏里南近8年的军人统治。然而，由于军人势力还存在，文人政府并无多大的实权，政府的行动仍受军人的限制。因此，军、政关系不顺，相互矛盾重重；民众对军人能给予文人政府多大程度的行政权力亦存在着严重忧虑。另外，随着大选制度的恢复，1980年政变之前曾占据苏里南政治舞台的民族政治，即民族矛盾、民族分裂以及政治事务按民族划界的现象，亦重新突出起来。

（二）民主体制恢复之初期（1988～1990年）

如前所述，恢复宪制民主后，国家内部冲突并未结束，内地丛林黑人反政府的游击战争仍频繁发生。1988年6月在罗马天主教帕拉马里教区主教的调解下，政府与丛林黑人“苏里南解放军”最终开始谈判。1989年7月双方在法属圭亚那签订了《库鲁和平协议》（The Kourou Accord），其中规定了取消1986年12月以来的国家紧急状态，对卷入冲突的双方人员实行大赦，将苏里南解放军编入国家内地警察部队，采取措施让在法属圭亚那的难民安全返回，建议成立内地开发协商委员会（A Consultative Council for the Development of the Interior）和为内地大量投资等14项内容。但和平协议遭到政府军队和西部印第安人的强烈反对。政府军队宣布，反对将布伦斯韦克的游击队编入国家警察部队，并且取消与政府的所有合作，但未采取直接反对协议的军事行动。因为协议中有“大赦双方卷入冲突的人员”的规定，将不会追究军队侵犯人权的责任。这也是鲍特瑟能够接受政府直接与游击队谈判的原因所在。游击队当然也看到了这一点，所以对任何协议都持有怀疑态度。另外，由于协商委员会直到1995年才建立，此前政府在开采内地黄金、木材等活动方面未能与丛林黑人和印第安人协商。丛林黑人和印第安人认为，采金使用的汞液严重污染生态环境，破坏当地人的食物链，损害他们的民族切身利益。特别是苏里南西部据称亲政府军队的印第安人，对协议的一些条款严重不满，要求恢复国家原“印第安人事务局”的工作，同时在托马斯·萨巴乔（Thomas Sabajo）领导下，成立了大约1000人的武装组织“图卡亚纳·亚马孙尼卡”(Tucayana Amazonica)，亦开展反政府游击战争。政府军队为抑制丛林黑人游击队，甚至支持图卡亚纳印第安人反对和平协议的行动，结果导致印第安人和丛林黑人之间的不和。与此同时，西部内地又出现了因对《库鲁和平协议》同样不满的“曼德拉丛林黑人解放运动”反政府武装集团，东部蒙戈地区又出现了支持“苏里南解放军”的新的丛林黑人“解放和民主联盟”武装集团。这些武装集团不断发起袭击政府设施的活动；流浪在法属圭亚那的苏里南难民因担心安全问题拒绝返回原籍。因此，上述和平协议实际上是一纸空文。在游击战争进行期间，内地的经济发展中断，许多基础设施遭到破坏。

另外，恢复民主体制后，军人集团与民选政府之间的斗争仍在继续。在与游击队达成协议的问题上，军队司令鲍特瑟同尚卡尔总统产生严重分歧，并且对政府强烈不满。例如，1990 年初，在《库鲁和平协议》早已无法实施的情况下，政府重新与“苏里南解放军”接触，寻求和平解决内战的途径。尚卡尔总统邀请“苏里南国民解放军”司令罗尼·布伦斯韦克前往首都帕拉马里博进行谈判，承诺保证其绝对安全。但结果布伦斯韦克遭到鲍特瑟强行逮捕，后在尚卡尔总统的坚持和努力下，布伦斯韦克才最终获释。但事件本身却充分显示了文人政府的软弱与无奈。

同年 12 月 23 日，曾到荷兰治病的军队司令鲍特瑟，以荷兰政府多次拒绝他在阿姆斯特丹机场举行记者招待会和苏里南政府未能向他提供“保护”为由，提出辞呈。第二天即 12 月 24 日晚上，苏里南遂发生一场不流血的军事政变——广为人知的“电话政变”，即由军队领导人电话通知总统及其部长们辞职(亦称“圣诞前夜政变”)——推翻尚卡尔政府。这是苏里南自 1975 年 11 月独立以来发生的第二次取得成功的军事政变。外电和观察家们普遍认为，鲍特瑟是此次政变的真正鼓动者、策划者和领导者。当晚约 14 名军人占领帕拉马里博的电视台，电视节目突然中断，刚上任的军队司令伊万·赫拉诺赫斯特出现在电视屏幕上。他宣布鉴于军队对政府缺乏信任以及国内“形势最近的发展状况”，军队于当地时间22时30分夺取了政治权力。他还宣布，新的军事当局决定建立一个临时政府，其使命是在100天内筹备并进行“自由选举”。12月29日，军人任命了以民族党名誉主席、前劳工部长、77岁的约翰·克拉赫（Johan Kraag）为总统的临时政府。民族民主党主席韦登博斯再次登台，被军人任命为副总统兼总理和财政部长。12月31日军事强人鲍特瑟随之官复原职。按规定，新内阁的就职宣誓仪式要求有2/3的议会议员参加，但民族党宣布抵制就职宣誓仪式，其议员拒不到场。议长拉奇蒙花费好几个小时才召集了就职宣誓仪式所必需的34位议员，最后仪式草草举行。

苏里南的军事政变再次受到荷兰、美国、巴西、委内瑞拉以及欧盟、美洲国家组织、加勒比共同体、里约集团等国家和国际组织的关注或谴责，它们纷纷呼吁或要求苏里南政变当局尽快进行民主选举，恢复宪制。委内瑞拉断绝了与苏里南的外交关系，美国从苏里南撤回其使馆武官并推迟派遣新大使约翰·伦纳德的赴任时间。至此，苏里南成为拉美和加勒比地区当时唯一的军政权国家。

二　民主体制恢复后的政治形势（1991年以来）

（一）费内希恩执政时期（1991～1996年）

1991～2000年的10年，外电称之为苏里南的“脆弱的文人政府时期”。其间，苏里南虽然再次恢复民主政治，但军人政治的影子并未立即消失，军人与文人的权力斗争持续了相当长一段时间。

1991年5月25日，在美洲国家组织等代表团的监督下，苏里南在“圣诞前夜政变”的150天（而非军政权原先允诺的100

天）之后举行了大选。结果由原来的“民主与发展阵线”和苏里南工党组成的“新民主与发展阵线”（简称“新阵线”，The Nieuw Front 即 The New Front）在大选中获胜，赢得议会 51 席中的 30 席，鲍特瑟的民族民主党获得 12 席，九一民主选择党获得 9 席。然而，各方所得席位均未达到宪法规定的能够推选总统的 2/3 议会席位。7 月间议会举行多次会议也未能解决总统人选问题。于是，9 月 7 日根据宪法规定，议长拉奇蒙召集了由国民议会成员、市镇和地区议员组成的“人民大会”（Volksvergadering，即 The People's Assembly），亦称“联合人民大会”（The United People's Assembly）选举总统。民族党总统候选人鲁纳多·罗纳德·费内希恩（Runaldo Ronald Venetiaan）最后以 78.9% 的票数当选，于 9 月 17 日组成“新阵线”政府。进步改革党顾问委员会成员朱尔斯·拉坦科马·阿佐迪亚（Jules Rattankoemar Adjodhia）出任副总统兼总理。进步改革党主席拉奇蒙当选国民议会议长。

新的文人政府就职后首先致力于解决军人的干政问题。1991 年 10 月政府实行一项“武装部队社会化”计划，宣布军队裁员 2/3，国防预算削减 50%，以削弱军人势力。1992 年 3 月议会通过宪法修正案，进一步限制军人的政治势力。修正案规定，军队除了保卫国家、打击有组织的颠覆活动之外，被免去所有的宪法义务，另外还禁止安全部队的现役人员担任公职，等等。同年 4 月初，苏里南解散了根据 1987 年宪法成立的全国军事委员会。在“武装部队社会化”计划实施过程中，政府和军队的关系一直比较紧张。另外，内地游击队活动依然对社会安定构成威胁。1992 年初，政府重新恢复与游击队的谈判工作，以便解决长期以来的内战问题。同年 8 月经过社会各界多方努力，政府又与丛林黑人“苏里南解放军”和“图卡亚纳”印第安人武装组织等达成一项和平协议，“曼德拉丛林黑人解放运动”也承诺对协议承担义务。和平协议规定，政府承诺尊重丛林黑人和印第安人从事金矿勘探、林业生产、参加军队等权利，并保证在国家实施经济发展和社会福利项目时给予内地优惠，等等。后者承认政府对整个国家（当然包括内地）的管辖权力，在美洲国家组织的监督下，所有武器上缴政府；解除武装后有资格被征召加入内地特别警察部队。至此，连续 6 年的反政府游击战争最终宣告结束。但是，实际上丛林黑人和印第安人维护土地权利的斗争并未就此停止。

军人的权利受到限制，自然对政府产生不满，二者关系紧张的程度是可想而知的。1992 年 12 月，鲍特瑟因与国防部长西格弗里德·吉尔兹（Siegfried Gilds）关系不和，同时也因为与政府允许组织游行来纪念 1982 年“12 月 8 日大谋杀”事件 10 周年活动有分歧，辞去军队司令之职务。但据报道，实际上他仍与军队保持密切联系，社会上一些与政府有关的对抗行动，都有他的背景。① 在鲍特瑟与政府疏远期间，国家电视台被大火烧毁，首都帕拉马里博动乱迭起，社会上“又要发生新政变”的传闻不断。1993 年 4 月，费内希恩总统任命阿西·戈尔（Arthy Gorre）为军队司令，但接替鲍特瑟的临时军队司令伊万·赫拉诺赫斯特拒绝退位，致使新的任命工作被迫推迟。此情况一直延续到 5 月中旬，国民议会在各种威胁和恫吓的压力下，还是以多数票通过了对阿西·戈尔的任命。伊万·赫拉诺赫斯特等 4 名与鲍特瑟有密切关系的高级军官，因强烈反对政府任命阿西·戈尔为新的军队司令一事，最后应议会的要求同意辞职。然而，政府为缓和紧张关系，又任命其中 3 人（包括伊万·赫拉诺赫斯特在内）为

① The Economist Intelligence Unit, *Country Report*, *Suriname*, The Economist Intelligence Unit Limited, London, 1995 - 1996, p. 33. *The Europa World Year Book*, Europa Publications Limited, London, 1997, 2000, 2003.

政府顾问。

1993 年 4、5 月间，作为一种信号，美国特种部队 175 人在苏里南邻国圭亚那内地丛林地区举行了为期 3 周的军事演习。荷兰政府积极协助，为演习提供了武器和弹药等。据圭亚那政府称，美国已将演习一事通报苏里南政府和委内瑞拉政府。又据圭亚那政府称，此前法国军队曾在圭亚那内地丛林地区进行过军事训练，等等。苏里南新任军队司令阿西·戈尔原为荷兰海军陆战队士兵，曾支持和参与 1980 年 2 月鲍特瑟领导发动的军事政变，后与鲍特瑟意见不一，从军队辞职。他上任后的主要任务是，在荷兰的帮助下积极改善军队装备和住房等物质条件，努力解决军队士气低落的问题和实现军队由大约 4000 人减员至 1200 人的目标，使军队循规蹈矩，向忠于民主原则的方向转变。在工作极不顺利的情况下，戈尔坚持工作到 1995 年 7 月任满。在此期间，军队与政府矛盾升级之势得到缓和，文人政权得到巩固和加强，不过仍然显得脆弱。

由于国内政局长期动荡不稳，经济形势出现恶化，加之政府实行经济结构调整计划和紧缩政策，国内日用品短缺，物价上涨。1991 ~ 1995 年期间，帕拉马里博年均通货膨胀率为 164.7%，1994 年最高达到 369.0%。人民生活受到严重影响，结果又引发一些新的社会动乱。1994 年 11 月首都发生一场“面包骚乱”（Bread riots），大约 4000 人游行抗议食品短缺和物价上涨，并与安全部队发生冲突。

（二）韦登博斯执政时期（1996 ~ 2000 年）

1996 年又是大选年，全国注册的政党达 24 个。按照规定，只有赢得 1% 选民支持的政党才能被“独立选举办公室”同意参加大选。为达到 1% 支持率的要求，绝大多数的政党都结成了竞选联盟。除了民族民主党等 3 个政党未结盟外，所有的政党都加入了“新阵线”、“九一民主选择党”等选举联盟。5 月 23 日苏里南举行新一轮大选，新阵线和民族民主党分别获得议会51席中24席和16席，均未达到议会2/3的多数，其他政党席数则更少，无资格推选总统。民族党总统候选人费内希恩还拒绝了鲍特瑟关于建立联合政府的建议。同年9月5日，按照宪法规定，由全国各级议会代表组成的“人民大会”进行投票选举总统。民族民主党总统候选人韦登博斯以438票对407票的微弱多数战胜新阵线总统候选人费内希恩，当选为新一届总统，并于9月14日宣誓就职。

随之，新阵线发生分裂，进步改革党内的拉达基顺一派（后命名为“自由民主运动”Basispartij voor Vernieuwing en Democratie）和印度尼西亚民族联合与团结党退出新阵线，一起加入民族民主党执政联盟。它们与民族民主党约定的前提条件是新政府中不得任用鲍特瑟，外交、财政、国防和内政的部长职位不能由韦登博斯的民族民主党独家垄断。9月20日，民族民主党、印度尼西亚民族联合与团结党、自由民主运动、革新进步党和进步工农联盟组成5党联合政府。拉达基顺再次出任总理兼副总统，自由民主运动成员马赖克·赤瓦拉珀萨德（Marijke Djwalapersad）女士领军国民议会，成为苏里南历史上第一位女议长。与此同时，韦登博斯总统为争取新阵线中反对党派对政府的支持，承诺不安排鲍特瑟在新政府中任职。值得一提的是，印第安人的代表首次被选进了议会。

但是，韦登博斯总统上台不久，政府即出现政治危机。1997年3月韦登博斯违背诺言，任命鲍特瑟为内阁部长级别的国家顾问（Councillor of State，一说 Adviser to the Government）。据称，此职位乃因人而设，是专门为鲍特瑟而安排的，结果遭到国内一些政党以及国内外的一些人权组织的反对和非议。另外，总统使用公款购买豪华游艇以及其他的政治腐败现象，更是引起人们不满。例如，同年8月，财政部长莫提拉尔·芒格拉（Motilal

Mungra）因批评总统滥用公款（其中包括购买总统豪华游艇等）被撤职；政府任命的调查鲍特瑟侵犯人权问题（特别是1982年“12月大谋杀”）的5人委员会主席竟是鲍特瑟的前律师；政府自然资源和财政部长埃罗尔·阿利布克斯涉嫌支持“12月大谋杀”事件和滥用职权，等等。随之，有3个政党退出韦登博斯的执政联盟，给政府行政带来严重障碍。加之政府对经济管理不善，造成国家经济形势恶化，广大民众怨声载道，社会上动乱迭起。10月间，政府下令逮捕大约24人（主要是军人或前军人），罪名是他们阴谋攻击国防部和包括鲍特瑟在内的一些政府领导人。

1998年初，韦登博斯的执政联盟在议会中处于仅1席之差的多数地位，在取得宪法规定的26位法定人数才可以召开会议，以及通过当年预算和一个五年发展计划时遇到了重重困难。结果，五年发展计划无法讨论通过，拖至年底被终止。国内各种组织反对政府的浪潮也日益高涨，2月，韦登博斯总统对政府进行改组。5月，石油部门举行大罢工，反对该部门对外开放，伴随而来的是范围广泛的行业行动，支持“贸易和制造业者协会”关于政府辞职的要求。同年7月，国民议会在司法问题上也出现僵局：法官和绝大多数律师拒绝承认对最高法院大法官阿尔弗雷德·费尔德马（Alfred Veldema）的任命，原因是阿尔弗雷德·费尔德马是一位有争议的人物，总统任命前未与在职的法官们协商，而且无视他们的反对意见。结果，大法官的就职宣誓一直到1999年5月才得以进行。与此同时，全国最有影响的“雇主联合会”、反对党以及绝大多数工会一起组成“结构合作联盟”，组织反对政府的罢工和抗议活动。1999年4月1日，鲍特瑟因与韦登博斯总统在民族民主党的领导权问题上发生争执等原因，被解除国家顾问职务。二人遂分道扬镳，韦登博斯甚至声称鲍特瑟代表了苏里南政治中的分裂势力。

另外，由于政府连续实行松散的财政和金融政策，造成物价飞涨，汇率下跌，黄金储备几近枯竭的局面，国民经济形势日益恶化。1996～1998年中央政府财政连年赤字，年均数为29.37亿苏盾。2000年政府换届之前，国内生产总值的10%以上用于弥补财政赤字，国家金融受到严重威胁。广大民众对政府表示强烈不满，1998年6月贸易和制造业主协会要求政府辞职，并得到其他行业的广泛支持。同年晚些时候，由于苏盾与美元比价大幅贬值，政府迟迟对官方汇率不做调整，引发农业、矿业部门的劳工骚乱。从1999年5月开始，罢工、抗议浪潮接连不断。5月31日，大约3万名抗议者在首都集会，要求韦登博斯总统下台。当时举行的一场大罢工使国家几乎陷入瘫痪状态。在政治危机愈加严重、经济形势空前恶化的情况下，内阁提出集体辞职。2001年3月，国家债务委员会的报告认为，韦登博斯政府大量借贷和支出对国家高通货膨胀和汇率下跌负有责任，政府借贷目的不明确和管理经营不善，确实表现出欺诈和腐败。

其间，颇有影响的女议长马赖克·赤瓦拉珀萨德也转而支持反对派。1999年6月1日国民议会提出对总统不信任的动议，要求总统辞职和提前大选。投票结果是27票同意，14票反对，10人弃权，未能超过议会规定的2/3的绝对多数（34票）。韦登博斯总统亦拒绝辞职，而且要求内阁继续留任，但是同意在2000年5月提前举行大选。12月初，由于一些部长卷入财政和性丑闻，内阁再次提出辞呈。韦登博斯仅接受了其中几位部长的辞请，之后对内阁重新进行调整和补充，以维持政府机构正常运转。另外，大选前韦登博斯为了改善形象，表示和鲍特瑟拉开了距离，同时也是由于同鲍特瑟在党的领导权方面的争执无可调和，于是，在2000年2月26日的群众大会上宣布退出民族民主党，另成立新政党“2000年民主民族论坛”（Democratisch Nationaal Platform 2000）。此举同时得到了内阁中一些民族民主党成员的支持。随后，“2000年民主民族论坛”与“民主党”（Democratische Partij）和“21世纪民主主义者”（Democraten Van de 21）组成竞选联盟，以新的面貌积极筹备参加下届大选。然而，鲍特瑟作为民族民主党的主席，在党内仍享有广泛支持，被认为是拥有机会来改变国家命运的强有力的领导人。为准备参加大选，鲍特瑟专门组建了竞选组织“千禧联盟”（Millenium Combinatie），其成员除民族民主党之外，还有民主选择党（Democratisch Alternatief）和印度尼西亚民族联合与团结党。

另据报道，在1989～1997年间，鲍特瑟领导的苏里南卡塔尔企图贩运2吨可卡因，在荷兰和比利时机场和港口被缴获，犯有走私可卡因毒品罪。1999年7月16日荷兰法庭缺席判处鲍特瑟16年（后改11年）徒刑和220万美元的罚款。荷兰当局经国际刑警组织授权，希望在第三国逮捕鲍特瑟。但因苏里南宪法禁止引渡其公民，鲍特瑟最终未能被送进荷兰监狱，而是在国内自由自在地生活并参加各种竞选活动。

长期以来，苏里南被认为是南美洲向欧洲和美国进行毒品走私的中转站。历届政府都采取一定措施，打击毒品走私活动。本届政府也做了重大努力，1997年6月，韦登博斯总统任命了一个专门委员会，监视毒品贸易活动。1998年6月政府签署了美洲国家组织的关于《西半球的扫毒战略》（The Anti-Drugs Strategy for the Western Hemisphere）文件。1999年1月，政府通过了一项新的立法，规定对毒品走私进行更为严厉的惩处。另外，在政府制定的“1997～2002年毒品总计划”（Drugs Masterplan 1997－2002）中，除了别的规定之外，还建议将洗钱活动定为刑事犯罪。

（三）费内希恩二次执政（2000～2005年）

2000年5月25日苏里南提前一年举行大选。“新阵线”多党联盟（不含印度尼西亚民族联合与团结党，代之以爪哇人的

“充满信心党”, Pertajah Luhur 即 Full Confidence Party) 赢得议会51席中33席。“千禧联盟”获10席，其中鲍特瑟的民族民主党获8席。韦登博斯的“2000年民主民族论坛”获3席。其余5席分别由九一民主选择党等几个小政党获得。新阵线联盟仅差1席不够议会2/3的多数，遂立即开始联盟之间的谈判，后获得两小党（九一民主选择党和工农同盟政治派 Politieke Vleugel van de Federatie van Arbeiders en Landbouwers，各有2个席位）的支持。8月4日，国民议会选举民族党总统候选人费内希恩为总统，进步改革党朱尔斯·拉坦科马·阿佐迪亚继续出任副总统兼总理。印度裔政治元老拉奇蒙再次当选议长。8月12日，费内希恩宣誓就职。他在演说中发誓反对腐败、促进经济发展和减少债务等。

新政府成立后面临着稳定政局和发展经济两大难题。2000年，由于民族民主党领袖、前军队领导人鲍特瑟涉嫌向荷兰走私可卡因等罪行，新阵线多党联盟反对他在议会的国防委员会、外交委员会和人权委员会中任职。然而，民族民主党对鲍特瑟被排斥在议会的国防委员会等机构之外表示强烈反对，鲍特瑟本人也否认有关他走私毒品和洗钱活动的全部指控。双方在议会中的紧张关系升温。与政局密切相关的另一个问题是牵连鲍特瑟的1982年“12月8日大谋杀”事件。费内希恩政府鼓励有关部门积极调查反对派成员的所谓犯罪活动，其中即包括牵涉鲍特瑟的1982年“12月8日大谋杀”事件、牵涉前总统韦登博斯本人的渎职问题以及他执政期间政府有关成员的腐败事件等。2002～2004年有关部门对上述问题进行了司法调查和处理。例如，原自然资源与能源部部长埃罗尔·阿利布克斯（Errol Alibux）因土地买卖交易被判刑1年，服刑8个月后于2004年8月获释，但3年内禁止担任部长职务。

按法律规定，至2000年12月，有关“12月8日大谋杀”

事件的18年法律有效诉讼期行将结束，故受害者亲属及有关人士一再强烈要求当局进行调查处理。苏里南最高法院遂于10月开始召集由受害者亲属、人权组织和检察长办公室代表等参加的听证会。随后，法院指令一名检察官对“12月8日大谋杀”事件组织力量进行彻底调查。2000年底和2001年初警察部门组成相关机构并开始工作，共访问50多位目击者；经过调查发现涉嫌人员共约37名。2001年6月26日，首要嫌疑人鲍特瑟接受第一次询问。但与目击者（其中包括当时由“精英们”组成的一个军事组织的成员）提供的证词相矛盾的是，鲍特瑟声称，他本人不在“12月8日大谋杀”的处决现场，所以他只对杀人事件负有政治责任。另外，37名嫌疑人中有8人接受了检察官调查，其中包括帕拉南铝土工人工会领袖、议会“千禧联盟”成员之一的弗兰克·普莱费尔（Frank Playfair)。但总的情况是，调查工作进展缓慢，主要是取证困难，证据不足。因此，同年8月苏里南请求荷兰和美国对审判上述案件给予法律和技术援助，其中包括为苏里南采访目前定居在上述国家的目击者以及为解剖受害者尸体遗骸等提供便利。2001年9月，荷兰高等法院裁定，根据联合国的虐待公约，鲍特瑟因“12月8日大谋杀”事件不能在荷兰被起诉，因为苏里南直到1989年才批准上述公约，而所谓“大谋杀事件”则是在1982年发生的；但仍坚持认为，1999年鲍特瑟因走私毒品在荷兰被缺席判决11年徒刑是有效的，鲍特瑟应该被引渡到荷兰去服刑。

此外，为专门负责处理民众反映强烈的前政府官员的腐败案件，警察部队于2001年决定建立一支腐败调查队，并由一名检察官牵头负责。政府财务局已为警察提供了11份涉嫌腐败案件的资料，以便做进一步调查。其间已有110人接受了询问，有3个案件移交到了检察官办公室处理。但值得一提的是，反对腐败的形势依然严峻，而且阻力相当大。当年7月14日帕拉马里博法院大楼发生火灾，房屋被毁，损失许多民事和刑事案件的资料；此前的6月9日，首席法官约翰·冯·尼斯万德（John von Niesewand）的汽车曾被人纵火烧毁，都被认为是有人故意所为。尽管如此，2002～2003年间对韦登博斯总统执政期间腐败问题以及他的自然资源部长的司法调查取得进展。2002年6月荷兰派法律专家前往苏里南，帮助搜集有关1982年“12月8日大谋杀”事件的资料工作。当年晚些时候，苏里南最高法院甚至命令发掘“12月8日大谋杀”15名受害者的遗骸，进行调查取证。随着调查工作的深入，阻力亦更趋明显。2003年4月，司法部长和一位主要法官家里发生一系列盗窃案。据认为，这些都与他们负责调查取证工作有联系。在此期间，一位前警察官员涉嫌有关案件被逮捕和接受审问。

政府为解决上届政府遗留下来的经济发展方面的问题，于2000年10月份宣布了一项严厉的经济稳定计划，其中包括提高燃料、公用事业（水、电）和基本生活必需品的价格，对12种基本食品价格实行控制，取消汽油补贴，实行货币贬值，官方汇率降低88%，同时取消其他所有汇率（银行和公司制定的平行市场汇率除外），等等。政府停止了所有的从中央银行筹措资金的举措，以便拓宽自身经济基础，与其他国家和国际金融组织建立良好联系，减轻对荷兰援助的依赖。鉴于苏里南实行严厉的紧缩经济计划，当月荷兰政府同意恢复1998年以来中断的经济援助。

起初，政府的经济稳定计划得到了社会的支持。但是至2001年中期时情况有所变化，人们因实际生活水平下降渐渐出现不满情绪。绝大多数公共部门的工会组织挺身而出，要求政府增加工资，为其会员恢复原来的生活水平，社会遂出现一些动荡不稳局面。2001年5月19日，苏里南工会联合会主席、执政联盟中的工党领袖和1982年“12月8日大谋杀”事件唯一幸存的见证人弗雷德·德比（Fred Derby）突然去世，给政府在处理与劳工组织的关系方面带来诸多不利的影响。教师工会和警察官员也分别从6月13日和7月4日开始采取行业行动，抗议政府的经济紧缩政策，国内局势变得更加不安定。教师的行动甚至中断了学校的年终考试，警察亦停止了工作，给政府施加压力。后来政府部分地同意了他们的要求，使紧张局势得到缓和。随后，根据工会等建设性的提议，政府同意成立一个“社会经济委员会”（The Social and Economic Council），作为政府、私营部门、工会和非政府组织之间讨论劳工状况的平台。

2001年10月19日，执政联盟中进步改革党领袖、任职多届的国民议会议长拉奇蒙去世。作为苏里南政治元老之一，拉奇蒙自1949年建立进步改革党以来，从政50余年，在政坛上有重要地位和号召力，深受人们敬重。他的去世再次给政府施政带来不利影响。11月17日，印度尼西亚民族联合与团结党的创始人伊丁·苏米塔（98岁）也相继去世。但由于他辞政多年，去世后对政局影响不大。当年12月，进步改革党举行代表大会选举拉姆丁·萨灸（Ramdien Sardjoe）接任该党主席。根据新阵线的一项协议，拉姆丁·萨灸出任国民议会议长。至此，加之2000年12月4日民族党前主席、苏里南独立后的第一位总理阿龙的辞世，苏里南三大民族政党的三位德高望重的老一辈领导人都作古了。

与此同时，政府加大打击毒品走私、洗钱等犯罪活动的力度。尽管如此，政府仍不能遏制境内的走私浪潮。据官方估计，每年运往欧洲的可卡因约有2.6万公斤，按街头价格计算，价值超过10亿美元。[①] 2001年3月苏里南警方破获一起迄今为止最

① *Regional Survey of the World, South America, Central America and the Caribbean*, Europa Publications, London, 2005, p. 793.

大的毒品走私案，没收可卡因1198公斤。涉案的3名巴西人、3名苏里南人和1名哥伦比亚人于2002年3月被判刑最高达14年。2002年4月，政府专门成立了由海关人员、民事警察、海事和军事警察组成国家毒品协调中心（National Drug Coordination Centre），负责收集、通报和研究有关毒品走私情报工作。同年7月23日，美洲国家组织驻苏里南特别使团举行结业式，协调员埃德加多·赖斯（Edgardo Reis）在使团8年工作的总结报告中指出，活跃在1986～1992年期间的游击队团体仍然对国家安全存在威胁；内地的土地权和自然资源问题仍未解决。报告还指出，1992年的和平协议应该全面贯彻，以防止人们产生不满情绪和发生暴力事件。费内希恩总统在特别使团结业仪式上讲话指出，仍有某些势力企图把国家陷入永久的武装叛乱之中，但是前丛林军团的领导人罗尼·布伦斯韦克和前图卡亚纳·亚马孙尼卡的领导人亨克·马托（Henk Matto）都已经声明不打算再次拿起武器。然而，就在之前几天，大约100名前丛林军团成员又企图在道路上设障和占领铝城蒙戈的政府建筑物，后经费内希恩总统调解才未采取行动。①

2002年初，"新阵线"政府根据公共部门工会的一再要求，同意提高工资大约50%，弥补通货膨胀给工人带来的损失。但在2002～2004年间，绝大多数的苏里南工薪阶层的生活状况改善有限，广大民众对公共部门显而易见的腐败和政治阶层工作不力等现象普遍不满，对国家经济前景普遍持悲观态度。新阵线政府的威信有所下降。另外，尽管民族民主党在2000年大选中失败，而且其领导人鲍特瑟遇到了法律方面的麻烦，但很快振作起来。2004年的一项民意测验表明，民族民主党的支持率与新阵线

---

① The Economist Intelligence Unit, *Country Report*, *Suriname*, The Economist Intelligence Unit Limited, London, September 2001, p. 44.

不相上下。在下一届大选中，两大政治集团仍为主要竞争对手。

（四）费内希恩连续执政（2005 年以来）

根据宪法规定，2005 年 5 月 25 日苏里南又进行了 5 年一次的大选。参加大选的政党和政党联盟有新阵线、民族民主党、统一人民进步联盟（Verenigde Volksalliantie voor Vooruitgang，由前总统韦登博斯的 2000 年民主民族论坛牵头组成的联盟）、A－联盟（A-Combinatie，由“普遍解放与发展党”Algemene Bevrijdings en Ontwikkeling Partij、“政治兄弟与团结党”Broederschap en Eenheid de Politiek 和“悉卡党”Seeka 等 3 个丛林黑人政党组成的联盟）、1－选择（Alternatief 1，由九一民主选择党和工农同盟政治派组成的联盟，大选后即分裂）等。在选举过程中，民族党、进步改革党、爪哇人充满信心党和苏里南工党等组成的新阵线努力保持其第一大政治集团的地位，但所得选票数仅为 41.1%，低于 2000 年大选的 47.3%；在 51 个议席中获 23 席，亦低于 2000 年大选的 33 席，远不及宪法规定的议会选举总统所需的 2/3 的绝对多数。获票率下降原因是“新阵线”中民族党、进步改革党和工党连续多年执政没有突出政绩，地位均有所削弱，所得票数和席位都比上次大选减少，唯有爪哇人的充满信心党在“新阵线”中地位没变，仍获得 6 个席位。与此相反，鲍特瑟的民族民主党所得选票的比例和议会席位与 2000 年大选相比均有所上升，分别为 23.2% 和 15 席，成为议会中的最大反对党。统一人民进步联盟和 A－联盟各得 5 个议会席位，1－联盟获得 3 个席位（其中九一民主选择党 1 席，工农同盟政治派 2 席）。8 月 3 日，民族党主席、总统候选人费内希恩由来自国家、地方和地区议会的 893 名代表组成的“人民大会”选举为总统，8 月 12 日宣誓就职，开始其第三个任期。进步改革党主席拉姆丁·萨灸出任副总统兼总理。充满信心党领袖保罗·索莫哈尔佐（Paul Somohardjo）当选为议长。

由于大选中没有任何一个政党或政党联盟所得席位超过议会席位的半数，“新阵线”遂与“A－联盟”和“九一民主选择党”组成联合政府，上台执政。此三方八党组成的执政联盟（又称新阵线加号，Nieuw Front Plus）在议会51个议席中拥有29个席位。新内阁于8月底宣誓就职。尽管苏里南许多政党都是沿民族界线而建立的，但此时新内阁和反对党囊括了所有主要民族集团的代表。因此，大选后的苏里南民族政治的氛围远不像近邻圭亚那大选后那样紧张。

另外，丛林黑人政党规模较小，过去单独参加选举很难得到席位。在此次大选中，它们组成A－联盟参加大选取得较好效果。现在就其在全国总人口中的比重而言，丛林黑人在议会中已有了相应的代表名额。这样，内地人口（丛林黑人和印第安人）的土地权利、交通、基础设施、自治权利等问题，预期将日益受到议会的重视。

2005年8月，美洲人权委员会指令苏里南为内地“莫伊瓦纳村”（Moiwana）的丛林黑人支付300万美元，作为对1986年游击战争期间遭到大屠杀的130名幸存者的赔偿，同时为该村庄建立一个120万美元的社会发展基金和起诉大屠杀相关的责任人。人们期望，在1982年“12月8日大谋杀”事件审判结束后，司法部门能够对莫伊瓦纳村大屠杀事件展开调查。同年，美洲人权委员会还为前自然资源与能源部部长埃罗尔·阿利布克斯进行了翻案，认为苏里南的法制机构没能给予他本人上诉的权利。他本人随之也采取了法律程序指控政府侵犯其人权。新政府就职后继续致力于解决警察、军队官员和其他政府人员的腐败问题，2006年1月至10月，当局共惩处犯有屠杀、贩毒、勒索等各种罪行的警察官员26人，其中19人被判刑入狱。

然而，大选之后的苏里南政局并不平静。人们关注的问题之一是对前军事强人鲍特瑟的审判。自2000年10月开始对1982

年"12月8日大谋杀"事件初步调查以来，至2007年初已有160多人出来作证。3月12日，鲍特瑟也作出姿态，在庆祝1980年军事政变27周年的一次青年集会上，向"12月8日大谋杀"中被杀害者的亲属表示公开道歉。在最初对"12月8日大谋杀"事件的控告中，嫌疑案件的人比较多，但后经过法律审查，一些人已被排除，真正面临法律审判的人数不会太多。据报道，除了鲍特瑟之外，韦登博斯总统执政期间（1996~2000年）的自然资源与能源部长埃罗尔·阿利布克斯和运输通信与旅游部长迪克·德比（Dick de Bie）、两名前军队主要官员伊万·赫拉诺赫斯特（曾任军队司令）和艾蒂安·博伊伦费恩（Etienne Boerenveen，曾任军队副司令，1986年9月，美国迈阿密法院裁决他保护可卡因走私活动）将在被审判之列。又据2007年10月的资料，苏里南对涉嫌"12月8日大谋杀"的鲍特瑟和另外24人（实为21人）的审判定于11月底举行。后因起诉方与被诉方意见分歧较大，军事法庭于2008年2月底将此案预审推迟到4月。届时，法庭将裁定有关审判是否进行下去。鲍特瑟的民族民主党试图对政府施加政治压力，它和其他反对党通过组织示威形式抵制总统费内希恩10月1日的"年度国家声明讲演"（Jaarrede即annual state of the nation speech）。但支持者不多，声势不足以使现政府像韦登博斯执政时那样因罢工、罢市等抗议活动提前进行大选。

2006年和2007年的上半年，新阵线联盟政府一直处于时断时续的紧张氛围之中。2006年1月，劳工、技术和环境部长西格弗里德·吉尔兹（Siegfried Gilds，工党成员，曾任上届政府司法和警察部长，负责制定、通过2002年新的反洗钱法），因涉嫌洗钱以及与有组织的犯罪活动有牵连受到荷兰检察机关等指控而辞职。根据8党执政联盟协议，其职务暂由同一政党的克里福德·马里卡（Clifford Marica）代行。与此同时，还有一些政府高级官员和反对党的高级官员继续为腐败方面的指控所缠身，总共有15人被调查，其中6人入狱。20世纪80年代中期的反政府游击队领导人、现在的丛林黑人A－联盟的议会领袖罗尼·布伦斯韦克，在国内已经被大赦，但仍属于国际上通缉的罪犯。由于20世纪90年代末他走私可卡因在荷兰受到缺席审判，故大选后未能进入本届议会的国防委员会、司法和警察委员会等。上述一系列问题使8党执政联盟内部意见分歧，政府威信受到一定影响。费内希恩总统新任命的劳工、技术和环境部长乔伊斯·阿马雷略－威廉斯（Joyce Amarello-Williams），在议会通过时遇到重重阻力。2006年2月6日，议会中最大反对党民族民主党也宣布退出议会中所有的立法委员会，以抗议该党领袖鲍特瑟长期被排斥在议会的国防委员会之外。但是，该党表示，它仍将坚持出席议会的全体会议，以便不失去发表政见的机会。另外，参与执政的A－联盟不同意政府提出的有关内地的土地立法，认为有损于内地传统土地所有者的权利。2月10日，A－联盟中最小的丛林黑人政党“悉卡党”因不满政府对待街头零售商贩的政策宣布退出8党执政联盟，执政联盟遂由8党变成了7党。

与此同时，由于政府推迟原定于2006年7月审判上届“新阵线联盟”执政期间的公共工程部长德瓦南德·巴莱萨（Dewanand Balesar）腐败、滥用职权一案，8月份又把辞职的前劳工、技术和环境部长吉尔兹任命为贸易和工业部顾问（月薪4000苏里南元，合1480美元），加之因性丑闻于2003年辞职的上届新阵线执政联盟的社会与住房部长保罗·索莫哈尔佐在2005年大选后又出任国民议会议长一职等，人们对政府反对自身腐败和打击犯罪活动的承诺产生某些怀疑，政府的威信随之进一步下降。

2007年1月国家人口研究所的一项民意测验显示，60%的人认为生活水平不如一年之前，75%的人认为政府是腐败的，其支持票数仅占被调查人数的14%，总统费内希恩、副总统萨灸和议长索莫哈尔佐的不赞成票率大约为60%。民意测验还显示，最有人气的政治势力是议会最大的反对党——鲍特瑟的民族民主党，其支持票占被调查人数的34%，同时，有48%的人支持对犯有1982年“12月8日大谋杀”罪的人予以大赦，47%的人支持继续审判。2007年3月，运输、通信和旅游部长艾丽斯·阿马福女士因私用3.6万苏里南元（合1.3万美元）公款过生日而辞职。据说生日宴会由别人组织操办，她本人不知详情。该职位先由内政部部长、进步改革党成员毛里茨·哈桑克汉（Maurits Hassankhan）兼职补缺，后又任命A-联盟成员里歇尔·阿潘萨（Richel Apensa）。阿马福女士系前游击队领导人布伦斯韦克为领袖的、丛林黑人为主体的“普遍解放与发展党”成员，布伦斯韦克遂提出让其习惯法妻子（Common Law Wife）、现负责马罗韦讷地区运输、通信和旅游工作的阿道芬娜·凯罗（Adolfina Cairo）作为替补人选，但遭到7党执政联盟中另一丛林黑人政党——政治兄弟与团结党和其他多数政党的强烈反对。政治兄弟与团结党甚至在A-联盟组织讨论此项人选时退出会场，以示抗议。3月20日，布伦斯韦克率领大约200名支持者在铝城蒙戈举行进军活动，强烈要求总统不要任命“政治兄弟与团结党”的成员出任该部长一职。于是，政府在物色真正合适的替补人选方面遇到麻烦。[①] 此外，在2007年期间，民族民主党领袖、前军事首脑鲍特瑟及其同伙，将面临军事法庭有关“12月8日大谋杀”罪的审判，被认为将是引起国内政治气氛紧张的一个重要因素。根据透明国际（Transparency International）的资料显示，2006年苏里南的腐败感觉指数（corruption

① The Economist Intelligence Unit, *Country Report*, *Suriname*, *April 2007*, The Economist Intelligence Unit Limited, London, pp. 27-29.

perception index）为3.0，在163个国家中排位第90名；而2007年9月公布的指数为3.5，在179个国家中位居第72名，与巴西等国相似。同期，在加勒比地区，巴巴多斯的指数为6.9，排位第23名。圭亚那为2.6，排位第123名。

政府在反对毒品走私方面取得某些成效。自2001年以来，政府声称已经打掉了10大走私毒品集团中的8个。但是，一些有组织的犯罪集团现在仍有相当的经济、社会和政治势力。国内安全问题依然是贩毒、洗钱以及内地非法的采金活动、武器走私等。2005年收缴的可卡因数量是2004年的2倍，达到1.5吨，逮捕涉嫌毒品走私罪人员734名。现在，苏里南的暴力犯罪发案率虽然远远低于英语加勒比国家，但呈上升趋势。2006年的谋杀案件由2005年的10起增至23起，该项犯罪率为4.7/10万。

鉴于执政联盟中7个政党均承诺支持现政府，2007年国内政局尚属稳定。国家经济形势总的来讲是好的。在此期间，政府继续推行私有化政策，其中包括将国营的香蕉公司（现在由法国卡托佩公司管理）、邮政服务公司、木材公司、巴士公司等私有化，但在股份、资金、雇工等方面政府内部意见不一，故进度一直不快。由于国际市场铝土和黄金价格上涨，企业效益提高，上缴政府的利润、税收特别是直接税收有所增加。2006年1～9月，政府的直接税收较2005年同期增加38.4%，间接税收增加33.5%；政府财政收入较2005年同期增加30.2%，达到11.566亿苏元，财政支出为10.392亿苏元。2006年11月政府与有关工会组织达成协议，决定为公务员及消防、教师等公共部门人员从10月份开始增加10%的工资，但据报道，涨幅低于通货膨胀指数（约11.5%）。与此同时，政府在控制通货膨胀方面的确下了一番工夫，除了国际市场的价格因素之外，政府在反对价格上涨方面采取了强硬立场。经过广泛调查，政府发现零售商有乱涨价的现象，25%的被查商店有违法经营现象，如出售过期货物、分量不足、有包装的物品低于所标的重量，3家进口商被发现擅自改变原来设置的价格等。政府遂于2006年12月临时关闭了7家商场，罚款500苏里南元（即185美元）至2000苏里南元（即741美元）不等。因此，10月以后物价指数大幅下降，通货膨胀率由之前的13%～15%降至不足6%。

第五节 著名历史人物（按出生年月排序）

一 伊丁·苏米塔（Iding Soemita 1903.4.3～2001.11.17）

苏里南爪哇族第一代政治领导人，传统的爪哇人政党——印度尼西亚联合农民党（现名印度尼西亚民族联合与团结党）的创始人，爪哇语的天才演说家。他出生在印度尼西亚爪哇岛。幼年来到苏里南，正规学校上至小学，后接受其他形式的教育，文化程度有所提高。1946年和其他两位爪哇人组建一个协会，1947年在律师卡拉马特·阿利（M. A. Karamat Ali）支持下将协会改为政党。此后至1970年，一直担任该党领袖。在爪哇人和穆斯林中有较大影响。1949年，苏里南实行首次普选，当选为议会第一位爪哇族议员。1970年将党的领导权转让于其子维利·苏米塔。之后，在政界的作用和影响减弱。2001年11月17日因病去世，享年98岁。

二 约翰·阿道夫·彭格尔（Johan Adolf Pengel 1916.1.20～1970.6.5）

出生在帕拉马里博的一个普通的克里奥尔人家庭。幼年贫苦，曾得到华裔抚养，并和一华裔结拜为兄弟，与华人保持良好关系。苏里南民族党创始人之一，长期担任该党主席直至去世。从事过新闻记者、工会和职业政治家等工作，以其特有的领袖魅力在20世纪50~60年代对民族党和整个苏里南的政治生活有过重大影响。1952年组建苏里南总工会联合会并长期担任其领袖（主席）。1963~1967年、1967~1969年两次出任自治政府总理。在第二任内向宗主国荷兰政府提出苏里南国家独立的政治主张，并努力推动苏里南的独立运动。1969年因政府内部政策分歧，在大规模反政府罢工等各种压力下被迫下台，政府提前大选。1970年6月因病去世，享年54岁。苏里南独立后，政府在首都独立广场为其塑像，以资纪念。

三　贾格纳斯·拉奇蒙（Jaggernath Lachmón 1916.9.21~2001.10.19）

职业律师、曾任议长，出生在苏里南西部的新尼克里市。印度族人，信奉印度教。进步改革党的主要创始人之一。在苏里南接受文化教育，1939年获得律师文凭，成为苏里南的第一位印度人专业律师，后获法律硕士学位。1940年开办私人律师事务所。1946年参加创办“印度斯坦人-爪哇人政治中央理事会”并担任秘书，积极为争取成人普选权等进行斗争。1947年理事会改组为印度斯坦人-爪哇人政党，不久出任主席。后该党与其他两个政党合并组成进步改革党，他继续担任主席直至2001年去世。他曾反对苏里南独立，后为防止种族和政治动乱，遂改变立场，主张民族之间实行“友善政策”。1952年在彭格尔组建苏里南总工会联合会时，他担任其法律顾问。在政治和经济上明确主张实行自由主义经济体制，发展资本主义，由国家救济穷苦人。从1949年起曾13次当选为国民议会议员，1964年起5次出任议长。曾获得荷兰女王奥兰治·拿骚勋章和苏里南大棕榈勋章。其妻是克里奥尔人。2001年10月19日，在访问荷兰期间去世，享年85岁。

四 亨克·阿龙（Henk Arron 1936. 4. 25 ~2000. 12. 4）

经济学家，曾任苏里南总理和副总统。生于帕拉马里博，克里奥尔人，祖籍中国广东。1956 年赴荷兰攻读国际银行学，获学士学位，后在荷兰阿姆斯特丹银行任职多年。回国后在维尔武茨银行（现苏里南哈克里银行）任高级职员。1961 年被选为苏里南民族党中央委员。1963 ~1980 年任国民议会议员。1969 年出任民族党代理主席，1970 年起任主席直至 1993 年自动辞退。亨克·阿龙对 20 世纪 60 ~80 年代国家政治生活有过重要影响。1973 年、1977 年和 1988 年三次出任政府总理，并兼任总务和外交部长和负责国防事务等。第一任期内顶着各种压力，领导苏里南人民摆脱荷兰殖民统治，实现国家政治独立。1980 年 2 月苏里南发生军事政变，时任政府总理的他被捕入狱，次年获释。1988 年 1 月苏里南恢复民主体制后，出任副总统兼部长委员会主席（总理）、总务和外交部长等职。1991 年 5 月大选后，出任民族党等 4 党联盟“新阵线”主席、政府及总统顾问。1992 年 9 月访华，受到国家主席杨尚昆的会见。1993 年 4 月 25 日，辞去连续 24 年担任的苏里南民族党主席职务。2000 年 12 月 4 日访问荷兰期间在阿尔芬市突然去世，享年 64 岁。

第三章

政　治

第一节　国体与政体

一　国体与政体的演变

苏里南独立前曾在欧洲列强之间被争来夺去，作为殖民地历时 320 多年。1650 ~ 1667 年苏里南为英国殖民地。自 1667 年起直至 1975 年独立，中间除了两度短时间为英国人再次统治之外，苏里南一直是荷兰殖民地。

在英国人统治期间，苏里南像当时的英国殖民地巴巴多斯一样，完全是英国的一个缩影。它设有教区，并按照英国国会体制设立一个政府。它的政体是君主制的，完全模仿英国的体制，有总督、参议会、立法议会等。它实行英国的法规，另外再加上一些适合当地情况的有较强约束力的法律条文。英国人的统治时间虽然不长，但在苏里南建起一套较为完整的殖民体系，为后来的殖民统治奠定了基础。

荷兰统治苏里南后实行了与英国相似的政体。但是，起初的很长时间内苏里南则是由荷属西印度公司管理的。苏里南作为殖民地，由公司任命的总督统领，并辅以一个政治议会。政治议会又分为警察议会和刑法议会，实际上即两个法院。另外，殖民地还设立了民法议会。上述所有议会的成员均由殖民者特别是种植园主提名、总督任命。此种管理体制一直保持到1816年。此后，总督一律改由荷兰皇家法令任命。1828年起，苏里南殖民地的权力更多地改由宗主国行使，管理权落入荷兰殖民部手中。当时，所有的荷属西印度殖民地都归苏里南的总督管辖，所有行政事务均由总督直接向荷兰殖民部报告。1866年“殖民地议会”亦即后来改称的“苏里南议会”成立，成员从殖民地种植园主里面选出。种植园主的选举权取决于他们所交纳的人头税。尽管殖民地的最终决定权归荷兰政府所有，但“苏里南议会”作为一个主要的地方管理机构，一直保持到苏里南独立。

1975年11月25日，苏里南摆脱荷兰殖民统治，宣布独立和成立共和国。独立时制定的新宪法规定，国家实行议会制政体。实际上，国家政权由代表中产阶级利益的民族资产阶级的政党所掌握。总理为政府首脑，负责内阁部长的提名；总统为国家元首，负责任命内阁部长，但其职能主要是礼仪性质的，并无实权。1980年2月苏里南发生军事政变后，军人统治国家长达8年。其间，军人实行独裁，掌握国家军、政大权。尽管军人不断任命文人组成内阁进行执政，但最后决定权控制在军人手中。国家宪法中断，长期不举行大选，总统、内阁成员均由军人选定。在国内外的压力下，1985年军人统治有所松动，国家向民主体制回转，国民议会和政党恢复活动。1987年3月，议会制定新宪法并于当年9月获得全民投票通过。11月，苏里南举行大选，之后成立宪制民主政府，军人统治宣告结束。新宪法规定苏里南仍实行议会制政体，但赋予总统实权。因此，现在的苏里南议会制政体在拉美地区具有一定的特殊性，其政府实质上是一个总统制政府（A Presisdential Government）。①

① 见 Economist Intelligence Unit, *Country Profile*, *Suriname*, The Economist Intelligence Unit Limited, London, 2001~2006的“宪法”栏目。

二　宪法

1975年苏里南独立时曾制定一部宪法。该宪法拥有君主政治模式的特点，基本上是照搬了荷兰宪法，只是表面上由一个礼仪职能的总统取代了君主的作用，尽管它规定苏里南实行议会制，设立总统。宪法规定内阁部长直接向议会负责。1980年2月军事政变后，1975年宪法继续被军人执行了一段时间，半年之后宣布中止执行。

如上所述，现行宪法（共计186条）于1987年3月31日由国民议会通过，9月又经全国公民投票批准，10月正式生效。1992年3月苏里南根据当时的政治形势和民众要求，对1987年宪法进行了一些简单的修改，主要目的是为了抑制军队的政治影响。修改条文包括：军队的宪法义务是国防和防止有组织的颠覆活动，宪法中其他有关军队的义务一律免除，增加禁止现役安全部队成员担任代议制民主公职等条款。尽管1987年宪法被广泛批评为“不透明和不可操作”，政府也考虑进行某些修改，但至今尚未进行较大的修订和改革。不过，国家由实际上的总统制改为议会制的设想似在某些团体中颇受欢迎。

新宪法规定苏里南的政体为议会制，国家是一个代议制民主共和国。宪法同时对国家立法机构、行政机构和国务委员会以及公民的权利等有详细阐述。根据规定，全国大选每5年举行一次，公民满18岁即拥有普选权。国家立法权由国民议会和总统（政府）共同行使。国民议会为一院制，成员51名，由公民按比例代表制（proportional representation）普选产生，任期5年，负责选举总统、副总统和根据政府建议修订法律等。修改宪法、选举总统或副总统、决定组织公民投票和人民大会（亦称联合人民大会）、修改选举法等至少要经过国民议会2/3的多数同意才可进行。如果两轮选举都未达到2/3，那么国民议会可召集人民大会和从地方议会中增补成员。人民大会以简单多数通过的决议即可视为有效。

新宪法还规定，总统拥有行政权力，任命内阁成员，为国家元首、政府首脑、武装部队总司令、国务委员会主席、国家安全委员会主席等，由议会2/3多数选举产生，任期5年，可连选连任。如果议会选举结果达不到2/3的多数，则可由议会代表及地区和地方议会议员组成的“人民大会”（亦称“联合人民大会”）选举产生。政府由总统、副总统和内阁部长组成，内阁部长由总统从非国民议会成员中任命（国民议会议员凡担任部长后须辞去议员职务）[①]；副总统兼任总理和内阁领袖，对总统负责。如遇根据法律决定的战争事件、戒严状态和特殊情况时，由国家安全委员会行使所有的政府职能。

国务委员会（The Raad van State，亦称国家顾问委员会 State Advisory Council）是一个监督机构，由总统和另外14名代表组成。总统任主席，代表来自国民议会中主要政党（10名）、工会（2名）、雇主协会（1名）和国防军（1名），负责向总统和立法机构提出建议，监督政府正确执行国民议会的决定等。国务委员会可以向政府提出法律建议和一般的行政措施，有权中止（否决）国民议会通过的、委员会认为是违反宪法的任何立法。在此情况下总统拥有最后裁决权，但他必须在一个月内做出决定，批准或否决国务委员会的有关决议。

① 内阁部长不是从国民议会成员中任命，见 The Economist Intelligence Unit Limited, *Country Profile*, *Suriname*, *1998 ~ 2005*, 以及2000年后的中文《世界知识年鉴》等。一说从国民议会成员中任命，见 *Regional Survey of the World*, *South America*, *Central America and the Caribbean*, Europa Publications, London, 1999 ~ 2005, *The Europa World Year Book*, *Europa Publications* Limited, London, 1997 ~ 2003 以及2000年前的中文《世界知识年鉴》和2006年11月1日网载 Wikipedia 资料。

第二节　国家机构

根据宪法规定，总统、副总统和内阁部长组成中央政府，行使国家行政权力。全国分为10个行政区，设立区级地方政府，归属内阁地区发展部统一领导。每一个行政区由中央政府派一名专员进行管理，其人选一般由总统任命。专员类似于美国的州长，但不同的是，专员必须按照总统的意志办事。行政区内设有与中央政府相对应的行政机构，区下边设立地方一级组织“雷绍特”（Ressort），每个“雷绍特”设有人民议会。据资料显示，20世纪80年代，人民议会约有100多个。90年代中期以来，经过调整、压缩后仅有62个。

2005年5月苏里南举行大选，9月1日组成本届新政府。费内希恩出任国家总统，拉姆丁·萨灸出任副总统兼政府总理。2006年1月以来，中央政府的几位部长曾因这样或那样的问题相继辞职。总统对内阁成员多次进行补充和调整，人员不断发生变化。

截至2007年10月，内阁主要成员名单如下。

内政部部长：毛里茨·哈桑克汉（Maurits Hassankhan，进步改革党）

外交部部长：利基亚·克拉格－凯特尔戴克（Lygia Kraag-Keteldijk，苏里南民族党）

农业、畜牧业和渔业部部长：凯尔默琴德·拉古巴辛格（Kermechend Raghoebarsingh，进步改革党）

财政部部长：汉弗莱·希尔登伯格（Humphrey Hildenberg，苏里南民族党）

教育和人类发展部部长：埃德温·沃尔夫（Edwin Wolf，充满信心党）

国防部部长：伊万·弗纳尔德（Ivan Fernald，苏里南民族党）

卫生部部长：塞尔休斯·沃特伯格（Celcius Waterberg，A-联盟）

劳工、技术与环境部部长：乔伊斯·阿马雷略-威廉斯（Joyce Amarello-Williams，苏里南工党）

公共工程部部长：加内什克马·坎德海（Ganeshkoemar Kandhai，进步改革党）

计划与发展合作部部长：里卡多·范雷文斯瓦伊（Ricardo van Ravenswaay，九一民主选择党）

司法与警察部部长：钱德里卡珀萨德·桑托克耶（Chandrikapersad Santokhie，进步改革党）

社会事务与住房部部长：亨德里克·塞特罗韦佐约（Hendrik Setrowidjojo，充满信心党）

贸易与工业部部长：克里福德·马里卡（Clifford Marica，苏里南工党）

地区发展部部长：米歇尔·费利西（Michel Felisie，A-联盟）

自然资源部部长：格雷戈里·鲁斯兰（Gregory Rusland，苏里南民族党）

土地管理和森林部部长：迈克尔·容钦发（Michael Jong Tjien Fa，充满信心党）

运输、通信和旅游部部长：里歇尔·阿潘萨（Richel Apensa，A-联盟）

第三节 立法与司法

苏里南的法律体制是以荷兰法律体制和法国刑法理论的结合为基础，并且有保留地接受了联合国国际法院的司法权。按宪法规定，国民议会和政府共同行使立法权。国民议会由51名议员组成，议员由普选产生，任期5年，负责选举总统、副总统和制定法律。本届国民议会于2005年5月25日大选后组成，其中包括多党联盟“新阵线”、前军事领导人鲍特瑟的“民族民主党”、前总统韦登博斯领导的2000年民主民族论坛为首的“统一人民进步联盟”以及“A－联盟”和“九一民主选择党”等政治团体。

新阵线是执政联盟的核心，由克里奥尔人的苏里南民族党、印度人的进步改革党、爪哇人的充满信心党和一个以劳工为基础的社会民主党即苏里南工党组成，拥有议会51席中的23席。2005年大选后，新阵线与A－联盟、九一民主选择党联合执政，成为议会中最大的政治集团，一共拥有议会中29个席位。民族民主党是议会中最大的反对党，大选后在议会中获得15个席位。人们对该党争议较大，其支持者视该党为“一个民族独立的、有效率的和改革的政党”，但其反对者则认为它是“一个反民主和腐败的政党”。统一人民进步联盟是议会中的一个反对党联盟，拥有议会51席中的5席。议会的另外两个议席被一个主要由农民组成的反对党“工农联盟政治派”所拥有。现任议长：保罗·索莫哈尔佐，系“充满信心党”主席。

司法系统设最高法院和检察院。最高法院统领司法机构，监督地方法院。司法机构包括最高法院和3个区法院。最高法院由6名终身法官组成，人选由总统与国民议会、国家顾问委员会和私营律师团体等协商后任命。根据宪法规定，法院独立司法，行使职能时不受任何干扰。

最高法院院长：约翰·冯尼斯万德（John von Niesewand）。

总检察长：苏布哈斯肖德雷·蓬瓦西（Soebhaschaudre Punwasi）。

第四节　政党与群众团体

一　政党

苏里南是个多党制国家，至1996年大选时登记在册的政党就已有24个。根据国家规定，只有那些证明自己得到了1%选民支持的政党才能够被“独立选举办公室”允许参加大选。现将人数较多和影响较大的几个主要政党介绍如下。

1. **苏里南民族党**（Nationale Partij Suriname 或 Suriname National Party）

1946年9月29日成立，苏里南最大的传统政党之一，创建人是约翰·彭格尔等一批知识分子。第一任主席是黑人领袖范德·施罗夫（Van Der Schroeff），曾任内阁首席部长。该党的主要成分是信仰基督教的克里奥尔人，此外也吸收一些其他民族的成员参加。苏里南90%的华人都加入该党，并建有华人支部。华人在经济上资助该党，在党内有一定的势力。华人报纸《新华日报》的负责人周友仁曾被选为该党中央委员。

该党基本上代表工商企业主利益，主张实现民族独立和进行社会经济改革。成立之初，曾试图成为一个全民族的政党，提出“一个民族，一个国家，一个命运”（One People，One Nation，One Destiny）的口号；宣称该党向所有苏里南人开放，不论其种族或宗教信仰如何，都可以加入。彭格尔作为该党主席，从20世纪50年代直至1969年对苏里南的政治生活有过重要影响。20世纪50～70年代，在苏里南独立前，除了1955～1958年和1969～1973年外，该党一直是执政党。1963年和1967年，彭格尔两度出任苏里南自治政府总理并于1967年提出苏里南独立的政治主张。1970年彭格尔去世后，亨克·阿龙继任党主席，承诺该党致力于文化一体化，使该党成为一个真正的全民族政党，继续推动苏里南的政治独立运动。

苏里南独立后，民族党主张维护民族独立和国家权益，实行议会民主制，发展独立的民族经济。1977 年举行独立后首次大选，由该党等组成的政党联盟获胜，执政至 1980 年 2 月被军事政变推翻。1987 年 11 月，该党与进步改革党和印度尼西亚民族联合与团结党组成"民主和发展阵线"，在大选中获胜。该党主席阿龙第三次出任政府总理并兼任副总统。在 1991 年 5 月大选中，由民族党、进步改革党等 4 党组成的"新民主与发展阵线"（简称"新阵线"）再次获胜，民族党继续成为执政党，自 1988 年起担任该党顾问委员会主席的费内希恩出任总统。1993 年 4 月连续 23 年担任民族党主席的阿龙自动引退，由费内希恩接任。在 1996 年大选中，由民族党等 4 党组成的"新阵线"失败，该党成为议会最大的反对党。后在 2000 年和 2005 年两次大选中由民族党等组成的"新阵线"均获胜，民族党连续执政。民族党现有党员大约 4200 人。该党的权力机构是党的执行委员会、党员大会执行委员会和顾问委员会等。党的象征物：燃烧的火炬。主席：费内希恩。书记：奥特马尔·罗埃尔·罗杰斯。

2. 进步改革党（Vooruitstrevende Hervormings Partij 或 Progressive Reform Party）

亦称联合改革党（Verenigde Hervormings Partij，即 United Reform Party），苏里南最大的传统政党之一。1949 年 2 月 26 日，在宗教基础上由印度人党与穆斯林党、印度斯坦人和爪哇人联合党等合并，组成"印度斯坦联合党"。曾用名"促进民族繁荣党"。成员主要是印度族人和爪哇人。后来一些爪哇人退出，参加印度尼西亚联合农民党。1954 年党内穆斯林和印度教徒发生分裂，穆斯林退出，接着又发生信仰基督教的印度人退党现象。最后进步改革党的群众基础变成了以信仰印度教的印度族人为主体。该党几经易名，1974年改用现名。创建人是苏里南政界元老、印度人后裔贾格纳斯·拉奇蒙，自创建起担任该党领袖直至2001年去世。现在党员主要为印度族人和一部分印度尼西亚爪哇人。1980年苏里南发生军事政变时为议会中最大的反对党。

该党主要代表买办势力和农场主的利益，党的政策基本点是致力于印度族人和克里奥尔人的合作，常用的一句口号是“在多样性之中团结起来”（Unity in diversity）。该党鼓励印度人经商、移居荷兰和培养各类知识分子，努力为印度人争取各种优惠政策等，使印度人的地位不断上升，在20年的时间里由原来处于苏里南最低层升为最高层。主张实行议会制民主和加强与荷兰的关系，积极维护印度人以及与荷兰和美国企业有联系的社会阶层的利益，该党是一个比较保守的政党。20世纪70年代初曾反对苏里南争取国家独立，担心独立后印度人受克里奥尔人控制，利益受损失。苏里南独立前曾与民族党轮流执政，1963年和1967年曾同民族党合作两度入阁。1969年同进步民主党和进步民族党（克里奥尔人为基础的政党）组成联合阵线在大选中获胜，成立以进步民族党朱尔斯·悉德尼（Jules Sedney）为总理的三党联合政府。苏里南独立后，该党在1987~2005年间5次与民族党等结成“民主与发展阵线”（后称“新民主与发展阵线”），参加大选并4次联合执政，仅1996年因联盟在大选中失利，一度成为反对党。党的领袖拉奇蒙曾长期出任国民议会议长，2001年10月因病在荷兰去世。同年12月，该党举行代表大会，选举拉姆丁·萨灸（Ramdien Sardjoe）为新的主席。党的象征物：大象。

3. 印度尼西亚民族联合与团结党（Kerukanan Tulodo Pranatan Ingil 或 Party for National Unity and Solidarity）

成立于1947年，原名为印度尼西亚联合农民党，1987年改为现名。1946年伊丁·苏米塔和另外两个爪哇人建立一个协会，旨在敦促当局厉行对爪哇人所作出的承诺，其中包括同意爪哇人返回印度尼西亚等要求。1947 年为争取选举权等，在卡拉马特·阿利等人支持下，伊丁·苏米塔将协会改建为政党，其最初宗旨是“促进苏里南人民的福利，特别是促进来自印度尼西亚的苏里南人的福利”，公开宣扬种族主义立场，政治上主张实行议会民主。党的成员绝大多数是印度尼西亚爪哇人的后裔，主要生活在科默韦讷行政区，多数信仰伊斯兰教。因成员大都是务农为生，故原名印度尼西亚联合农民党。20 世纪 70 年代初，伊丁·苏米塔将党的领导权让位于其子、农业部长维利·苏米塔。1977 年维利·苏米塔贪污案东窗事发，给该党带来不利影响。历史上曾多次与民族党等联合执政。1973 年、1977 年、1987 年和 1991 年大选后均为执政党。1996 年大选后脱离由民族党等组成的“新阵线”，参加民族民主党联盟再次入阁。2000 年大选以来“新阵线”执政，一直为反对党。党的象征物：“哇扬”（Wajang）木偶戏中的查诺科木偶。维利·苏米塔自 1970 年以来一直任该党主席。

4. 民族民主党（Nationale Democratische Partij 或 National Democratic Party）

1987 年 7 月，在“二·二五运动”基础上成立。现为国内最大反对党。党员以“二·二五运动”的成员为主。“二·二五运动”原由军人德西·鲍特瑟创建于 1983 年 11 月 25 日，以 1980 年 2 月 25 日军事政变的日期命名。据称，该运动的宗旨是加强军人与劳动群众的联系，将军事政变开始的“革命进程”继续下去，同时改变军人干政的形象。1987 年 7 月时任总理的韦登博斯和鲍特瑟联合将“二·二五运动”改组，建立“民族民主党”并担任第一任主席。该党反对抄袭西方议会制度，主张建立以民族、民主为基础的社会经济秩序，反对与荷兰保持密切关系。1992 年 11 月鲍特瑟辞去军职，一直任该党主席至今。

在1996年大选中，该党获16个议席，与印尼民族联合与团结党等4个政党联合组阁，韦登博斯出任总统。1999年4月，韦登博斯因与鲍特瑟在民族民主党领导权问题上发生分歧，解除其国家顾问职务，两人矛盾公开化。2000年大选前，韦登博斯率其支持者从该党中分裂出来，另立新党——“2000年民主民族论坛”。民族民主党同民主选择党、印度尼西亚民族联合与团结党等结成“千禧联盟”参加当年大选失利；在2005年大选中再次受挫，但两次大选均获得较多选票，成为议会中最大反对党。党的象征物：当地一种名叫“斯丹德瓦斯特”的花。主席：德西·鲍特瑟。

5. 进步工农联盟（Progressieve Aebeiders en Landbouwers Unie 或 Progressive Workers'and Farm Labourers' Union）

1977年3月成立，社会主义政党。成员主要为知识分子。该党自称信仰马列主义，认为辩证唯物主义是唯一正确的世界观，主张依靠广大工农群众在苏里南建立社会主义制度。1980年苏里南发生军事政变，该党表示积极支持并参与军人政权的组织工作。1983年该党执委埃罗尔·阿利布克斯（Errol Alibux）奉军人之命组织一届政府，并出任总理兼总务和外交部长。1985年该党发生分裂，力量减弱，后多次参加大选，但影响有限。1996年参加民族民主党联盟，大选获胜成为执政党之一。2000年加入鲍特瑟民族民主党组建的“千禧联盟”，大选失利后成为反对党。现有党员有1000多人。该党中央委员会由40人组成，书记处由13人组成，在全国各地均有分支机构。主席：伊万·克罗利斯（Iwan Krolis）。

6. 苏里南工党（Surinaamse Partij van de Arbeid 或 Suriname Labour Party）

成立于1987年7月。系工会为参与政治而建立的一个社会民主政党。其核心成员是C－47工会和政府职员工会干部。主席为弗雷德·德尔比（Fred Derby）。该党反对传统政党垄断政局的旧议会民主体制，也反对鲍特瑟等军人专制，主张行政民主和工会参政，自称代表劳动阶级的利益。1991 年与“民主和发展阵线”中各政党组成“新民主和发展阵线”，参加大选获胜，成为执政党之一。2000 年和 2005 年作为“新阵线”成员，两度参加大选获胜，连续成为执政党之一。2001 年 5 月该党主席弗雷德·德尔比因病去世，力量和影响减弱。党的象征物：嵌齿轮（Cogwheel）。现任主席：西格弗里德·吉尔兹，曾任政府司法和警察部长、贸易和工业部长等职。

二　群众团体

群众团体数目很多。除了各种工会组织之外，还有许多民族、文化、宗教、工商、外交等其他方面的群众团体。

长期以来，工会组织在苏里南是很活跃的。早在 20 世纪初，一些教师、排印工人等专业界团体就开始组织工会。20 世纪 30 年代工会活动就已显赫一时，但不久遭到了荷兰殖民当局的残酷镇压。1950 年之前，绝大多数工会存在的时间都不长。但是，唯独 1942 年蒙戈和帕拉南铝土工人大罢工后成立的铝土工人工会是个例外。另外，1950 年前后成立的 4 个工会组织中有 2 个工会组织，即总工会联合会和进步工人组织，至 20 世纪 80 年代中期仍然相当活跃。主要原因是这些工会和政党的兴起联系在一起。政党成立后需要社会力量的支持，工会当然是最出色的工具，甚至被看做是政党的延伸，然而工会也有自己相对的独立性。

20 世纪 60 年代末期，工会组织在政治上已成为国家生活中一种重要的因素。民族特征在工会运动中不像在国家政治中那样发挥作用。实际上，工会是苏里南第一个成功地在非民族基础之上引导民众团结的组织，也是实现工人有关工资要求的更为实用的共同工具。由于工会普遍支持军人组织工会的行动，因此1980年军事政变后，起初工会被允许照常自由活动；甚至还成立一个有工会代表参加的计划委员会，在社会经济事务方面为军人政权提供建议。但这个委员会是短命的，因为工会代表工人的利益，难免要组织罢工等活动；军人政权认为给工会自由，可能会威胁军人的“革命进程”，所以，最后为军人政权所不容。在1982年“12月8日大谋杀”事件中，工会领导人西里尔·达尔也在被处决之列。随后，工会组织为生存不断变化行动方式，在对待军政权的问题上，它们的立场也不尽相同。

由于工会组织时有分化和组合，数目也在不断变化。20世纪80年代中期主要工会联盟组织有“总工会联合会”、“C－47工会”（由47个工会联合而得名）、“文职雇员中央组织”、“进步工人组织”、“合作自治工会组织”等。1987年苏里南成立了“苏里南工会联合大会”（Council of the Surinamese Federation of Trade Unions）。作为全国工会组织的联合体，它现在包括以下几个工会组织。

（1）全苏里南工会联合会（De Moederbond 即 Algemeen Verbond van Vakverenigingen in Suriname，亦即总工会联合会，General Confederation of Trade Unions），苏里南最大的工会组织。1951年由苏里南民族党创始人之一彭格尔建立，并长期担任主席。其后领导人是西里尔·达尔，因组织工人抗议军政权活动，在1982年“12月8日大谋杀”事件中被处决。成员基本上都是私营外资企业的工会组织。现在会员约1.5万人。会长：伊姆罗·格雷普（Imro Grep）。主席：A. W. 科尔纳尔（A. W. Koornaar）。现联合会与另外两个工会组织联合：一是C－47工会（Centrale 47），20世纪80年代有会员9000人，现在为7650多人，主要是铝土工人，原主席弗雷德·德尔比2001年5月去世，现职位空缺；二是文职雇员中央组织（Central Organization for Civil Service Employees），现有会员 1.3 万人，主席为亨德里克·西尔维斯特（Hendrik Sylvester）。

（2）进步工人组织（Progressieve Werknemers Organisatie，亦即 Progressive Workers'Organization），1948 年由进步苏里南人民党倡议成立。20 世纪 80 年代会员为 5000 人，现在大约为 4000 人，分布在贸易商行、零售贸易、旅馆和银行等部门。主席：安德烈·科纳（Andre Koornaar）。书记：爱德华·门特（Edward Ment）。

（3）进步工会联合会（Progrssive Trade Union Federation），1970 年成立。原任主席弗雷德·德比 2001 年 5 月去世。总书记：R. 纳伦多普（R. Naarendorp）。

（4）公务员组织联合会（Federation of Civil Servants Organization），1971 年成立。成员主要为国家公务员。主席：罗纳德·霍赫哈特（Ronald Hooghart）。总书记：弗雷迪·沃特伯格（Freddy Waterberg）。

（5）农场主和农民联合会（Federation of Farmers and Agrarians）。主席：吉万·西塔尔（Jiwan Sital）。总书记：阿南德·德瓦尔卡（Anand Dwarka）。

（6）合作自治工会组织（Organisatte van Samenwerkende Autonome Vakbonden），1986 年成立。主席：索尼·乔特坎（Sonny Chotkan）。总书记：罗尼·赫克（Ronny Hek）。

其他群众组织：经济方面有工商总会（Chamber of Commerce and Industry）、苏里南工贸协会（Suriname Trade and Industry Association）。新闻出版方面有苏里南出版者协会（Publishers' Association Suriname），等等。

下面简要介绍两个与中国和华人有关的群众团体。

（1）苏里南—中国友好协会（The Suriname-China Friendship

Association），成立于 1974 年。当时苏里南尚未独立，和中国亦未建交。苏里南共产党为庆祝中华人民共和国成立 25 周年，增进苏、中两国人民之间的了解和友谊，发起成立了苏里南—中国友好协会。成立当天举行晚会等活动，介绍新中国的政治形势和经济建设成就。之后，每年都举行一些旨在加强苏、中友谊的节庆活动以及其他联谊活动。协会首任主席是魏亚麦。20 世纪 80 年代由布吕宁斯担任主席。1998 年 9 月，协会曾派代表团访问中国。现任主席：伦纳德·约翰斯。

（2）广义堂，苏里南最大的最有影响的华人华侨组织，创建于 1880 年。至 20 世纪七八十年代时，会员已发展到 600 多人。办有华人俱乐部和养老院，对中国很有感情。该组织拥护苏里南政治独立。许多会员参加苏里南民族党，成立华人支部。华裔周友仁还出任该党中央委员。所办中文报纸《洵南日报》最初日发行量数百份，现在有所增加，在华人华侨中有较大影响。报纸除刊登当地新闻之外，还经常刊登文章介绍中国的内外政策和中国社会经济发展等方面的消息。2005 年 12 月，中国驻苏里南大使陈京华前往《洵南日报》社进行年终慰问，并为报社扩大日报版面、更新印刷设备等提供赞助，受到广义堂堂长刘运平和《洵南日报》社社长李衍林的热情接待。

第四章

经　济

第一节　概述

由于长期遭受殖民主义统治，苏里南经济基础薄弱，经济结构单一，全国经济发展状况不平衡。现在，国民经济主要依靠农业、矿业初级产品的生产、加工和出口。铝土工业是苏里南经济的主要支柱，稻米生产以及渔业生产在苏里南经济中也占有重要地位。1975 年独立后，苏里南政府奉行发展民族经济和加强国家对重要经济部门参与的政策，将荷兰资本的甘蔗种植园和制糖厂等外资企业收归国有；同时提高对外国公司的税收，鼓励发展本国私营工商业；积极开发西部地区铝土新矿床和扩大国营农场水稻种植面积等，国民经济有一定发展。但荷兰、美国资本在苏里南经济中仍占有主导地位。

20 世纪 80 年代是苏里南经济几乎持续衰退的年代。1980 年 2 月发生军事政变和军人掌权后，国内政局长期动荡不稳，经济发展受到影响。1986 年开始，内地反政府游击队活动频繁，袭击交通、铝土、电力等生产设施，使工、农业生产蒙受巨大损失，国民经济持续滑坡。其间，国际市场铝土及其产品价格下跌，苏里南外汇收入减少；荷兰、美国等对苏里南实行经济制裁，中断或停止经济援助，进一步加重了苏里南的经济困境。

1986 年财政预算赤字高达国内生产总值的 24.7%。1987 年政府不得不对生活必需品实行限量供应。1988 年 1 月民选文人政府就职后，采取“减少对经济的干预，压缩开支，恢复生产，放松价格控制；修改劳动法，鼓励私人向企业投资；改革外汇管理体制；加强与国际金融机构的联系，多方寻求援助”等一系列政策措施。同年 7 月，荷兰政府同意恢复对苏里南的发展援助，缓解了苏里南经济燃眉之急。1989 年 7 月苏里南政府与反政府游击队达成和解协议，加之国际市场铝土价格略有回升，国民经济开始出现好转。

1991 年费内希恩总统执政后，努力稳定国内政治局势和着手经济体制改革，积极争取国外援助。1991 年和 1992 年国内生产总值分别增长 3% 和 4%，达到 37.22 亿苏里南盾（苏里南货币，以下简称苏盾，当时约合 20.85 亿美元）和 50.03 亿苏盾（约合 28.03 亿美元）。1994 年政府实施一项根据国际货币基金组织建议的“经济结构调整计划”（A Structural Adjustment Programme），其中包括削减公共财政开支、货币大幅度贬值、增加所得税、贸易自由化、取消多数商品的价格控制等；同时努力抑制居高不下的通货膨胀。同年 7 月政府废除官方汇率，实行一项随市场浮动的新汇率政策。尽管生产下降导致人均收入下降，但苏里南仍保持了拉美人均收入的平均水平。据荷兰资料估计，包括汇款和非法收入，苏里南人均收入大约为 1600 美元。1995 年 5 月《苏里南和荷兰友好和加强合作关系框架协定》生效。苏里南政府进一步实行经济结构调整，荷兰加大对苏里南的援助。下半年经济形势再次好转，当年政府税收增加 4 倍，苏里南货币苏盾贬值停止，中央银行储备达到了 1 亿美元的良好水平。1996 年政府采取了改组国有企业、实行国企私有化、改革金融体制等措施，经济形势进一步好转。1996 年国内生产总值达到 4.91 亿美元，人均国内生产总值达到 1025 美元，政府财政盈余占到国内生产总值的2.5%。1995~1997年间，国内生产总值年均增长7.5%，长达20年的政府财政收支不平衡现象宣告结束。1998年后，国民经济增长速度稍微减缓。

根据1987年宪法规定，政府发展国民经济必须制定“五年中期发展计划”（A Meerjaren Ontwikkelingsplan），并以此作为每年度财政预算的前提和基础。但是，制定的计划在实行中并不是一成不变的，但从原则上讲，主要的经济发展目标、经济政策的轮廓已在五年计划中勾勒出来。1996~2000年期间，由于政府管理上的原因，财政赤字再次猛增，2000年达到1490亿苏里南盾（约合6840万美元），相当于当年国内生产总值的12%。1999年通货膨胀率升至98.8%。1997~2000年4年中没有被批准的额外预算开支达到2940亿苏里南盾（约合1.35亿美元），国家黄金储备基本消失。2000年8月新政府组成后努力改变上述状况，对公共服务部门实行改革，要求“人员少，效率高”，并提出对国营香蕉种植园和一些国有银行及公司实行私有化。2001年12月政府公布了新的“五年中期发展计划”（2000~2005年），第一次在财政年开始前递交了2002年度的预算；第一次在2001~2002年的预算文件中使用了标准的国际货币基金组织的经济分类法。

由于政府政策可行性强，经济环境稳定，2001~2005年经济年均增长率约为5.12%，而且出现货币稳定、通货膨胀率逐渐下降以及外国直接投资不断增加等好现象。2001年和2002年国内生产总值分别达到16644亿苏盾和22344亿苏盾。同期人均国内生产总值分别折合为1754美元和2033美元。2004年1月起，苏里南发行新货币苏里南元（以下简称苏元）取代苏盾。据苏里南国家统计局资料，2003年和2004年国内生产总值均按新货币时价计算，分别为33.82亿苏元（约合13.003亿美元）和41.07亿苏元（约合15.022亿美元），2004年较2003年增长21.4%[①]。2005年和2006年国内生产总值估计分别为36.75亿苏元和41.16亿苏元。

2006年7月末，政府又向国民议会提交了2006~2011年[②]的“五年中期发展计划”，并于8月获得通过。新计划中提出了国家总的发展目标和各部门的发展目标，在5年内拟投入财力76亿苏元（约合28亿美元），其中10%为捐赠款，剩余部分来自国家财力。2006年9月，荷兰政府同意为该五年中期发展计划支付1.72亿欧元的财政援助，其中1.52亿欧元用于安全和国防，2000万欧元用于金融能力建设、自然资源管理、卫生和私营部门。另外，荷兰还同意提供7000万欧元用于能源安全，6100万欧元用于公共部门改革、私营和公民社会发展和预算支援。

2003年政府实行财政严厉紧缩政策。2005年是财政政策连续宽松的第二年，政府增加包括道路修缮在内的基础设施的资本支出，连续两年降低汽油税收，尽力保持少量本期盈余，增大财政赤字。整个经济形势发展良好，2006年国内生产总值增长5.8%，2007年计划增长6%。2006年10月，政府向议会提交的2007年财政预算显示，支出为22.9亿苏元，较2006年（17.8亿苏元）增长28%；收入为16.4亿苏元，较2006年（13.2亿苏元）增长24%；赤字为6.50亿苏元（即占国内生产总值的11.5%）。

1985年前苏里南通货膨胀并不严重。此后，由于连续几年内战，国家财政赤字猛增，外汇日减，生活日用品供应严重短缺，物价大幅上涨。1985~1995年平均年通货膨胀率为84.9%。

---

① The Economist Intelligence Unit, *Country Profile Suriname*, The Economist Intelligence Unit Limited, London, 2005, p.23, 2006, p.24.

② 原文如此。——译者

其间1991～1995年为高通货膨胀期，1993～1995年3年的通货膨胀率均达到了3位数，分别为143.5%、368.5%和235.6%。由于政府实施了严厉的调整计划，1996年通货膨胀率急转直下，为-0.7%。但1997年后通货膨胀率再度回升，当年为18.3%，1999年底达到112.8%。2000年以来，随着国内财政调整和经济形势的好转，通货膨胀得到了控制。2001年通货膨胀率为43.2%，2002年和2004年分别降为15.5%和4.5%。之后稍有波动，主要是由于燃料价格上涨，2005年和2006年分别升为5.8%和11.5%。

20世纪90年代上半期，国家外债问题并不严重，甚至呈下降趋势。在1991～1995年间，历年外债分别为1.8亿美元、1.56亿美元、1.2亿美元、0.86亿美元和1.11亿美元。1996～2000年间，由于政府向国外（主要是向美洲开发银行及一些外国商业银行）大量借贷，外债数额猛增，而且呈逐年上升趋势。1997年外债为1.95亿美元，1998年突破2亿美元大关，增至2.34亿美元。1999年和2000年稍有回落，但2001年又攀新高，突破3亿大关，达到3.12亿美元；2002年升至3.18亿美元。据苏里南国家统计局资料，2005年外债为4.32亿美元。又据苏里南公共债务局2007年2月的报告，至2006年年底，总的公共债务下降3%，总额为7.551亿美元，其中外债4.912亿美元，内债2.639亿美元。

第二节　农、牧、渔、林业

一　农业

苏里南是一个农业发展潜力很大而且农产品已完全自给自足的国家，从整体上讲，20世纪90年代已是一个粮食净出口国。主要农作物有水稻、香蕉和蔬菜，其他还有甘蔗、柑橘、可可、咖啡、豆类、花生、白薯、土豆、木薯、玉米、椰子、大蕉、油棕榈等。农业生产活动和居民区主要集中在土壤肥沃的沿海地区大约 90 多万公顷的土地上。苏里南总人口的约 70% 居住在苏里南河的入海口地区，另有 15% 的人口分布在沿海平原其他地区，他们与农业有着密切联系。

2005 年的统计资料表明，全国永久作物地和耕地面积很小，耕地面积占总面积的 0.36%（约 5.8 万公顷），永久作物地仅占 0.06%（约 1 万公顷），其他 99.58% 的土地为森林、草原、山脉、河流等所覆盖。耕地中约 2/3 为可灌溉土地，而且随着耕地面积的不断扩大，灌溉面积也在不断增加。20 世纪 80 年代初期灌溉面积约为 3.9 万公顷，中期发展到大约为 5.7 万 ~5.8 万公顷；至 90 年代中期增至 6.8 万公顷（1994 年）。可灌溉土地主要用于种植水稻。至 2003 年和 2004 年，永久作物地和耕地面积一般保持在大约 6.5 万公顷，占可耕地面积（150 万公顷）的 4.3%。其间，因水稻种植面积有所减少，灌溉土地面积也有所减少，2003 年灌溉土地面积大约为 5.1 万公顷。农业机械化程度比较高，从 20 世纪 80 年代初开始，农业生产大量使用拖拉机，1982 年和 1983 年拖拉机台数分别达到 1500 台和 2450 台。

在 18 世纪时，苏里南经济以甘蔗种植业为基础。19 世纪时，咖啡、可可和棉花成为苏里南的主要农产品。在 20 世纪前半叶，随着大规模种植园农业的衰退，上述主要农作物逐渐为水稻、香蕉和其他水果所取代。当局通过给印度人和印度尼西亚人契约劳工免费提供土地的办法，吸引他们留在苏里南继续务农。由于他们在原籍擅长种植水稻，政府将沿海的小块土地分配给他们，让他们从事水稻种植。水稻种植业遂迅速发展起来，至 20 世纪 90 年代，大约 50% 的耕地都用来种植水稻。水稻成为苏里南第一大农作物，大米成为农业第一大出口产品。香蕉仅次于水稻，是第二大农作物和农业出口产品。苏里南可供出口的农产品还有蔬菜和其他一些水果。出口对象主要是特立尼达和多巴哥、荷兰以及其他欧盟国家。为了解决出口水果和蔬菜的保鲜问题，苏里南建立一些冷储设备。原来的出口包装材料均从特立尼达和多巴哥进口。2007 年 3 月苏里南开办了一家泡沫塑料包装厂，自产包装材料，减少了出口成本。包装厂由荷兰的一个发展项目和当地的私营部门各以 50% 的股份合资建成。

农业是苏里南国民经济的重要部门，在就业方面也发挥着重要作用。政府在《1994～1998 年多年发展计划》中强调，通过农业部门的恢复和现代化、农—工业的现代化、传统出口产品的改进、扩大非传统农业产品的出口等，使农业焕发活力。为此，政府将政策重点集中在：增强和促进出口导向和进口替代活动、支持扶贫相关的农业活动、增加外汇收入、为基础设施的恢复和为数目有限的优先部门所急需的后勤机构实施投资计划。此外，政府还制定了《1996～2001 年农业政策文件》。其中规定取消国营农业部门的补贴，实行私有化，奖励出口和国内食品生产，改善农业基础设施。另外，文件还对油棕榈生产中病虫害的防治、提高稻米生产部门的工作效率和加强大米在世界市场上竞争力的研究工作、提高香蕉产品的竞争力和生产率制定了特殊政策。具体要实施的项目包括改进统计收集方法和排灌系统，预期在 1998～2010 年期间，扩大灌溉面积 1.6 万公顷，使年种植面积增加 3 万公顷。在 20 世纪 80 年代中期至 90 年代末期，农业产值（包括牧、渔和林业，下同）大约占国内生产总值的 9%（1985 年产值为 1.04 亿美元，占国内生产总值的 9.6%；1999 年为 1.68 亿苏盾，占国内生产总值的 9.1%）。1985～1999 年间，农业雇佣劳动力占全国总劳动力的大约 15%。1999 年农业仅雇佣了 6.4% 的劳动力，2005 年增加到 12%。2000 年以来，农业产值在国民经济中的比重有所减少，农业部门的重要性有所下降。2003 年和 2004 年农业产值分别为 2.17 亿苏元和 2.18 亿苏元，占国内生产总值的 6.4% 和 5.3%。据国家统计局资料，2005 年和 2006 年农业产值分别占国内生产总值的 5.3% 和 6% 稍多一些。

20 世纪 90 年代，政府实施的尼克里地区“多种目标的科兰太因河工程”（The Multi-Purpose Corantijn Project），被认为是扩大农业生产的重要工程。它包括修建 66 公里长的灌溉渠道，把河水引到现存的水稻生产区以及计划中的 1.25 万公顷的新水稻生产区。

现在，6 万多公顷的可耕地绝大多数集中在沿海平原上，其中约一半位于科默韦讷河与萨拉马卡河之间的帕拉马里博附近的围海新造的土地上，广大内地的土地并未充分开发和利用。因此，苏里南农业尚有巨大发展空间。此外，苏里南境内还有许多大小河流、沟渠、沼泽、湖泊等，充足的淡水资源为发展农业生产提供了有利条件。在农业劳动力中，大多数是前种植园的农业工人——1863 年废除奴隶制后获得自由的奴隶的后裔以及废除奴隶制后引进的契约劳工的后裔。农业经营的类型包括根据西方模式开发的种植园、政府出租的和私营的小型佃农村落以及小农自己拥有其土地的村落。政府控制着大型农场和大米出口业务。在科蓬纳默河西边大约 80 公里长的狭窄沿海平原（即科罗尼行政区）上，人口主要是克里奥尔人，以种植棕榈和生产棕榈油为主要经济活动。在其他所有地区的小农场中，水稻是最重要的作物，主要经营者是印度人和印度尼西亚人。此外，许多小农场还从事养牛等畜牧业生产。

1980～1985 年苏里南农业生产年均增长率为 6.1%，1986～1990 年由于连续发生反政府游击战争，经济发展受到严重影响，农业生产年均下降 6.4%。从 20 世纪 90 年代初开始，农业生产稍有恢复，随后又因国际市场稻米价格下跌，水稻种植面积减少，农业产值再度下降。1992~1997年期间农业产值年均下降3%。1996年下降率最低，仅为1.0%，但1998年和1999年则分别下降5.6%和2.2%。所以，1990~2000年期间农业没有较大发展，产值年均增长率仅为1.5%，远远低于20世纪80年代上半期。从2000年开始，农业产值继继缓慢回升。1999~2001年平均每年增长2.6%，2001年则猛增为10.8%。然而，2002年农业产值又下降5.6%，当年产值连同林、牧、渔在内，占国内生产总值的10.7%。

外电评论说，苏里南的农业潜力尚未充分发挥出来。部分原因是：内陆热带草原地区难以进入开发以及现有的土地占有制的不平等模式。例如20世纪80年代，在土地占有者的总人数中，46%的人拥有的土地面积小于2公顷，27%的人拥有的土地面积仅为2~4公顷。而另一方面，50%的农业土地为139个大土地占有者所拥有，平均每个大占有者的土地面积为370公顷。据介绍，1985年10个大的家庭控制了全国70%的稻米生产。现在土地占有制仍未有大的改变。另外，农业生产受天气影响较大，产值的增减与天气有密切关系。2006年内地大部分地区遭受暴雨，2007年年初又遭遇不合时令的暴雨，给当年的农作物带来了一定的危害。不过从总的情况来看，尽管近几年各种农产品生产发展较为缓慢，但基本上可以满足国内需求。

水稻 苏里南水稻一年收获两季，第一季为主要作物，3月底至5月播种；第二季10月中旬至11月播种，每季生长期约为142天。稻农主要是印度人和爪哇人，产地主要在西部尼克里行政区，种植面积占国家耕地面积的大约一半或一多半。1999年和2003年水稻种植面积分别为4.85万公顷和5.21万公顷，现在保持在5万公顷左右。水稻生产的经营方式分为大型农场和个体小面积种植两种。从种植、管理到收获、加工等完全机械化的苏里南瓦赫宁根稻谷农场是世界上的最大稻谷农场之一。大型稻谷农场和大米出口业务均由国家经营和管理，1984 年国内专门成立了负责大米出口业务的公司——大米出口公司（Surexco）。20 世纪 90 年代，国家所产大米大约一半用于国内消费，另一半用于出口，现在约 1/3 的大米用于出口。根据加勒比共同体有关规定和“洛美协定”，苏里南大米可以免税进入加勒比市场和以低税率进入欧洲市场。1996 年大米出口收入约占总出口的 8%。

20 世纪 80 年代水稻产量为 25 万～30 万吨，90 年代中期以前水稻产量保持在 20 多万吨，1992～1997 年的年均产量为 22.22 万吨。21 世纪初，水稻仍然是苏里南最具有商业价值的农作物，约 50% 的可耕地用来种植水稻。绝大多数稻农的水稻田块不足 1 公顷，而且是在早期的围海造成的土地上。在新造的土地上，大土地所有者一般拥有 80 公顷或更多一些土地，耕种完全机械化而且管理水平也高。然而，2002 年全国水稻种植面积由 1998 年的 50135 公顷减至 40000 公顷，产量随之有所下降。2000～2004 年全国水稻年均产量为 18.02 万吨，最高年产量是 2004 年的 19.5 万吨，最低的是 2002 年的 15.7 万吨，即便是最高的 2004 年的产量也远远低于 1992 年的 26.1 万吨，且单位面积产量也有所下降，每公顷为 3.5 吨左右。其实，1985 年以后水稻年均产量即开始下降。水稻产量下降的原因，一方面是国际市场大米价格下跌，人们种植水稻的积极性不高；另一方面是国内具体情况造成的。例如水稻生产的基础设施破旧，政府缺乏资金维修或重建日益损坏的渠道系统；水稻生产投入高（2005 年初化肥涨价 30%），产品竞争力差；水稻生产和加工部门日益增长的债务还本付息负担重。稻农人数已从 20 世纪 90 年代中期的 3500 人减少到 2000 年的 2000 人。水稻种植面积日益减少。2002 年大米产量仅为 16.34 万吨。由于 2003 年美洲开发银行和欧盟分别提供340万美元和1500万美元的赠款，援助苏里南重组排灌系统；欧盟为苏里南水稻生产分摊950万欧元（合1100万美元）的特别资金等等，2004年水稻产量遂由2003年的19.37万吨增加到19.50万吨。尽管如此，这些援助远不足以解决苏里南现在水稻生产中存在的问题。

据官方估计，该部门需要大约总共8000万美元的投资，以便将每公顷水稻产量由3.5吨提高到4.5～5.5吨，将出口量提高到8万吨左右。据报道，2005年的第一季水稻种植面积减少数量创新高，2005年初估计稻农人数减少到仅约1000人。当年，水稻产量降为16.39万吨（大米产量为12.40万吨）。2002年大米出口收入1420万美元，占出口总额的3.5%。2005年大米出口收入690万美元，仅占主要出口产品总额的大约0.74%。尼克里港口的设施状况欠佳，致使大米出口发生困难，需要大量资金加以疏浚和改善。20世纪90年代初，因为远洋船只不能够靠近港口的凸式码头，大米需要卸货到驳船上，依靠驳船往返运装远洋船只。2006年上半年，政府已将国营大米生产部门——苏里南大米生产组织（Suriname Rice Organisation）实行私有化。

香蕉　香蕉是苏里南第二大农作物和重要的出口农产品，2002年之前，主要由国营的香蕉公司“瑟兰”（Surland）生产、管理，私人也有少量种植。与当地的大蕉生产一样，香蕉生产主要用于向欧洲等地出口。苏里南香蕉主要有两种：一种是可当水果直接食用的香蕉，当地人称巴科韦；另一种是用来做菜的需烧煮的香蕉，当地人称巴南。出口的香蕉则是巴科韦和大蕉。香蕉种植园分布在帕拉马里博地区。20世纪80年代，全国香蕉产量徘徊在3.8万～4.5万吨，之后略有增加。1988年中期，苏里南恳请欧洲发展基金会援助，计划将种植面积由1700公顷扩大到2700公顷。1989年中期，政府宣布计划将国营的瑟兰香蕉公司私有化。80 年代末至 90 年代末香蕉年产量维持在 5 万~6 万吨。1997~1998 年由于国际市场方面的原因，加之国内发生旱灾，生产受到一定影响。之后香蕉产量下降，2000~2004 年期间，香蕉年均产量为 2.9 万吨，最高年产量是 2000 年的 4.87 万吨，最低年产量是 2003 年的 1278 吨。香蕉产量连续下降，原因是国外市场压低价格和国内遭受了风灾等自然灾害。2002 年，苏里南国营瑟兰香蕉公司欠债大约 800 万美元，就连为工人发工资都出现困难。

2002 年 4 月政府将瑟兰公司关闭。后经欧盟、美洲开发银行等国际组织财政援助，生产得以恢复。欧盟提供贷款 1300 万欧元资助瑟兰公司的复兴计划。2002 年 10 月公司清理种植园土地，2003 年 4 月重新种植香蕉；当年美洲开发银行为其提供 730 万美元的贷款用作周转资金。2004 年 3 月，重新组建后的国营香蕉公司改名为“香蕉部门基础保护公司”，恢复出口业务。香蕉单位面积（公顷）产量是公司改组前的 2.6 倍。2004 年，全国香蕉产量达到 4.3 万吨，香蕉出口达到 3.37 万吨。据苏里南国家统计局资料，2005 年的香蕉产量为 5.78 万吨。政府拟将重新组建后的“香蕉部门基础保护公司”私有化。2006 年 10 月其管理工作已由法国卡托珀公司接管。此举被认为是该香蕉公司私有化进程的第一步。

根据“洛美协定”（Lome Convention）和后来的“科托努协议”（Cotonou Agreement），苏里南的香蕉出口销往英国。1985 年香蕉出口 4.48 万吨，价值为 1630 万苏盾（合 913.2 万美元）。1996 年香蕉出口收入 1080 万美元，占总出口额的 2.5%；1998 年出口收入为 690 万美元，占总出口额的 2%。2000 年后香蕉出口继续减少，2000 年苏里南出口香蕉和大蕉两项总计收入 950 万美元，占国家总出口额的 1.8%。2001 年出口收入仅为 640 万美元，占总出口额的 1.5%。

油棕榈　油棕榈是苏里南重要的油料作物，亦曾是苏里南的第二大农作物，但后来让位于香蕉。1975 年全国种植油棕榈 1645 公顷，年产棕榈油仅 625 吨。1976 年，苏里南开始发展油棕榈商业性种植业，此后生产规模迅速扩大。现在，油棕榈主要产地在布罗科蓬多地区，有帕塔马卡（Patamacca）、费达（Pheda）和维多利亚（Victoria）三大种植园，还有一个榨油厂。所产棕榈油原来主要用于国内消费，1979 年开始出口，每年收入外汇约 30 多万美元，成为重要的出口农产品。1982 年油棕榈种植面积扩大到 4195 公顷，年产棕榈油 5693 吨。1985 年榨油厂国有化，当年油棕榈种植园面积 6187 公顷，生产棕榈油 7958 吨。1986 年底至 1987 年中期，油棕榈种植园由于遭到反政府武装的袭击，生产受到严重损害。1986 年棕榈油产量大幅下降，当年仅为 3000 吨，以至于全国出现棕榈油短缺现象；棕榈油出口量亦由 1985 年的 6024 吨减少到 663 吨。1987 年棕榈油产量继续下降至 1000 吨。此后，棕榈油生产状况一直不稳，1989 年产量又升至 3000 吨。1992 年国内反政府内战结束后，生产安全得到了保障。棕榈油生产形势好转，开始恢复并缓慢出现增长。1994 年产量达到 6890 吨。为了进一步发展棕榈油生产，政府在《1996～2001 年农业政策文件》中特别强调，维持棕榈油生产要发展抗“枪叶腐烂病”（spear rot disease）的杂交品种和扩大生产。随后，除了 2000 年产量下降至 2200 吨外，其他年份产量都稍好一些。2002 年 7 月苏里南与中国中恒泰公司（China Zhong Heng Tai）签订一份关于在苏里南东部马罗韦讷行政区的帕塔马卡（Patamacca）大规模发展油棕榈生产项目的谅解备忘录，涉及土地面积 400 平方公里。2003 年 5 月，该公司经过初步可行性研究后，提议在 12 年内投资 1.16 亿美元。该项目计划将生产的棕榈油销往中国，副产品在苏里南用来制造黄油和作为养牛、养鱼等饲料。2004 年 1 月，有关框架建议已为苏里南议会通过，项目进展顺利。同年11月23日，苏里南政府还成立了一个关于发展棕榈油工业的管理组织，旨在专门照顾国家利益，特别是考虑有关环境和林业、就业机会和基础设施等方面的问题。2007年苏中双方在有关事宜的谈判方面取得进展，而且看来富有成果。苏里南政府对雇用中国员工数量和工资标准等都提出了明确的建议。

椰子、柑橘、蔬菜和甘蔗 椰子和柑橘在1991～1995年期间平均年产量分别为1.11万吨和1.38万吨。1995年全国生产椰子1.1万吨、柑橘1.9万吨、蔬菜3.2万吨，2001年上述3种农产品产量分别降为0.8万吨、1.3万吨和1.6万吨。又据联合国粮农组织估计，2002年上述3种农产品产量有所上升，分别为1万吨、1.6万吨、1.6万吨。2004年柑橘产量又升至1.7万吨。甘蔗也是苏里南的一种重要农作物。在2000～2004年间，除2003年产量为7万吨外，其余年份产量均为12万吨。从21世纪开始，苏里南生产的蔗糖仅用于国内消费。由于历史原因，殖民统治时期曾经独占鳌头的甘蔗种植业逐渐衰败下来，不再是苏里南最主要的农作物。1993年在印度尼西亚的技术援助下，甘蔗种植业在马连堡种植园重新恢复起来，所产蔗糖仅用于国内消费。现在，种植甘蔗除用来制糖外，主要是用作生产酒精的原料。

二 畜牧业

苏里南畜牧业生产主要集中在沿海以及靠近沿海的地区。内地热带草原应是最为理想的发展畜牧业的地区，尤其是养牛的好场所。但因人口稀少，交通运输不便，内地的开发利用至今受到限制。现在畜牧业以养牛为主，其他饲养品种还有山羊、绵羊、猪、鸡、鸭等。养牛业多为小农场型，品种质量不高，主要是用作挽畜（draught animals），而不是为了提供肉和奶产品。1984年牛的存栏头数由1975年的2.6万头增加到5.3万头，当年猪的存栏头数达到1.8万头。10年以后，畜牧业有一定发展。1995年牲畜和禽类存栏头数分别为：牛10.2万头、山羊0.9万只、绵羊0.7万只、猪2万头、家禽300万只。

长期以来，畜牧业发展缓慢但稳定，畜牧产品尚不能满足国内需求。进入21世纪以来，除牛和鸡的存栏数有较大增加外，其他畜类和禽类基本保持在上述原有水平或略有增加。例如，2001年养鸡数量增至385.9万只（一说412万只），鸡蛋产量为9000吨，各类禽肉计为5000吨。据联合国粮农组织估计，2002年养鸡数量为370万多只，鸡蛋产量为3000吨，各类禽肉产量

表4-1　2000年以来主要农业产品生产概况

	2000	2001	2002	2003	2004
稻谷(吨)	163655	191370	157105	193685	195000
香蕉(吨)	48700	43139	8071	1278	43000
甘蔗(吨)	120000	120000	120000	70000	120000
柑橘(吨)	12599	13741	14947	17152	17152
大蕉(吨)	10782	12481	11449	11843	11843
蔬菜(吨)	15000	15000	16000	15000	—
椰子(吨)	8500	8000	10000	—	—
牛(存栏头数)	130000	135000	136000	137000	137000
猪(存栏头数)	22280	23130	24825	22605	24500
绵羊(存栏只数)	7400	7500	7600	7700	7700
山羊(存栏只数)	6450	7341	7035	6930	7100
鸡(存栏数,千只)*	3500	4120	4249	4200	3800

* 原资料中单位为“只”，本人查阅多种资料，认定应为“千只”，故改。

资料来源：The Economist Intelligence Unit, *Country Profile Suriname*, The Economist Intelligence Unit Limited, London, 2003 - 2006. *The Europa World Year Book 2003*, Europa Publications, London, 2003 等。

约达6000吨。2001年牛存栏头数增至13.5万头，牛肉产量达到2000吨，牛奶13000吨。2002年牛存栏头数为13.6万头，牛肉产量为2000多吨，牛奶9000吨。政府在改良牛的品种做了一些努力，试验将荷尔斯泰因（The Holstein）牛种与圣赫特鲁迪（Santa Gertrudi）牛种进行杂交。根据苏里南铝公司的倡议，政府在蒙戈建起一座科学操作的牛奶厂。2004年牛、羊、家禽等存栏数较前几年没有大的变化，牛为13.7万头、猪为2.45万头、山羊为0.71万只、绵羊为0.77万只、鸡为380万只。据外刊报道，苏里南畜牧业发展缓慢的原因是没有受到足够的重视。

三 渔业

渔业是苏里南出口创汇的重要部门，在国民经济中起着重要作用。苏里南属南美洲“多水之乡”，自然条件很利于发展渔业生产。近海及内河的渔业资源十分丰富。目前渔业规模较小，但生产程序较为现代化。为更好地保护本国的渔业资源，1980年12月苏里南政府颁布法令，宣布领海为12海里，从1981年1月起建立200海里渔区（专属经济区）。法令规定，凡在上述区域里作业的渔船都必须在苏里南首都帕拉马里博登记注册；至于已登记注册的外国渔船，属于已和苏里南签订了渔业协定国家的，才可以在上述海域进行捕鱼活动。

据报道，直至20世纪80年代中期，美国、日本和韩国在苏里南渔业生产中都一直占有重要地位。之后，政府对渔业生产的参与才日益增多。现在，首都有现代化的与日本和韩国合资的渔业企业。渔业产品主要向美国和加拿大出口，其中虾是最重要的出口产品。1994年虾出口收入占国家出口总额的9.7%，1996年占7.6%。1998年和2001年虾出口收入分别达到2940万美元和3970万美元，占国家出口总额的比重分别为7%和8.8%。

20世纪80年代初，苏里南渔业捕捞量在3万吨左右。1984

年和1985年分别达到3.24万吨和4.21万吨。90年代以来，苏里南渔业生产下降。1991年美国禁止从苏里南进口虾类，原因是苏里南未能采取必要措施，在其渔民捕捞活动中保护濒临灭绝的物种海龟。1994年渔业捕捞量为1.45万吨，1995年降至1.3万吨。直到20世纪末，渔业生产未有明显的改善。1999年渔业捕捞量继续维持在1.3万吨，其中海洋鱼类为1.25万吨。

新世纪开始后渔业捕捞量略有提高，2000年达到1.65万吨，其中海洋鱼类9800吨，养殖鱼类300吨。2001年渔业捕捞量升至1.85万吨，其中海洋鱼类1.13万吨、对虾2800吨、海蟹4000吨、淡水鱼类400吨。据联合国粮农组织估计，2002年捕捞量与上一年基本持平，为1.91万吨，其中海洋鱼类1.57万吨、对虾2800吨、淡水鱼类400吨。之后，虾的产量大幅度提高，成为渔业重要产品。据苏里南中央银行的估计，2005年虾产量达到2.4万吨。但是，由于过度捕捞鱼、虾以及燃料涨价等原因，渔业活动受挫，2006年虾产量一下减少30%。

20世纪90年代初，渔业产品（鱼、虾）出口收入约为3000万~3400万美元（1990年和1991年分别为3400万美元和3000万美元）。之后，渔业出口收入基本上是稳步增长，最高年份1997年出口收入达到4380万美元，最低年份1993年也在3180万美元。资料显示，整个90年代渔业出口年均收入为3528万美元。进入21世纪后，苏里南鱼、虾出口收入进一步增长，2002年渔业产品出口达到5060万美元，占国家出口总额的12.6%。2003年鱼、虾出口略降，为3470万美元，占出口总额的5.8%。2005年渔业产品出口额维持在2003年水平，约为3400万美元。另外，2006年苏里南向欧盟出口熏鱼390吨，创汇大约160万欧元。2007年2月，欧盟出于卫生方面的考虑，宣布禁止进口苏里南的熏鱼和养殖虾，此举对苏里南渔业出口部门是一沉重打击。但苏里南海虾出口不受禁令的影响。与此同时，委内瑞拉和苏里南签订一项渔业协议，将有100艘委内瑞拉渔船获得苏里南捕鱼许可证，所捕鱼、虾按协议价格交由帕拉马里博收购；委内瑞拉方面还建议，允许为渔船降低燃料价格，以提高渔民生产积极性。

除海洋捕捞外，苏里南有一家小型渔场，养殖鱼类、虾和螃蟹等，主要供应国内市场。

四 林业

苏里南林业资源极为丰富，面积约为14.78万平方公里，森林覆盖率达90%以上（一说80%以上）。[①] 据介绍，苏里南的森林面积比中美洲国家的森林面积总和还要多，而且在生物学上属多样性。树木品种有2000余种，其中有许多当地特有树种，名贵树种多达几十种。全国可供商业性采伐的森林面积约为300万公顷，至今采伐部分仅占原始森林面积的8%。所以木材工业发展潜力很大。名贵木材中热带硬木的生产一般由设在苏里南西部卡博（Kabo）地区的国营木材公司“布鲁因泽尔”（Bruynzeel）负责。20世纪80年代后半期，因发生反政府游击战争，木材生产受挫。其间，木材年均产量为20万~30万立方米。

20世纪90年代初，费内希恩政府开始放宽外国投资政策以来，苏里南森林资源引起了许多国际伐木公司的兴趣。然而众所周知，苏里南的热带雨林是世界上最多样性的生态系统之一，大规模的商业性采伐必然引起国内外环保团体对自然资源基础保护方面的关注，特别是亚洲的一些伐木公司在环境保护方面有不良

① EIU, *Country Profile Suriname, 2004, 2005, 2006*, The Economist Intelligence Unit Limited, London, 2004-2006. 一说见 *Regional Survey of the World, South America, Central America and the Caribbean*, Europa Publications, London, 1988-2005.

的记录。1994 年 1 月，政府批准印度尼西亚一家私人伐木公司——米特拉·乌萨哈·塞加提·阿巴迪采伐西部面积约 12.5 万公顷的林地（但未经议会同意）。当时，政府还制定了拟向包括上述公司在内的 3 家亚洲公司出租 300 多万公顷林地进行采伐的计划，结果立即引起当地利益集团、国际环境保护组织、许多议会成员以及内地印第安人和丛林黑人的抗议。1996 年韦登博斯总统上台后对林业政策进行了调整，并于 1997 年 1 月宣布，苏里南不再继续进行大面积伐木出租活动。美洲开发银行、联合国粮农组织、欧洲委员会（European Commission）等国际组织亦积极为苏里南提供经济援助，以确保当地在开发林业资源过程中能够维持生态平衡，使木材工业健康持续地向前发展。美国林业局以及一些非政府环保组织亦加强与苏里南政府的技术合作，预防当地森林采伐对生态环境造成破坏。1998 年 6 月，苏里南宣布将 160 万公顷的原始雨林（相当于领土面积的 10%）列为国家保护区，命名为“苏里南中部自然保留地”（The Central Suriname Nature Reserve），禁止采伐和其他形式的有潜在损害的开发活动。以美国为基地的环境保护组织“保护国际”（Conservation International）为管理此块保留地提供私人资金方面的保证。

1990 年木材生产形势好转，产量创纪录，达到 33.3 万立方米，其中 5.9 万立方米用于出口。之后，又因资金不足等原因，木材产量再次出现下降。1992 年和 1994 年木材产量分别为 10.7 万立方米和 16.4 万立方米；1995 年继续下降至 15.1 万立方米。此后生产缓慢恢复，1997 年木材（圆木和锯木）产量升至 24.2 万立方米。2000 年木材产量较高，达到 30.5 万立方米。但总的情况是，林业生产始终没有大的进展，多数年份的产量浮动在 20 万立方米左右，有些年份甚至严重下降。据苏里南中央银行估计，2004 年和 2005 年木材产量分别为 16 万立方米和 17.34 万立方米。

然而，2005年木材的实际产量稍高于估计，达到18.81万立方米。

苏里南木材仅有少量出口，收入约占国家总出口的1%～2%，出口木材中主要是未加工的圆木。1982年出口收入占国家出口总收入的2%，1984年和1985年分别占1.4%和1.1%。1990年木材产量创历史新高，出口随之大增，达到5.9万立方米。1992年木材产量猛跌，出口仅为6000立方米，不足1990年的零头。1997年木材出口占国家总出口收入的2.8%。1998年出口收入为650万美元，相当于国家总出口收入的1.4%。进入21世纪后，出口木材数量没有大的变化。2002年和2003年木材出口额分别为540万美元和110万美元，分别占当年出口总额的1.5%和0.23%。2006年木材出口较2005年增加60%（多2.6万立方米），出口收入约为450万美元。在出口木材中，57%销往中国和其他亚洲国家，19%销往欧洲，12%销往加勒比地区，其余销往北美洲和中美洲；圆木约占出口木材的65%，占出口木材收入的45%。

第三节　工业

工业主要是铝土的开采和加工，其次还有农产品粮食、水果、木材等加工以及蔗糖、饮料、香烟、服装、油漆、家具、家电等产品的生产或组装。国家缺乏完整的工业和管理体系，经济建设所需的工业和生活日用品主要依赖进口。当地纺织、服装生产、加工企业等尚处于初级阶段。2003年工业产值（包括采矿业、制造业、公用事业、建筑业等）为33.82亿苏元；2004年工业产值比上一年增长21.4%，达到41.07亿苏元，占国内生产总值的29.6%。其中采矿业和制造业产值分别为3.59亿苏元和5.47亿苏元，在国内生产总值中的比重分别为8.7%和13.3%。

一 采矿业

主要是铝土开采业，其次还有黄金、钻石、石油等开采活动。2000 年以来，采矿业在国内生产总值中所占比重大约为 7.5%。由于苏里南崎岖多变的地形以及矿区深入内地，矿产运输多有不便，采矿业生产成本较高。

铝土 铝土发现于 1898 年，矿脉位于中央高原的北部边缘地带。现在，铝土采矿区主要分布在科特提卡河（The Cottica River）附近的蒙戈和苏里南河附近的莱利多普、翁弗瓦赫特和帕拉南。莱利多普从 1939 年开始采矿营业，蒙戈的采矿历史更为长久，始于 1915 年。随着勘察工作的不断进行，有关苏里南铝土蕴藏量的说法亦在不断变化。1978 年时铝土蕴藏量估计为 4.90 亿吨，约占世界铝土总蕴藏量的 1.9%；1988 年 1 月 1 日资料显示，已查明的铝土蕴藏量约为 4.73 亿吨，其中 1.89 亿吨为指示的和可能的蕴藏量（indicated and probable reserves）。又据 1997 年底估计，全国铝土蕴藏量为 5.22 亿吨，其中 3200 万吨具有商业生产价值，1.30 亿吨有商业性潜力。至 1998 年底，估计铝土蕴藏量为 5.80 亿吨。

大规模的开采活动始于 1915 年，第二年苏里南开始进行铝土加工和生产氧化铝。据报道，铝土采掘成为苏里南采矿业的主要活动纯属一次偶然的机会。1915 年美国铝公司（当时称作匹兹堡归并公司 The Pittsburgh Reduction Company）派遣人员前往苏里南，研究开采铝土的可行性。某一天，美国人约翰·奇蓬斯在苏里南东部的丛林乡村蒙戈附近散步，不小心被一块硬东西绊了一跤。他坐起来仔细察看这块硬东西，觉得它不是寻常石块，遂带回去化验。结果，他发现的这块硬东西竟然是铝土矿石。随后，美国人和荷兰人组成勘探队对苏里南进行普查，结果发现当地是一个铝土王国，而且矿床甚浅，有的就在地表层。于是，美国和荷兰资本接踵而来，竞相开采。起初，采矿条件简陋，操作主要靠手工。但铝土开采业作为一种产业在苏里南很快发展起来。1922 年首批铝土出口，1925 年引进现代化生产设备，铝土产量开始大幅度增长。

然而长期以来，铝土生产却一直控制在荷兰和美国资本手中，获益者并非是苏里南。与此同时，由于铝土产品是重要的军事战略物资，结果导致苏里南成为世界帝国主义列强的争夺对象。1940～1942 年即第二次世界大战期间，德国派出一艘名为《戈斯拉》号（The Goslar）的军舰来到苏里南，企图控制这块重要的铝土产地。美国陆军立即派兵前往保护本国资本的铝土生产。后德国人的军舰在苏里南河口帕拉马里博港被人为沉没，以堵塞美国运输铝土的航道。至今已过去半个多世纪，斑驳锈蚀的德国军舰残骸犹存水中。半截船体露出水面，活像一个“金属小岛”，成为帝国主义掠夺苏里南资源的历史见证。

铝土工业是苏里南的重要经济支柱。20 世纪 70 年代开始，苏里南成为世界上最大的铝土生产国之一。1980～1984 年苏里南一直保持世界第四大铝土出口国地位，所出口的铝土及铝土产品氧化铝和铝锭，为国家提供大约 80% 的出口收入、40% 的税收和 18% 的国内生产总值。20 世纪 80 年代中期至 90 年代初，苏里南一直是世界上第六大铝土生产国，铝土产量占世界总产量的 3%～3.6%，仅次于澳大利亚、几内亚、牙买加、苏联（后独联体）和巴西。之后，世界上铝土生产国蜂起，苏里南地位随之下降。1995 年苏里南降为世界第八大铝土生产国，位居澳大利亚、几内亚、牙买加、巴西、中国、独联体和印度之后，铝土产量占世界铝土总产量的 3.2%。2000 年降为世界第九大铝土生产国，产量约占世界铝土总产量的 2.7%。2002～2004 年又降为世界上第十大铝土生产国，产量占世界总产量的 2.6%；2003

年占世界总产量的2.9%。[1] 2001年中央政府来自铝土工业的收入为2990万美元，2003年增至3750万美元。1995～1999年苏里南铝土和氧化铝年均产量分别为374.4万吨和171.14万吨；2000～2004年二者年均产量有所增加，分别达到406.2万吨和174.44万吨。2000年以来，铝土产量最高年份是2001年的439.4万吨，氧化铝产量最高年份是2003年的200.5万吨。2005年苏里南铝土和氧化铝产量都比2004年有较大提高，分别达到475.7万吨和194万吨。

几乎整个20世纪，铝土工业都是苏里南出口创汇的主要部门。直至20世纪90年代中期，苏里南生产的铝土全部在国内加工成氧化铝，其中绝大部分用于出口；另有一些氧化铝在帕拉南加工成铝锭，其出口额约占工业出口总值的12%。帕拉南原有一家年产万吨的小型铝锭冶炼厂，生产一直延续至1999年4月关闭。原因是该厂相关的冶炼成本太高，另一方面是天旱少雨，作为该厂动力来源的布罗科蓬多－阿弗巴卡水电站的发电能力不足。但氧化铝厂一直在营业之中。2002年和2003年，苏里南生产的氧化铝均占世界氧化铝总产量的3.8%，又据最新资料，2004年的氧化铝产量尚占世界氧化铝总产量的3.7%。

铝土产品氧化铝和铝锭生产在苏里南经济中占有重要地位，特别是氧化铝每年出口收入占国家出口总收入的2/3以上，1996年曾占总出口收入的76%。自帕拉南炼铝厂关闭以后，铝土工业主要出口氧化铝。2001年氧化铝出口收入约占国家出口总收入的72%。2004年由于国际市场氧化铝价格上扬，尽管苏里南氧化铝产量下降了3%，但出口收入仍由2003年的3.44亿美元增加至4.13亿美元。2006年氧化铝出口形势仍然很好，收入由

① EIU, *Country Profile Suriname*, The Economist Intelligence Unit Limited, London, 2006, p.25, 2007, p.24.

2005年的4.50亿美元增加到6.40亿美元。收入增长仍得益于国际市场价格高涨，因为2006年的氧化铝产量实际上仅比2005年增长0.7%。

现在，苏里南铝土生产主要掌握在“苏里南铝公司”（The Suriname Aluminium Company，缩写Suralco）和“苏里南比利顿公司”（Billiton Maatschappij Suriname，缩写BMS）两大公司手中。苏里南铝公司完全为美国铝公司（The Aluminum Company of America，缩写Alcoa）所有的子公司，1916年在蒙戈正式成立，原名苏里南铝土公司，1957年改名为苏里南铝公司。1938年公司又在帕拉南建立铝土加工厂，承担苏里南河沿岸的铝土矿产的加工任务。苏里南铝公司铝土生产业务分三地经营，采矿在蒙戈和科尔莫提博（Coermotibo），氧化铝的冶炼在帕拉南，电力供应在阿福巴卡。苏里南比利顿公司原先系荷兰壳牌石油集团（the Shell Petroleum Group）的一部分，第二次世界大战期间插手苏里南铝土开采，1942年生产第一批铝土。1994年该公司被售与南非甘科普公司（GenCorp of South Africa），现在是澳大利亚矿业集团BHP比利顿（the Australian mining conglomerate BHP Billiton，缩写BHP Billiton）的一部分。1983年苏里南铝公司和苏里南比利顿公司签订协议，建立合资关系。后者购买了前者在帕拉南炼铝厂45%的股份；前者购买后者在翁弗瓦赫特企业中24%的股份，并关掉自己的莱利多普矿。据称，两公司合资的目的是为了让苏里南的铝土工业更具有竞争力。又根据2002年9月的协议，两大公司在2006年后扩大其合资伙伴关系。2004年两公司投资6500万美元用于扩建帕拉南氧化铝厂。2005年1月该工程提前完工，氧化铝年生产能力可增加25万吨，达到220万吨，一年可为政府多赚取1000万美元。另外，2004～2006年两大公司在科默韦讷行政区的新矿卡艾芒格拉西（Kaaimangrassie）和克拉弗伯德（Klaverbad）投资近1.3亿美元，从2006年开始采掘，预期铝土蕴藏量可以开采至2012年。此两矿可成为即将枯竭的莱利多普矿关闭和巴克辉斯山区新矿开业之间的重要过渡生产地。

苏里南东部地区现已查明的铝土蕴藏量为1300万吨，按照现在的开采速度至2012年将枯竭。专家推测，东部、西部和北部已查明的铝土蕴藏量足以开采到2045年。但就目前的生产形势来看，铝土工业长期发展将有赖于对苏里南西部巴克辉斯山区的开发。该地区铝土蕴藏量估计为3亿吨。2003年1月政府与上述两家公司（Suralco-Alcoa 和 BHP Billiton）签订一项谅解备忘录，决定以55%对45%的股份比例合资进行开发，政府拥有55%的股份。有关铝土质量的检验结果表明当地铝土是高质量的。比利顿公司已为生产前期的准备工作注入1900万美元的投资。2005年，关于建立一个年产100万吨氧化铝的冶炼厂和发电能力为40万~45万千瓦的水力发电设施的可行性研究正在进行之中。2005年初，巴克斯辉山区45%的可能产铝土地区的地质调查已完成，铝土储藏量为1.7亿吨。据此估计，整个地区铝土储量在3亿吨以上。2005年中期，作为进行采矿和建立氧化铝厂总规划的一部分，有关经济、技术、社会和环境方面的研究工作亦将完成。

黄金及其他矿藏 政府为吸引外国公司投资开采黄金、铜、铁等其他矿产，20世纪80年代中期专门修改了采矿法。进入20世纪90年代后，苏里南恢复民主体制，政府为吸引外资再次修订采矿法。于是，一些外国公司对苏里南的黄金、高岭土、钻石等矿藏开发颇感兴趣，投资者接踵而来。

黄金是苏里南的重要矿产，多分布在内地河滩、山谷地带，开采历史悠久，而且从1900年开始已有出口业务。据史载，大约在1875年苏里南就开始在马罗韦讷河上淘金，而后淘金活动扩展到其他几条河流上游。为了方便黄金采掘业，政府开始修建连接帕拉马里博至中东部地区金矿的铁路。然而，很长时间以来，黄金采矿业一直发展缓慢，仍以非正规的小规模的经营活动为主，只是当地非正规经济的一个重要组成部分。20 世纪 70 年代，采金业有一定发展。但 80 年代开始后，国内局势动荡，黄金生产受挫。1981 年国家黄金年产量达到 22.8 公斤（即 804 盎司），1985 年降为 4 公斤（合 141.5 盎司）。1987 年由于内地爆发大规模反政府游击战争，黄金生产遭受严重损失，产量骤降为 0.412 公斤（即 13.25 盎司）。[①] 这个数字当然不包括小规模生产者未申报的黄金产量。

20 世纪 90 年代初，苏里南国营采矿公司“蚱蜢铝公司”（The Grasshopper Aluminium Company）和加拿大“金星资源公司”（Golden Star Resource，设在美国科罗拉多州的博尔德市）均对苏里南正规部门黄金采矿业的潜力持乐观态度。1992 年加拿大金星资源公司开始在苏里南进行金矿勘探。此后，一个大型金矿在苏里南中部萨拉马卡河附近的格罗斯·罗斯贝尔（Gross Rosebel）被发现。金矿位于首都帕拉马里博南面 80 公里处。据加拿大第五大采金公司——“坎比奥公司”（Cambior，即金星资源公司的母公司）介绍，格罗斯·罗斯贝尔金矿已查明的和可能的金矿蕴藏量为 4900 万吨，品位估计为每吨矿含金 1.6 克，黄金总储量大约为 240 万盎司（1 盎司 = 28.35 克），是南美洲最大金矿之一。该矿还投资 8000 万美元于部分风化的地面岩石（partially weathered surface rock）的黄金开采业务，年生产能力为 17.7 万盎司。[②] 1994 年 4 月，金星资源公司与苏里南政府签

① The Economist Intelligence Unit, *Country Profile Suriname*, The Economist Intelligence Unit Limited, London, 1990, p. 49, 1993, p. 40.

② *Suriname, Wealth Beyond Its Measure*. IMF/World Bank Special Edition, September 1998, p. 67, The Economist Intelligence Unit, *Country Profile Suriname*, The Economist Intelligence Unit Limited, London, 2002, p. 90.

订一项在中东部的布罗科蓬多地区进行勘探黄金的协议。1995年下半年，加拿大另一家采矿公司“加拿大资源公司”（The Canadian Resource Corporation）在萨拉克里克（Sarakreek）矿区开始进行小规模的黄金生产。现在，此矿由它和苏里南的“维拉普开发公司”（The Suriname Wylap Development Company）合资。90年代中期苏里南黄金生产有较大的发展。黄金年产量估计为20万~27.5万盎司，其中尚不包括未申报的小个体生产者的产量。黄金生产中的一个大问题，就是苏里南境内非正规部门的黄金生产问题。内地个体采金者为数众多，人数和产量都难以统计。20世纪90年代中期估计小规模的个体采金者超过1.4万人。1994年非正规部门的黄金产量约为16万~32万盎司（4536~19072公斤）。

据独立的采矿专家估计，1996年苏里南正规部门和非正规部门的黄金产量约为3万公斤，价值超过3亿美元，堪与国家的铝土销售额相提并论。1998年国家黄金产量估计为77万盎司，其中不包括大量的个体黄金生产者的无法统计的产量。1998~2001年间，由于市场黄金价格疲软，生产成本高和投入大以及国内非法采金活动猖獗，加之马罗韦讷河附近金矿蕴藏量最丰富的和最易进入的冲积层矿藏区开采已近枯竭，正规部门黄金生产大幅下降。2000年国家黄金产量下降15%，2001年产量猛跌至9.8万盎司。然而，2001年非法开采的黄金产量据估计高达45万盎司，远远超过国家正规部门的生产。

但是，在2001年晚些时候，政府改进黄金生产管理办法和适当提高黄金价格之后，形势发生急剧变化，黄金生产有所恢复与发展。2002年12月，加拿大“坎比奥公司”根据1994年的协议，在2001~2002年买下其合伙公司——设在美国的金星公司（US-based Golden Star）的股份后，获得格罗斯·罗斯贝尔金矿的开采特许权。金矿由坎比奥公司和苏里南政府（持有5%的股份）合资，坎比奥公司为建矿投资约 950 万美元，每盎司黄金采矿成本约 187 美元，黄金年产量为 22 万～27.5 万盎司，预期可开采 9 年。2004 年 2 月，格罗斯·罗斯贝尔金矿正式投入生产。作为开局的第一年，格罗斯·罗斯贝尔金矿雇用工人 600 名，11 个月生产黄金 27.37 万盎司。按 36% 的税率和相当于黄金产量 2.25% 的专利权的使用费，公司当年上缴苏里南政府 1000 万美元，而且根据 2003 年 3 月的协议，利税还将随着黄金价格上涨而增加。待矿区投资成本收回后预期上缴国家利税额将会进一步增加。2005 年该矿产量达到 34.1 万盎司，较上年增加 6.6%。由于黄金价格不断升高，有关较为昂贵的未风化基岩的采矿活动（mining of unweathered bedrock）亦将进一步扩大，格罗斯·罗斯贝尔矿年生产能力将会翻一番，现已成为国内主要的商业性黄金生产者。坎比奥公司在雷山（Thunder Mountain）和海德雷斯（Headleys）也有采矿特许权，不过此两地的黄金开采价值小一些。2003 年加拿大金星资源公司和苏里南国营的蚱蜢铝公司重新联合进行黄金勘探工作。与此同时，加拿大金星资源公司还积极为其深入内地的 1380 平方公里的本兹多普（Benzdorp）采矿特许地寻求集资伙伴，计划 2006 年开始勘探活动。苏里南铝公司也于 2002 年 7 月在拿骚地区的特许地开始一个 500 万美元的黄金勘探计划。据官方记录，国家黄金产量有所上升，2004 年产量达到 69.4 万盎司。2005 年黄金产量又略有增加，为 69.77 万盎司（即 1.98 万公斤）；2006 年升至 70.6 万盎司，但两年的黄金产量占世界产量份额均低于 1%。

2006 年 11 月加拿大 IAM 黄金（IAMGold）公司购得坎比奥公司的格罗斯·罗斯贝尔金矿全部财产，与苏里南政府合资，股份分别为 95% 和 5%。2007 年 2 月 IAM 黄金公司宣布，经过重新评估，该矿黄金蕴藏量由原来估计的 320 万盎司增至 380 万盎司，预期的开采年限数（9 年）可以再延长 2 年。由于 2006 年 5

月和2007年1~2月间发生工人大罢工，要求增加工资，并与资方发生激烈冲突，使该矿黄金生产受到严重损失。据报道，工会根据国际黄金市场行情，提出增加工资的要求并与公司谈判长达6个月，遭到拒绝后于2007年1月25日发动罢工直至2月19日。工人谴责资方根深蒂固的反对工会的态度，并毁坏车辆和设备以及水、电供应设施，水淹部分厂址，焊死建筑物的钢门等。为防事态扩大，苏里南当局派部队前去维持秩序。随后，国家仲裁委员会参与调解，但其提出的恢复工作的解决办法遭到了公司的拒绝。劳工部长乔伊斯·阿马雷略·威廉斯也出面与公司和工会进行协商，最后公司同意为工人增加24%的工资，并提供了其他福利和一次总付（a lump sum payment），工人才结束罢工。大罢工使黄金产量减少大约2万盎司（合567公斤）。2005年加拿大另一家公司即金星资源公司报告，在苏里南又发现新的金矿，并在2006年宣布与美国的纽蒙特矿业公司（Newmont Mining Corp）合资组成600万美元资本的企业，对萨拉马卡地区进行黄金勘探。

美国其他公司对苏里南的黄金采掘也产生浓厚兴趣，2007年1月，其半球黄金公司（Hemisphere Gold）购买了格罗斯·罗斯贝尔附近的苏里南奥里昂资源金矿公司（Orion Resources），获得采矿特许权的面积达720平方公里。由于国际市场上的黄金价格看涨，苏里南内地中、小规模的采金活动亦大增，但其中非法采金活动仍然是一个严重问题，他们的巨额黄金产量不向当局申报。据报道，2005年10月末，估计有200名全副武装的非法巴西采金者占领了苏里南维拉普开发公司在萨拉克里克的部分采金特许地。政府警察和军队的巡逻队前去处理这种状况。

其他矿藏　在当地还有很多种矿藏，如镍、锰、铂、铀、铁矿、磷酸盐、花岗岩矿等。20世纪80年代估计铁矿为60亿~70亿吨，尚未开发。20世纪90年代初，国家采矿公司“蚱蜢铝公司”宣布从1993年开始采掘帕塔马卡（Patamacca）地区的石矿。此外，国家采矿公司当时还希望从里卡诺（Ricanau）地区开采和出口高岭土矿（瓷土），并且开始收集和评估该地区高岭土矿的样品。另外，一些铝土公司也注意到苏里南蕴藏量巨大的高岭土矿，并且对开发该矿一直拥有浓厚兴趣。

现在，苏里南还有一些小规模冲积层的钻石矿等开采活动。

石油 人们都说苏里南拥有两大能源资源，即水力和石油。据2004年和2005年的资料，全国石油蕴藏量均估计为1.71亿桶；又据2006年和2007年资料，全国石油蕴藏量分别为1.63亿桶和1.64亿桶，在近海海域和陆地上均有分布。① 至2006年，全国铺设石油输送管道已长达51公里。苏里南石油有限公司（Staatsolie Maatschappij Suriname）为全国唯一的石油勘探和开采机构。自20世纪80年代初成立以来，它积极寻求知名的国际石油伙伴探索开采海域石油的可能性，而且工作有所进展。现在，国内石油开采活动主要在陆地上，所产石油已自给自足。

国内首次发现石油可追溯到20世纪30年代，但真正有开采价值的油田只是在30年以后才找到。当时，由于世界油价很低，开采油矿被认为无利可图，苏里南的石油并未立即进行开采。70年代，由于世界发生石油危机以及石油生产技术已大大改进，苏里南的石油储量开始引人注目。1980年苏里南成立国家石油公司，负责组织和进行全国石油的勘探和开采工作。1981年美国海湾石油公司（The Gulf Oil Corporation of the USA）在萨拉马卡地区发现石油。产地主要是坦巴雷佐油田（Tambaredjo Field），距首都帕拉马里博约40公里，石油储量估计为2亿桶。1982年

① 但据 The Economist Intelligence Unit Limited, February 2006, *Country Report, Suriname*, 2005年已查明的石油蕴藏量为1.63亿桶。由于不断地开采和不断地勘探，石油蕴藏量自然地不断发生变化。

11 月开始采掘工作，日产量约为 3880 桶。同年，沿海海域的石油勘探工作，授权荷兰壳牌公司（Shell）和法国石油研究开发公司（Erap）进行。1986 年国家石油公司宣布，经过一系列勘探，萨拉马卡地区已查明的石油蕴藏量为 1.03 亿～3.5 亿桶。2006 年 3 月，随着沿海陆上卡尔库塔（Calcutta）新油田的开发，国家石油蕴藏量将又增加大约 230 万桶，油井日产量最高可达 5000 桶，现在生产进展顺利。

自 1982 年 11 月开始生产以来，苏里南的石油生产能力不断提高，产量迅速增加。1982 年当年产石油 4000 桶，1986 年和 1989 年的石油产量分别为 70.7 万桶和 140 万桶，1994 年增至 230 万桶。1988 年 5 月，石油日产量为 3000 桶，1998 年石油日产量由 1982 年 11 月开工时的 3880 桶增加到 10500 桶。2000 年以来，石油年产量继续升高，当年为 450 万桶，2001 年增至 470 万桶。此后，石油年产量稍微下降，主要原因是油井油量的减少。2003 年和 2004 年产量分别降为 430 万桶和 410 万桶。但是，国家的石油生产能力并未降低，2003 年和 2005 年石油日产量分别为 11800 桶和 12000 桶，比 1998 年的日产量仍有提高。根据 2005 年初国家石油公司的钻探计划，鉴于坦巴雷佐油田又打成 146 口新的油井，当年产量可以达到 440 万桶；预期到 2008 年油井将增加到 160 口，到 2010 年石油年产量将达到 550 万桶。但据报道，2005 年石油实际产量为 438 万桶，低于估计数量，但较 2004 年增加大约 6.6%，也是近 3 年来的首次增长。2006 年石油产量较 2005 年又增加 10%，达到 480 万桶。2007 年计划产量突破 500 万桶大关，达到 510 万桶。

1997 年 8 月国家石油公司开办了一个日炼石油 7000 桶的炼油厂。2002 年炼油厂业务几乎全负荷运转，2003 年起至 2005 年，炼油厂的运转已超出原设计能力。苏里南原油大约 2/3 在当地提炼，20% 售与国内铝土企业，剩余部分出口到加勒比共同体市场，主要销往圭亚那、巴巴多斯、特立尼达和多巴哥等。每季度出口石油约100多万桶，2005年全年出口石油437.14万桶。2003年公司净赢利为4260万美元，向国家上缴税收和红利3850万美元；2004年石油销售额为1.33亿美元，净赢利5600万美元（税前赢利为6000万美元）；2005年销售额猛增至2.01亿美元，税前赢利为1.05亿美元。当年，中央政府从国家石油公司获得税收3900万美元，红利4300万美元，与石油相关的收入约占政府财政收入的18%。2006年中央政府从石油公司获得税收和利润较2005年增加40%，达到1.15亿美元。2007年公司计划进一步提高炼油厂的生产能力和产品种类：日炼油能力由之前的7300桶增加到15000桶，争取在5年内能够生产优质的汽车燃料。

苏里南有一个储备能力为6万桶石油的出口总站，可以接纳装载能力为5万桶石油的运油船。另外，国营石油公司还制定了一个总投资为3.5亿美元的2004~2008年的五年发展计划，其中1.5亿美元用于石油的勘探和生产，2亿美元用于扩大公司炼油厂和建立两个发电厂。届时炼油厂日炼油能力将提高到1.5万桶。第一个发电厂2005年底开工，建成后发电能力为1.5万千瓦。第二发电厂拟投资1800万美元，建在托特·路易·福特炼油厂（Tout Lui Faut refinery）附近。

就现在情况来看，苏里南石油工业的发展主要有赖于对陆地和海洋勘探工作的成功程度。政府石油公司已在积极寻求外资合作，计划对苏里南东部科默韦讷地区成本约为4000万美元的15口油井进行勘探。2000年3月，政府同设在美国的科克石油公司（Koch Petroleum）签订一项为期20年的关于勘探和开采瓦亚姆博陆地油田（Wayambo Field）的协议，估计油田可日产石油3万~4万桶。美国地质局（The US Geological Survey）和澳大利亚BHP比利顿公司（BHP Billiton）的研究都表明，苏里南沿海海域蕴藏大量的石油和天然气。新尼克里地区沿海陆地上的石油也大有希望，在当地表面已发现油苗。因此，有关沿海陆地和海域的石油招标工作正在进行中。2004 年以来，苏里南石油公司已分别同西班牙雷普索尔 YPF 石油公司（Repsol YPF 2004 年）、丹麦马厄斯克石油公司（Maersk Oil 2004 年）、美国西方石油和天然气公司（Occidental Oil and Gas 2005 年）签订关于勘探和开采苏里南沿海海域石油的协议。2006 年 7 月，3 个新海域的招标工作已完成，石油开采业前景良好。

据报道，2006 年 10 月，西班牙雷普索尔 YPF 石油公司已经完成了由苏里南石油公司提供的地震和地质资料的两年技术研究工作，并与美国环洋公司（Tran Ocean）签订了在海域钻探两个油井的价值为 1 亿美元的合同。如果一切顺利，油井在 4 ~ 6 年将可进入生产阶段，总费用大约需要 10 亿美元。雷普索尔公司计划在 2007 年下半年开始上述两个油井的钻探工作。另外，与澳大利亚哈德曼资源公司（Hardman Resources）关于陆地石油开采特许权事宜的谈判也正在进行之中。2007 年 2 月，苏里南石油公司和其子公司乐园石油公司（Paradise Oil）与爱尔兰图劳石油公司（Tullow Oil）经过谈判，就陆地的尤伊特基克（Uitkijk）和科罗尼两地区的石油勘探签订了产量分成合同，后者计划为其 40% 的股份投资 850 万美元。一旦石油蕴藏量确定，2011 年即可开采。2007 年苏里南石油公司还希望与美国墨菲石油公司（Murphy Oil）和中国石油新能源工业集团（Sino-Petro New Energy Industrial Group）就沿海地区的石油勘探工作达成产量分成协议。

二　制造业

20 世纪 90 年代，每年制造业产值在国内生产总值中所占比重大约为 10%。2000 年以来稍有增加，2004 年和2006年分别为13.3%和22.2%。主要业务是铝土加工生产铝锭、加工进口的半成品以及当地的农产品，生产进口替代产品等。至于铝土加工业，已在采矿业一节进行论述。

制造业中食品加工业占有重要的地位，面粉、黄油、饲料等生产占全部制造业活动的60%。香烟、饮料、化学品、建筑材料、服装、家具等生产主要使用当地原材料，但机器需进口。受雇制造业人数占就业总人数的4.1%。由于外汇短缺和来自加勒比共同体市场的竞争，1990～2000年制造业不甚景气，平均每年产值下降2.3%，1999和2000年分别下降11.1%和17.9%。1996年生产软饮料2300万升、啤酒720万升、粗糖2000吨、棕榈油105.1万升（1994年）、香烟4.83亿支、水泥5万吨（1995年）、鞋9.899万双（1995年）、胶合板7000立方米等。2000年上述产品中，粗糖大约为1万吨，水泥估计6.5万吨，棕榈油为220吨，胶合板4000立方米，其他产品未得到资料。又据2005年的资料，上述产品无有大的变化。最近几年，由于苏里南当地的制造业产品不敌特立尼达和多巴哥等其他加勒比国家产品的市场竞争，诸如朗姆酒等产品已经部分或完全被进口产品所取代。

三 电力工业

苏里南同邻国圭亚那一样，国内河流密集，为名副其实的“多水之乡”。水力资源为国家重要能源之一，发展水电事业潜力很大。现在，国内电力生产分为水力发电和火力发电两部分。水力发电为国家主要电力来源，占全部发电量的85%，火力发电约占15%。全国有两大发电系统：一是国营的苏里南电力公司（Energie Bedrijven Surinme），主要是火力发电；二是美资苏里南铝公司在布洛梅斯太恩湖阿福巴卡大坝附近建立的水电站。国营电力公司经营着帕拉马里博和尼克里的发电工厂，负责向全国供电；国营石油公司在帕拉马里博南边的托特·路易·福特（Tout Lui Faut）炼油厂也有一个1.4万千瓦的发电厂。

阿福巴卡位于苏里南河上游，距离首都帕拉马里博约100公里。20世纪40年代末，苏里南即开始研究在阿福巴卡发展水电事业的可行性并寻求发展伙伴。美国铝公司捷足先登，将阿福巴卡工程视为它在苏里南铝土矿场附近发展冶炼铝土能力的好机会，遂予以积极支持。1957年3月1日，美国铝公司和苏里南签订一份有关水电工程的指导协议，并将其子公司苏里南铝土公司改名为苏里南铝公司。1958年1月27日，双方又签订“布罗科蓬多协议”，正式制定水电工程框架。根据协议，苏里南铝公司负责在苏里南河上修建拦河大坝、水力发电厂、铝冶炼厂、氧化铝厂及其他设施；苏里南当局同意为公司提供必需的水资源和地产权，扩大公司的铝土采矿特许权并为其提供更多土地进行地质研究。1959年工程破土动工，一直延续到1965年竣工。其间，美国铝公司在苏里南河上游阿福巴卡处拦河筑坝，投资1.5亿美元。大坝工程完成后，公司在附近建成大型水力发电站，为帕拉南、阿福巴卡等地铝土冶炼和加工企业等提供能源。苏里南铝公司用电集中的氧化铝和炼铝企业因此有了廉价的电力来源和巨大的产品竞争优势。1965年10月9日，工程竣工后举行隆重仪式，荷兰女王亲临现场宣布所有设备正式投入运营。现在，该电站发电能力为18.9万千瓦时，发电量占全国总发电量的大约1/3。从建立至1999年，该电站已向设在帕拉南的炼铝厂提供了5万千瓦时的电量。由于国营电力公司的发电量不能满足需求，每年需要向苏里南铝公司购买大约85%的电量。1957年苏里南当局即和苏里南铝公司签订了一项长期购电协议，每年将所购电量售与国营电力公司进行分配，购电协议至2045年到期。2004年该电站共发电76.9万千瓦时，公司最高用电量为12.1万千瓦时，预计至2010年公司电力需求将达到21万千瓦时。

据联合国估计，1980 年苏里南电力装机容量为 40.4 万千瓦。1984 年年底增至 41.5 万千瓦，其中私营发电能力占 84%（35 万千瓦），水力发电占 46%（18.9 万千瓦），火力发电占 54%（22.6 万千瓦）。1995 年苏里南全国发电能力为 42.5 万千瓦，其中水电为 30 万千瓦，火电为 12.5 万千瓦。总的来讲，苏里南电力工业发展平稳，速度不快。1984 年全国发电量为 12.5 亿千瓦时，10 年后的 1994 年增至 13.2 亿千瓦时，至 1998 年增加到 16.21 亿千瓦时。2003 年和 2004 年国家总发电量分别为 20.14 亿千瓦时和 15.09 亿千瓦时，电力消费总量分别为 18.73 亿千瓦时和 14.03 亿千瓦时。由此看出电力基本上可以自给自足。

2005 年国家计划投资 35 万美元，对国营的帕拉马里博发电厂进行升级改造，拟将其发电能力由 16 万千瓦提高到 35 万千瓦。另外，苏里南和法属圭亚那建议双方建立一个电网联合系统，经由法国出资 29 万欧元、苏伊士－特拉克特贝尔（Suez-Tractebel）公司进行可行性研究之后，2006 年 11 月法国又出资 2500 万欧元动工修建，工程将于 2008 年完成。此后，电力工业形势将进一步改观。

第四节 交通与通信

长期以来，交通和通信产值在国内生产总值中所占的比重变化不大。20 世纪 80 年代中期大约为 7%（1985 年为 6.5%，1988 年为 7.0%），90 年代中期仍维持在 6%～7%。2004 年和 2005 年分别为 7.0% 和 6.7%。

一 交通

20 世纪 50 年代中期苏里南开始实行第一个“十年发展计划”（1955～1965 年），重点是改善基础设施。计划中包括交通方面的有：实现帕拉马里博海港和赞德赖机场现代化，修建东起阿尔比纳西至新尼克里的沿海公路、帕拉马里博至苏里南河上游布罗科蓬多大坝（长约 110 公里）的公路等。计划实施后，交通状况有明显改善。苏里南独立后，政府又增加投入，进一步加强基础设施建设，交通状况亦进一步改善。但外电报道，从总的情况来讲，苏里南交通事业仍然停留在最低限度的发展水平上，而且全国各地发展状况也不平衡。现在，苏里南交通运输以公路和水运为主；沿海地区的交通设施好于内地。内地人烟稀少，村庄分散，有的村庄甚至仍无道路可达。人们进入内地现在主要靠飞机、船只和在羊肠小道可以行驶的四轮车辆等，有的地方须船只和车辆并用，水路和陆路相结合方可到达。值得一提的是，该国交通规则是车辆沿左边通行。据说，这是因为苏里南开始修筑道路和基础设施时正是英国人的统治时期。于是，英国左侧通行的交通规则一直沿袭下来。

公路 主要分布在沿海地区。全国公路网总长约 8837 公里，2001 年时已有 26% 为铺面路。2003 年议定的铺面路再增加 450 公里的计划正在实施之中。1999 年 7 月横跨科本那姆河（The Coppename River）的大桥竣工，沟通了帕拉马里博至西部尼克里地区的联系。2000 年 5 月，著名的荷兰巴拉斯特 - 内达姆（Ballast-Nedam）公司承建的苏里南河大桥（正式名称是“朱尔斯·韦登博斯大桥”，仿韦登博斯总统名字命名）竣工，使河西岸的帕拉马里博排除了 1000 多米的河水障碍，与河对面的梅尔佐格镇（Meerzorg）以及整个东部地区连成一片。在此之前，唯一的沟通途径是轮渡，过河的人和车辆需要排长队等候。水上有几艘小船往返，其速度甚慢，也解决不了根本问题。现在，大桥的建成方便了整个沿海地区的交通，也方便了苏里南与圭亚那和法属圭亚那的联系，极大地带动了当地经济的发展。

2005 年 1 月，苏里南政府宣布还将修建 36 座小型混凝土桥梁。现在，一条长约390公里的公路，东起阿尔比纳（Albina）西至新尼克里，贯通整个沿海地带，交通状况大大改善。另一条公路由首都帕拉马里博向南，沿苏里南河直达布罗科蓬多大坝，长约110公里，是拟建中的苏里南至巴西公路的第一期工程。但是，在与西边的圭亚那和东边的法属圭亚那交通联系方面，因有科兰太因河和马罗韦讷河相隔，至今仍靠轮渡。通往圭亚那轮渡码头的道路已很破旧，政府计划在2007～2008年间进行重铺路面。1995年底全国注册使用的小汽车44300辆、公共汽车1950辆、货车15100辆、摩托车28750辆。之后稍有增加，2000年对上述车辆的估计数分别为61365辆、2393辆、20827辆、30598辆。汽车多是从荷兰进口的二手车。

铁路　总长225公里，主要线路有两条，专门用于木材和铝土等运输，没有客运业务。一条为帕拉马里博政府铁路（Paramaribo Government Railway），单线窄轨，起自翁弗瓦赫特（Onverwacht），经由赞德赖（Zanderij）止于布朗斯韦格（Browsweg），全长87公里。翁弗瓦赫特至雷普布利克（Republiek）之间（13公里）目前尚在运营之中。另一条为苏里南铝土铁路（Suriname Bauxite Railway），标准轨距，1980年开通，起自巴克辉斯山（the Bakhys Mountains或the Buckhuis Mountains）止于科兰太因河附近的阿颇埃拉（Apoera），全长70公里。由于当时曾放弃开采巴克辉斯山区的铝土矿，此条铁路未起作用。现在此铁路用来运输木材、铝土和碎石等。另外还有一些小型货运铁路。

水运　是当地铝土企业运输氧化铝和居民进入内地社区的一个重要途径。2005年可通航河流和渠道总长1500公里，其中可供吃水7米深船只通航的河道为1200公里。全国七大河流中有四大河流担负着沿海至内地的主要运输业务。苏里南最大的港口是帕拉马里博，其次是新尼克里，另外还有阿尔比纳、蒙戈、帕拉南、瓦格宁根河港等。1936年，苏里南航运有限公司建立；

1977 年，苏里南建立第一家国营海运公司。现在国营和私营航运公司已有多家，从事定期的国内和国际的水运业务。1988 年，国家已拥有一个总吨位为 11457 吨的船队，经营与加勒比国家之间的海运业务。在 1993 年，国际货运总量中，装货约 159.5 万吨，卸货约 126.5 万吨。1996 年，船队注册商船为 19 艘，排水量为 7824 注册总吨位。在 2001 年国际货运量中，装货 230.6 万吨，卸货 121.2 万吨。2001 年年底，商船队注册商船为 13 艘，总排水量为 5221 吨。2002 年年底，船队注册商船为 12 艘，装货 230.6 万吨，卸货 121.2 万吨。首都帕拉马里博的新港口（Nieuwe Haven）水陆联运站估计每年装卸 500 ~ 600 艘商船。2001 年一项由欧盟资助的 3000 万欧元（合 2800 万美元）的港口现代化计划已商定，2006 年 12 月双方签订了 2007 年开工的协议，预计 2009 年竣工。目前，轮渡、水运仍是沟通苏里南圭亚那和法属圭亚那之间联系的重要途径。

空运 1962 年苏里南航空公司建立，负责苏里南至荷兰阿姆斯特丹、北美、南美和加勒比国家和地区之间的航空业务。距首都帕拉马里博南部 45 公里有一座现代化国际机场，也是国内唯一的大型机场，原名赞德赖国际机场（Zanderij International Airport，因靠近赞德赖小镇而得名），后改名为约翰·阿道夫·彭格尔国际机场，可供大型飞机起降。现有 4 条国际航线，由苏里南航空公司、荷兰皇家航空公司、英国西印度群岛航空公司、特立尼达航空公司等从事国际客货运输。

至 2006 年中期，由于其他航空公司的加入，苏里南和荷兰两家航空公司长期垄断阿姆斯特丹至帕拉马里博航线的状况宣告结束。现在，尽管苏里南与荷兰阿姆斯特丹、美国迈阿密、巴西北部以及加勒比地区有航空联系，但是，由于苏里南是一个面积小而且在一定程度上较为孤立的国家，其航空运输量低下和服务费用昂贵，严重阻碍了空运业务的发展。

1994年苏里南航班飞行300万公里，载客14.9万人次，运客飞行5.41亿人·公里。载货飞行共7600万吨·公里。1996年上述各项分别为500万公里、19.5万人次、8.83亿人·公里和1.06亿吨·公里。1998年飞机离港6300次，当年定期航班飞行700万公里，运客27.8万人次，运客飞行10.72亿人·公里，运货飞行总计1.27亿吨·公里。2001年和2002年飞机离港次数分别为1900次和1700次。据苏里南航空公司报告，2006年12月的载客量较2005年同期增加14%。但2005~2006年收入却有所减少，主要因为燃料涨价。其间，燃料费用由2003~2004年的900万美元增加到2000万美元。另外，所用飞机还需要租赁，因为本公司的波音747飞机和麦道-82飞机出现损坏或问题。公司计划减少人员成本，发展与荷兰公司的航空合作，还计划将麦道-82飞机改用于短距离的地区飞行业务。至于环大西洋飞行的波音747飞机可能将由空中客车A340或麦道-11飞机所取代。

截至2006年，全国有大小机场47个。除了彭格尔国际机场外，其余的机场规模都较小或为简易机场，主要分布在内地，供轻型飞机使用。在所有机场中，跑道有铺面的机场仅5个（跑道长度超过3047米的1个，不足914米的4个）；跑道未铺面的机场42个（跑道长度1524~2437米的1个，914~1523米的5个，不足914米的36个）。帕拉马里博郊区的佐格-恩-胡普简易机场（The Zorg-en-Hoop Airport）规模较大，现在专门用于负责国内航空运输业务。

二 通信

自1880年以来，苏里南开始拥有电信服务业务。1889年9月18日，法国电报公司（The French Cable Company）取得了苏里南与全球电报网络通过海底电缆建立联系的特许权。长期以来苏里南与外国的电报联系掌握在法国电报公司手中。1920年苏里南铝土公司被批准在帕拉马里博以及蒙戈的工厂建立无线电电台，专门用于私人与设在蒙戈的公司和与前往美国运输铝土矿的船只进行联系。1925年3月6日，帕拉马里博无线电台以极其低廉的价格转让给了苏里南殖民地政府。与此同时，苏里南铝土公司除了拥有更为有利的对铝土矿的特许条件之外，还被授权免费进行帕拉马里博和蒙戈之间的电报通信业务。数年后，蒙戈无线电台也转让给苏里南殖民地政府。1945年5月1日，苏里南国家无线电广播服务局和国家电话服务局合并为"国家电报和电话服务局"（The National Telegraph and Telephone Service），使电信业初具规模。

20世纪80年代以来，苏里南电信事业有较大发展。电信设备器材不断更新换代，而且已较为现代化，使用起来比过去任何时候都更为安全可靠。2000年国营的有线电话垄断企业"苏里南电信公司"（Telecommunicatiebedrijf Suriname）成立，服务中心设在莱利多普市。现在，国内提供电信服务的主要机构，除了国营的"苏里南电信公司"之外，还有一些私营公司（如ICMS）。但是，国营的苏里南电信公司规模较大，雇用职工1000多人，是苏里南电信市场的领军者和监督机构。苏里南国际电话设备亦相当好，在大西洋上有两个国际通信卫星，可连接世界各地。国内电话系统是依靠短波无线接力网络（microwave radio relay network）进行运作。

1984年全国使用的有线电话约25646部，1989年增至27500部。1985年全国每千人拥有有线电话71部。进入20世纪90年代，在发展有线电话的同时，移动（蜂窝）电话亦迅速发展起来，用户传真机数量也进一步增加。1993年全国用户传真机达到500台。1994年全国使用的有线电话较1984年翻一番，达到50134部，当年移动电话已有1380部。1995年每千人拥有的有线电话129.7部，1998年增为152部。2001年全国有线电话增至75308部，移动电话为84100部。又据联合国开发署资料，2003年苏里南每百人中有固定电话15部和移动电话32部，固定电话较1990年增加65%。固定和移动两种电话的每百人拥有量与圭亚那（两者分别为9部和10部）、委内瑞拉（两者分别为11部和27部）的情况相比略优一些，但远远低于巴巴多斯（两者分别为50部和52部）。2004年全国有线电话和移动电话分别增至8.11万和16.5万部；每百人中拥有固定电话18部，移动电话48部，同样高于圭亚那（分别为14部和19部）和委内瑞拉（分别为13部和32部），但仍低于巴巴多斯（分别为50部和74部）。2005年苏里南移动电话数量已达到23.28万部，固定电话亦有增加，当年每千人中拥有固定电话和移动电话数量共计为698.9部，较2000年的两种电话数量（268.1部）增加430.8部。

据2002年报道，政府允诺电信业完全“自由化”要经过5年的过渡期。后又见报道，政府拟在2005年将苏里南电信业完全实行“自由化”（full liberalisation），但因大选推延。2004年12月政府成立“苏里南电信管理局”（Telecommunicatie Autoriteit Suriname），负责电信业务的管理工作。苏里南电信业“自由化”将在电信管理局监督下进行。同样根据2004年的一项立法，移动电信业务将从2007年开始实施“自由化”。2006年12月，政府已同意将该业务的特许权给予爱尔兰的一家公司（Digicel）和当地的一家公司即苏里南电信公司，并于2007年4月发给证书。此外，苏里南电信公司还负责因特网的服务工作。2001年全国有1.45万因特网使用者，2002年每百人中有个人电脑4.6台，大约有4.4人为因特网使用者。当年全国因特网使用者总计为2万人。据联合国开发署最新资料，2004年每百人中能上因特网者增至6.7人。2005年因特网使用者总数增至3万人，平均每百人中 7.12 人为因特网使用者，较 2000 年的上述人数（2.7 人）增加 4.42 人。2006 年全国因特网主机达到 126 台。

现在，苏里南和圭亚那、法属圭亚那合用一条光缆，工程共耗资 3.62 亿美元，可同时供 600 个语音呼叫（Voice calls）。苏里南电信公司为该项工程投入 550 万美元。另外，作为国营电信公司的主要竞争对象，苏里南国内还有一家私人电信公司（CQ Link）在运作。

第五节　财政金融

一　财政

苏里南财政年度用公历年。财政收入主要靠税收。直接税和间接税约占国家财政收入的 75% ~80%，余为非税收入及赠款等。在财政支出中，工资和薪水、货物和劳务、补助金和转让支出为主，其次是贷放款净额和资本支出。20 世纪 80 年代国内政局动荡不稳，国外援助短缺。工农业生产遭到严重破坏，国家财政收入锐减，财政赤字猛增。1980 年财政赤字为 2440 万苏里南盾，相当于国内生产总值的 6.9%。1986 年两者分别升至 4.45 亿苏里南盾和 24.7%。此后近 10 年时间里，多数年份的财政赤字所占国内生产总值的比重一直保持两位数。财政收支不平衡问题在 20 世纪 80、90 年代的 20 年中一直是国家最紧迫的经济问题。

1982 年 12 月 8 日流血事件发生后，荷兰、美国等相继中断经济援助，一直延至 1988 年。在此期间，政府投资能力因财政赤字猛增而受到限制。1982 年之前，政府固定投资一直占总支出的 20% 以上，但到 1987 年时则降至 1.6%，1988 年进一步下降。政府为了弥补财政赤字，必须大量借贷，所以政府每年不得不偿付巨额债务利息。1980 年利息支出占政府总支出的 0.8%，1992 年上升为 6.4%。

1991 年民选政府再次上台后，为重新平衡财政收支、抑制不断高升的通货膨胀，根据国际货币基金组织的建议和荷兰政府恢复援助的条件，开始着手经济改革。在 1994 年政府实行一项结构调整计划后，荷兰、美国等相继恢复经济援助，苏里南财政状况逐渐好转。20 世纪 90 年代中期财政赤字得到控制。1995 年的财政收支分别为 940.966 亿苏盾和 852.048 亿苏盾，盈余为 88.918 亿苏盾（占国内生产总值的 4.3%）。1996 年财政收支分别为 1154.875 亿苏盾和 1137.956 亿苏盾，再次出现盈余（占国内生产总值的 0.8%）。

但 1996~2000 年期间，由于政府管理不善，财政形势再次紧张。1997 年应工会组织的一再要求，政府为公共部门增加工薪 50%。后加上其他开支，政府财政赤字逐年上升，2000 年赤字（折合苏里南新币苏里南元，简称苏元。下同）由 1997 年的 0.125 亿苏元增至 1.489 亿苏元，占当年国内生产总值的 12%。随之，国内出现货币疲软和物价再次上涨。另外，大量借贷使黄金储备基本耗尽（2000 年仅剩 80 万美元），同时引发高通货膨胀和汇率暴跌。1995 年外汇储备（不包括黄金）为 1.323 亿美元，1997 年降至大约 1.1 亿美元。至 1999 和 2000 年，外汇储备进一步减少，分别仅为 0.385 亿美元和 0.63 亿美元。

迫于日益恶化的经济形势，苏里南在 2000 年提前举行大选和政府换届。新政府采取一系列措施，扭转经济滑坡。2000~2003 年政府大力进行财政调整，加之提高税收、中央银行贷款、黄金采掘业收入增加，特别是工会缓提新的增加工资要求等因素，中央政府财政状况开始缓慢好转。2001 年后外汇储备基本呈上升趋势，当年增至 1.193 亿美元，2004 年又升到 1.294 亿美元。2005年略降，为1.258亿美元。2006年9月底外汇储备达到2.38亿美元，比2005年同期（1.64亿美元）增加45.1%。

据国际货币基金组织等统计，2001年和2002年财政赤字分别为2350万苏元和1.608亿苏元。2003年和2004年中央政府的财政收入分别为8.697亿苏元和10.386亿苏元，支出分别为8.644亿苏元和11.144亿苏元。2003年出现盈余530万苏元；2004年财政虽有赤字7580万苏元，但也远远低于2002年的赤字1.608亿苏元。2004年12月中旬即每年通过财政预算的最后期限，议会根据总统建议按时通过了2005年的财政预算。预算中总收入为13.3亿苏元（合36.4亿美元），支出为16.5亿苏元（合45.1亿美元）。预算收入增加主要来自矿区使用费的上涨，支出上升是由于投资水平提高以及大选前经常性开支加大。总赤字为3.2亿苏元（8.7亿美元）约占当年国内生产总值的8.3%。但是，2005年中央政府实际上的财政收支分别为12.077亿苏元和12.912亿苏元，总赤字为8350万苏元。2006年由于政府因洪涝灾害后赈灾需要、为职工增加工资等，财政预算赤字增加，8月议会进行预算辩论时估计赤字为3.72亿苏元，即相当于国内生产总值的6.9%，低于原来估计的4.60亿苏元，原来收支分别为13.2亿苏元和17.8亿苏元。然而，在实际执行中尽管工资和奖金大幅增加，但总支出中的货物和劳务支出、资本支出下降，1~9月的财政又由2005年同期的赤字（5410万苏元）变成了盈余（1.174亿苏元）。

2006年10月提交了2007年的财政预算方案，总收、支分别为16.4亿苏元（折合5.92亿美元）和22.9亿苏元（折合8.27亿美元），较2006年分别增加24%和28%，赤字为6.50亿苏元（折合2.35亿美元），占国内生产总值的11.5%。2007年3月1日经过漫长的议会辩论，预算获得通过。由于政府延迟执行资本开支计划，估计实际的财政赤字会低于预算数字。

二 金融

如上所述，苏里南货币单位原为苏里南盾（简称苏盾），1971 年起一直与美元挂钩，直至 1993 年。其间，汇率为 1.785 苏盾兑换 1 美元，从 1993 年 6 月开始国家实行自由市场汇率。但在 1994 年中期以前，苏里南国内存在官方汇率、黑市汇率、铝土工业进口汇率等多种汇率。1994 年 7 月作为走向自由化的一项试验性步骤，政府统一了汇率。整个 90 年代汇率几次下降，1994 年汇率为 134.12 苏盾兑换 1 美元。1995 年和 1997 年汇率分别为 442.2 苏盾兑换 1 美元和 401 苏盾兑换 1 美元。1999 年 1 月，固定汇率体制为爬升汇率取代，由 735 苏盾比 1 美元开始逐渐贬值，至年底达到 988 苏盾兑换 1 美元。2000 年 9 月发现国家 98% 的黄金储备消失。10 月苏里南盾的官方汇率随着黄金储备耗尽而下降 50%，与官价汇率同时存在的平行汇率低至 3020 苏盾兑换 1 美元。2000～2003 年期间，每年的年底汇率平均为 2374.5 苏盾兑换 1 美元。

2004 年 1 月，苏里南中央银行发行新货币“苏里南元”（The Suriname Dollar，简称苏元），取代正在流通中的苏盾。两者兑换价为 1 苏元等于 1000 苏盾，与美元的平均比价定为 1 美元等于 2.735 苏元。尽管新币发行工作在群众中引起一些混乱，但总的来讲是成功的。旧的苏盾纸币换成新的苏元纸币，而苏元的分币（硬币）和原来苏盾的分币（硬币）相同，只是简单地重新设计。2004 年 5 月底，苏盾纸币退出流通领域，6 月中央银行取消了最大的和最小的汇率变动幅度。此后至 2034 年，旧的苏盾纸币只能在中央银行进行兑换，而且兑换时必须做出旧币停用前未能及时兑换的解释。自 2004 年开始，连续 3 年官方汇率一直保持稳定，被认为是 20 世纪 80 年代以来货币几经大幅贬值之后所取得的重要成就。2004 年年底和 2005 年年底官方汇率分别为2.715苏元兑换1美元和2.740苏元兑换1美元，此两年的年均官方汇率分别为2.734苏元兑换1美元和2.732苏元兑换1美元。2006年的年底汇率和年均汇率分别为2.745苏元兑换1美元和2.75苏元兑换1美元。

货币更换之后，人们广泛担心物价大幅度上涨，但最终并未成为事实。在2005年，除了5月大选期间汇率稍有浮动外，其他时间基本保持稳定，而且8月份自由市场买入汇率仅为2.77苏元兑换1美元（官价为2.735苏元兑换1美元）。同年10月，中央银行得以将现金储备需要量由2004年6月的32.5%减少到30.0%。但据报道，由于各种因素所决定，苏里南国内可能造成货币长期不稳定的风险仍然存在。

现在，国内金融服务部门欠发达而且高度集中。2004年金融业产值占国内生产总值的11%，2006年降为7.2%。据2007年资料介绍，苏里南国内现有8家银行，即除了苏里南中央银行（The Centrale Bank van Suriname，1957年建立）之外，还有6家商业银行（其中2家分别为荷兰、特立尼达和多巴哥所有）和1家国营的开发银行即苏里南国家开发银行（The Nationale Ontwikkelingsbank van Suriname，1963年建立）。在商业银行中，贸易、信贷和工业银行（Handels Krediet en Industriebank，1936年建立）是国家占多数股份（51%）的银行。截至2003年12月，它有7个支行，资金698.54亿苏盾，资产119.01亿苏盾，存款868.74亿苏盾。其他商业银行还有农业银行（The Landbouwbank，1972年建立，5个支行）、苏里南邮政伙伴银行（Surinaamse Postspaarbank，1904年建立，2个支行）和苏里南人民信贷银行（Surinaamse Volkscredietbank，1949年建立，3个支行）。在8家银行中，3家大银行在2004年控制了全国大约87%的存款。全国银行违约贷款约占15.8%，预付金占违约贷款总额的大约72%。另外，苏里南还有大约12家非银行的金融服务组织，其中包括保险公司和抚恤基金组织，后者拥有的资产不足金融系统总资产的30%。“阿苏里亚”（Assuria）作为当地的一家保险公司，1961年建立，在苏里南银行（De Surinaamsche Bank）中拥有49%的股份。此外，国内还有一家小型股票交易所，它拥有11家地方公司的股票。

中央银行创建于1957年4月1日，半个世纪以来在苏里南的财政和金融活动中发挥了重要作用。其创建后主要任务是提高和稳定苏里南货币的币值，提供苏里南货币包括钞票在内的流通量和便利货币汇兑，促进苏里南银行和信贷机构健康发展，根据相关法律监督银行和信用合作社、保险公司等金融机构，促进和便利国际货币汇兑，促进苏里南社会经济平衡发展等。中央银行为执行上述任务，下设银行业务董事会、货币和经济事务董事会、监督董事会。现任行长安德烈·E. 特尔廷（Andre E. Telting）自2000年上任以来，主要负责原来货币苏盾的贬值和控制恶性通货膨胀工作，同时也是2004年1月发行的苏元主要设计师。他曾在1991～1996年费内希恩总统第一任期内担任中央银行行长，通过实施一系列保守政策努力保持苏盾稳定。

20世纪80年代至90年代初，财政赤字成为政府面临的一个重大问题。1980年预算赤字仅占国内生产总值的5%，1992年上升到25%以上。由于苏里南缺少国外援助以及难于引进国际资本，政府只好利用本国金融系统来弥补财政赤字，先是动用国际储备，而后是大量印发钞票。此举措遂导致货币供应量猛增以及生产部门货款转移。1987～1991年货币供应平均每年增加13%。80年代末和90年代初银行给予政府的贷款几乎占国内信贷的2/3。1994年货币的大幅度贬值，使得货币供应量进一步增加。1994年和1995年分别达到208.828亿苏盾和581.027亿苏盾，分别比各自的上一年增加245.6%和178.2%。1995年和1996年政府实行严厉的紧缩财政政策后，货币供应量的增长速度开始减缓。1996 年货币供应量降至 569.67 亿苏盾。但 1996～2000 年，经济危机的状况再次出现，2000 年新一届政府上任后，立即宣布了一系列紧急措施，诸如降低汇率、取消石油补贴、增加公用事业税收等，以稳定汇率和国内通货膨胀率。1999 年货币供应量为 1641.15 亿苏盾，此后逐年增加。2000 年较上一年增加 88.9%，达到 3099.41 亿苏盾。2002 年和 2003 年又分别增至 5461.99 亿苏盾和 5690.69 亿苏盾，2004 年达到 7.01316 亿苏元（合旧币 7013.16 亿苏盾）。2005 年货币供应量较上一年增加 11.5%，达到 7.81760 亿苏元。

第六节　对外经济关系

一　对外贸易

苏里南是一个依靠农、矿初级产品出口，同时又依靠大量商品进口以保障国民经济和日常生活正常运转的小国。1978 年 3 月 22 日，苏里南加入关贸总协定，现为世界贸易组织成员。对外贸易在苏里南国民经济中占有十分重要的地位。出口产品主要是铝土、氧化铝和铝锭，其次是黄金、大米、香蕉、大蕉、虾、鱼类、木材、石油（1998 年后有精炼石油产品）等。进口产品主要有燃料及相关产品、棉花、食品（面粉、肉制品等）、饮料、医药、石油产品、原材料、工业设备及半制成品、机械、车辆和其他生活日用品等。贸易伙伴主要有美国、荷兰、加拿大、法国、特立尼达和多巴哥、中国、巴西、委内瑞拉、日本、荷属安的列斯、欧盟、东盟等国家、国际组织和地区。

20 世纪 90 年代氧化铝和铝锭在出口贸易中占有很高比重。1994 年和 1996 年氧化铝和铝锭的出口收入分别占出口总额的

79%和76%。出口对象国主要是挪威、美国、荷兰、特立尼达和多巴哥、英国、法国、南非、日本等。其中挪威、美国、荷兰三国在苏里南的出口贸易额中所占比重更大一些，1996年分别为24.1%、18.8%和13.1%；2003年美国、挪威、特立尼达和多巴哥、荷兰分别占27.5%、25.0%、8.4%和4.9%。2005年加拿大、比利时也成为苏里南的主要出口对象国。当年挪威、美国、加拿大和比利时分别占苏里南出口的23.5%、16.5%、16.1%和9.7%。挪威和美国都是铝锭生产大国，每年都从苏里南进口大量氧化铝。另外，2005年欧盟也是苏里南出口贸易的主要伙伴，在苏里南总出口中所占比重为23.4%。

1999年帕拉南生产铝锭的冶炼厂关闭，苏里南的铝锭生产量和出口额减少。但与此同时，原油生产和出口增加。2003年由于政府对制定规章制度的部门进行了调整，放宽了从非正规部门购买黄金的规定，减少了黄金走私活动，黄金产量亦有所增加。2004年氧化铝出口额达4.131亿美元，占国家总出口额的65%，较2001年和2003年所占比重（均占70%）稍有下降。同年的其他出口产品中黄金占23%，原油占8%，余为大米、香蕉、虾和木材等。当年黄金出口收入使人们刮目相看，出口额仅次于氧化铝，位居第二，达到1.442亿美元。2005年氧化铝出口收入为4.498亿美元，占国家总出口额的62%，黄金出口收入为1.661亿美元，约占国家总出口额的23%。原油及其制成品出口收入较过去几年有大幅度增加，达到7970万美元，占国家总出口额的11%，较2004年增加61.7%。

苏里南进口产品主要为机械、运输设备、制成品、燃料、润滑剂、食品等。进口对象国主要有美国、荷兰、特立尼达和多巴哥、中国、巴西、日本等。其中美国、荷兰、特立尼达和多巴哥等在苏里南进口贸易中所占的比重长期名列前茅，1996年分别为42.6%、13.2%和12.2%；2003年分别为46.3%、26.9%和

18.3%。2000年以来苏里南与中国的贸易往来有所发展。2001年和2002年，中国在苏里南的进口贸易中分别居第二位（次于美国）和第三位（次于美国、荷兰），2003年和2004年均居第四位。2005年美国、荷兰、特立尼达和多巴哥、中国、日本分别占苏里南进口贸易的29.3%、17.5%、12.7%、6.5%和5.2%。另外，欧盟所占比重亦相当高，达到29.1%。

20世纪70年代苏里南出口贸易额平均每年增长14%。整个80年代和90年代初因国内政局动荡，经济不景气，加之90年代初国际市场铝价疲软，出口贸易呈停滞或下降状态。1990年出口收入比1980年低7.5%。1991年贸易收支和经常项目分别出现200万美元和1.334亿美元的逆差。1992～1995年由于政府减少进口，贸易收支和经常项目遂恢复并一直保持顺差。其间，1992年出口、进口额分别为6.086亿美元和4.865亿美元，1994年两者分别为2.936亿美元和1.943亿美元。1992年和1994年的经常项目顺差分别为2540万美元和5860万美元。1995年后国际市场铝价回升，出口收入随之迅速增加，贸易出现健康发展态势，当年出口、进口额和经常项目顺差均有增长，分别达到4.156亿美元、2.926亿美元和7290万美元。1996年由于苏里南货币稳定、铝土价格坚挺、贸易自由化和更新了私营部门贷款条例，对外贸易的健康发展态势进一步扩大。然而，进口迅速增加，贸易顺差变得微弱。2000～2003年以来，国内经济疲软和进口减少，贸易顺差再次出现猛增。之后，进口恢复增长，进口支出只能部分地依靠增长的出口收入来抵消。2004年的出口、进口额分别为7.822亿美元和7.401亿美元，经常项目赤字为1.38亿美元。2005年出口额略有增加，为12.115亿美元；2005年进口额亦有增加，达到11.891亿美元。国家初步资料表明，2006年氧化铝出口收入增加43%，黄金出口收入增加19.6%，石油出口收入也有增加；相反进口支出少量增加，所以当年估计贸易顺差，加之较小的劳务支出和收入赤字，当年经常项目亦为顺差。

20 世纪 90 年代中期以来，苏里南由于贸易状况健康发展，国际收支状况亦保持良好态势，一般为顺差，即使是逆差数目也比较小。1991 年国际收支逆差曾达到 7830 万美元，但 1995 年转为顺差 9660 万美元。之后 1999 年出现 440 万美元的较大逆差。2000 ~2004 年间除了 2002 年有 1910 万美元逆差外，全部为顺差。2001 年和 2004 年顺差还分别达到 7810 万美元和 7610 万美元。2005 年仍然出现 1970 万美元的顺差。值得一提的是，苏里南海外侨民很多（绝大多数在荷兰），每年向国内大量汇款，是国家外汇收入的重要来源之一，2006 年总额达到 1.02 亿美元，较 2005 年增加 4700 万美元。据美洲开发银行资料，此项汇款相当于苏里南 2006 年国内生产总值的大约 9%。

二 外国援助

据外刊报道，苏里南独立前，曾实行过两个十年发展计划（1955 ~1965 年和 1965 ~1975 年），旨在扩大基础设施建设，促进经济发展。其间，美国资本在苏里南河修建布罗科蓬多拦河大坝和水力发电站，为铝土工业提供电力供应。由于外国投资，苏里南的沿海新造田地的灌溉设备得以顺利竣工，国家基础设施亦得到某种程度的改善，农业引进先进科技，社会福利项目特别是教育方面得到援助后有一定发展。

1975 年苏里南独立后，由于苏里南国内民族分裂的政治倾向和脆弱的经济形势，在获得国外大型借贷机构的重大财政援助方面存在着一定困难。特别是在 20 世纪 80 年代军人掌权时期，外国援助降到了最低水平。1989 年之后，随着苏里南民主体制重建和荷兰恢复大宗援助后，其他外国援助才迅速增加。但是，现在苏里南仍没有来自国际货币基金组织和世界银行的贷款，而只是有一系列来自美洲开发银行和外国商业银行以及欧盟的小额贷款，主要用以提高自身的财政和税收运作水平。其他方面的贷款大部分来自同一些单个国家（如巴西、日本、荷兰等）签订的双边协定。国际上一些非政府组织也为苏里南提供某些财政援助，相互之间保持良好关系。据世界银行资料，2000 年和 2005 年苏里南得到的官方发展援助和官方援助（Official development assistance and official aid）分别为 3430 万美元和 4400 万美元。

在外国援助中，荷兰的援助占有特殊地位。1975 年苏里南独立前夕，荷兰和苏里南专家共同为即将独立的苏里南制定了一项 45 亿荷盾的“多年发展计划”（Multi-Annual Development Programme）。荷兰作为宗主国，与苏里南签订一项“框架条约”（The Framework Treaty）。根据该条约，荷兰同意完全以赠款的形式，在 10～15 年内为该计划提供 35 亿荷盾（约折合 10 多亿美元）的发展援助；一旦苏里南独立，荷兰将为其取消过去作为发展援助的大约 5 亿荷盾的债务。该条约还规定，在 35 亿荷盾的援助款中，8 亿荷盾将用作储备金，而剩下的 27 亿荷盾用于“多年发展计划”。在 8 亿荷盾的储备金中，5 亿荷盾作为苏里南在国际资本市场上给其发展项目获得贷款的担保预备金，3 亿荷盾用于苏里南财政补贴。然而，1980 年 2 月苏里南发生军事政变后很长的时间内，荷兰的发展援助一直未能正常支付。特别是 1982 年的 12 月 8 日“流血事件”发生后，荷兰中止条约的一切援助，给苏里南经济造成严重影响。1983～1985 年期间，苏里南国内生产总值实际增长率均为负数。1987 年 9 月苏里南颁布实施新宪法后，荷兰才同意在有所限制的基础上逐步恢复援助。在 1989 年之前，荷兰支付了大约 1 亿美元的援助款项。但是在军人统治的 6 年期间，总共积累下来的大约 7 亿美元的援助款，荷兰却一直未予支付。

当时，荷兰政府坚持认为，其援助款项应该是一个项目一个项目地予以提供，直到苏里南政府执行国际货币基金组织的有关经济结构调整计划为止。据认为，该调整计划对于克服苏里南20世纪90年代初的恶性通货膨胀和保证其经济长期稳定是很必要的。1993年在苏里南经济出现衰退和汇率摇摆不稳时，以及1995年苏里南实施结构调整计划后，荷兰政府的财政援助有所增加。1996年苏里南政府换届后，民族民主党主席韦登博斯出任总统。1998年，由于苏里南政府拒绝荷兰政府关于逮捕、引渡前军事统治者鲍特瑟到荷兰接受审判的要求，相反继续让他出现在政府事务中，而且还成为国民议会议员，两国关系又一次出现不睦。荷兰政府或中断对苏里南发展援助款的支付工作，或削减其发展援助款的支付数目。例如，2000年的发展援助款的支付数目即由1996年的9600万美元降为1500万美元。2000年5月苏里南大选，费内希恩再次出任总统。当年10月，荷兰政府同意恢复援助款项的支付，但同时修改对苏里南的援助框架，将"单个项目的援助"原则改为"部门优先的援助"原则。费内希恩政府不赞成荷兰政府的做法。因此，双方就援助问题开始进行一系列谈判。2001年6月两国达成一项协议，荷兰才又恢复财政援助，并将援助款集中用于6个优先的部门，即教育、卫生、管理、环境、住房和农业。2001年10月荷兰为苏里南设立了一个1.77亿欧元（1.59亿美元）的10年贷款担保基金。2005年荷兰政府建议，对1975年独立时的发展援助中现在所剩余的1.36亿欧元，制定一个5年期的一揽子基金使用计划，集中用于公共部门的改革、加强私营部门以及环境管理等。苏里南政府希望支付期限短一点为好。总之，荷兰政府有关苏里南独立而制定的发展援助计划已近尾声。2006年11月荷兰发展部大臣阿格内斯·范阿登内访问苏里南，讨论为苏里南农业、住房、卫生、教育、公共部门管理和环境部门提供援助事宜，并且取得进展。荷兰在2007年第一季度转账1100万欧元作为投资基金，另有

1000万欧元援助一个商业技术发展中心。谈判包括为能源和其他部门分配总额为7700万欧元的资金。

1996～2000年间，韦登博斯政府曾大量借贷，其中主要包括荷兰一家建设公司为苏里南新建两座大桥贷款3740万美元（2003年10月已偿还）、两家西班牙银行为苏里南建设新机场和购买巡逻艇贷款3820万美元、一家中国公司为苏里南道路重铺路面贷款4330万美元等。结果国家出现高通货膨胀和汇率暴跌。至2000年10月，国家黄金储备几近枯竭。之后，新政府上台，努力稳定了国外债务存量。但据2001年3月国家债务委员会（The Commission on State Debt）的报告，上届政府致使国家内债达到4347亿苏盾（2亿美元），国外债务共达2.95亿美元，其中有4900万美元2001年到期的债务；2001年中期还本付息约占政府支出的25%。

2001年议会制定新的贷款法规，将国家借款限额由1500亿苏盾（约合6800万美元）提高至2500亿苏盾（约合1.13亿美元），并规定对突破新限额的部长或其他官员予以重罚。在2001年议会通过的特别决议中，追加贷款包括来自中国的1.383亿元人民币（折合1670万美元）、美洲开发银行的2500万美元、荷兰开发银行支付的10年贷款担保基金1.77亿欧元（折合1.59亿美元）的5.18%。当年，苏里南偿还的债务包括伊斯兰开发银行的4000万美元和伦敦标准银行（The Standard Bank of London）的3000万美元。2002年1月又偿还了所欠美洲开发银行、欧洲投资银行以及两家西班牙银行的债务，使得国际评级机构"标准普尔"（Standard & Poor's）取消了一年前给苏里南评的"信贷观察"级别，提升为"稳定"级别。

2002年美洲开发银行又向苏里南提供了400万美元的贷款，用于实施人口普查和发展初级教育计划。同年4月荷兰驻苏里南大使代表政府同苏里南签订一项协议，向苏里南自来水公司提供

500万欧元的援助，主要用于改良水质。2003年欧盟向苏里南提供950万欧元的特别援助，用于帮助发展水稻生产。2004年中期苏里南再次获得西班牙银行的两笔贷款。2005年苏里南共计获得国外官方援助达4400万美元，较2000年增加近1000万美元。欧盟在2006年12月提议从第九项欧洲发展基金中为苏里南提供1100万欧元的援助。同月，根据合同还为改进南德拉因连接通往圭亚那渡口的32公里的道路提供了1080万欧元的援助。法国在2006年11月为苏里南出资2500万欧元，以在2008年建成连接苏里南与法属圭亚那之间的电力网。

除了欧盟国家的经济援助外，近年来亚洲国家印度、韩国、日本等也为苏里南提供一定数量的援助，用于电力、排灌、渔业、林业等方面。

三 外国资本

现在，苏里南的外国资本主要分布于采矿业和农业。采矿业最大的外国资本有两家：一家是世界上最大的铝制造公司——“美国铝公司”的子公司“苏里南铝公司”；另一家是澳大利亚矿业集团“BHP比利顿”公司的分公司“苏里南比利顿公司”。两大公司在苏里南经济发展中起着举足轻重的作用。20世纪70年代国有化运动中，苏里南未将上述两大公司收归国有，只是对其采取了增加税收等措施，旨在使其更多服务于苏里南经济。据介绍，1990年铝土工业税收占政府收入的40%以上。

苏里南铝公司现在仍为苏里南最大的私营企业和纳税户，是美国铝公司以及美国和欧洲市场主要的氧化铝供应者。公司于1915年在苏里南正式开业，从事东部蒙戈地区的铝土勘探、开采和加工，年产铝土约160万吨。1958年公司根据“布罗科蓬多协议”，与苏里南政府合资开发苏里南河的水力资源，建起水电站。现在，公司在苏里南河畔与比利顿公司的“帕拉南－斯马尔卡登联合企业”（Paranam-Smalkaden Complex），包括一个年产 170 万吨氧化铝的生产设备和一个年产 6 万吨粗铝的冶炼厂。其电力由苏里南河畔的布罗科蓬多－阿弗巴卡水力发电站提供。1995 年苏里南铝公司宣布开始在西部地区的铝土采矿活动，计划在 1995～2000 年期间为其铝土生产投资 1.2 亿美元。2001 年苏里南铝公司的母公司“美国铝公司”与苏里南政府，就投资 2 亿美元在巴克斯辉山建立一个新的铝土冶炼厂事宜开始进行初步谈判。作为一个外资企业，苏里南铝公司现拥有一个氧化铝厂和一个水力发电设施，年产氧化铝 220 万吨。公司雇用各类员工大约 2000 人，年收入为 4 亿美元，支出为 1.77 亿美元，产品出口额占苏里南总出口额的 37%，产值占苏里南国内生产总值的 15%。2004 年公司为公民社团投资 40 万美元，帮助内地居民建立计算机和网络中心，发展对外贸易等。

苏里南比利顿公司作为另一家跨国公司，于 1939 年在苏里南正式开业，从事苏里南中部帕拉南、翁弗瓦赫特、莱利多普等地的铝土勘探、开采和加工，年产铝土 220 万吨。该公司原为荷兰壳牌集团的一部分，于 1994 年售予南非甘科尔公司，后又成为澳大利亚矿业集团 BHP 比利顿的一部分。1988～1995 年，该公司在其翁弗瓦赫特铝矿生产开采枯竭的情况下，又投资 1.5 亿美元，用于开发位于阿卡里博（Acaribo）的新铝矿区。

1983 年上述两大公司签订协议，合资经营铝土开采、共同承担风险和分享利润。1993 年两大公司承诺在一个 5 年期内为铝土生产投资 2.17 亿美元，其中 1996～1997 年间投资 1.36 亿美元。20 世纪 90 年代铝土年均产量大约 380 万吨，1998 年达 390 万吨；2001～2004 年间产量一直保持在 400 万吨以上。所产铝土全部就地加工成氧化铝和铝锭，年产量分别为 160 万吨和 3 万吨左右。两个产品出口收入约占苏里南出口总额的 2/3。2000

年以后铝锭出口比重变得很小，出口收入主要来自氧化铝。2003年初苏里南政府与上述两大铝土公司签订谅解备忘录，决定合资开发西部巴克辉斯山的铝土。与此同时，BHP比利顿公司投资1900万美元进行生产前期准备工作，其中包括耗资960万美元、在苏里南河上建设250米长的第四座大桥。

1992年加拿大金星资源公司投资勘探和开采苏里南西部的格罗斯·罗斯贝尔金矿，年产20万～27万盎司。当时，公司计划先投资800万美元，用于黄金矿藏的勘探；而最终投资2亿美元，使黄金采矿业在苏里南经济中的重要性足以与铝土生产抗衡。1995年金星资源公司与苏里南维拉普发展公司联合开采萨拉·克里克金矿，规模略小一点。在石油开采方面，苏里南石油公司也积极寻求外资合作者。由美国、法国、荷兰、英国、韩国等多家公司组成的外国财团曾对4.8万平方公里的特许区进行了初步勘探。2004年丹麦马厄斯克石油公司和西班牙雷普索尔石油公司开始参与苏里南沿海海域的石油勘探和生产。另外，荷兰资本还在苏里南拥有一家商业银行。近年来，苏里南政府还积极引进外资开采其热带雨林资源。

第七节 旅游业

一 旅游概况

苏里南是一个风景秀丽、民族文化丰富多彩的热带国家，旅游业有相当大的发展潜力。沿海地区有大片的湿地，历史古迹很多。内地青山绿水、鸟鸣鹿跃，有未遭毁坏的原始雨林等生态环境和多种多样的动物、植物种群。所有这一切都为发展旅游业提供了有利条件。据介绍，苏里南的旅游业在两方面颇为吸引游客，一个是生态旅游，另一个是文化旅游。苏里南的民族文化多样性是其旅游业的一个亮点，在拉美也是很独特的。

1981 年苏里南成立了旅游管理局，隶属交通、通信和旅游部，目的是对旅游业加强管理和指导。但是，至今为止苏里南旅游业仍不甚发达，原因是交通不便，旅游服务设施不配套，特别是 20 世纪 80 年代国内政局动荡不稳等。20 世纪 90 年代，政府做了各种努力促进旅游业的发展，私人亦积极投资旅游业。1996 年底，苏里南还成立了一家半国营性质的旅游组织——“苏里南旅游基金会”（The Suriname Tourism Foundation），积极参与私营部门和欧盟的旨在促使苏里南成为生态旅游目的地的旅游发展规划。欧盟为此实施一项为期两年的援助计划，给苏里南旅游基金会提供 220 万欧元经费，以帮助加强私营部门的组织工作，改进现存旅游设施的质量，增加部门员工的培训和加强苏里南旅游产品市场等。1998 年政府将中部 160 万公顷的热带处女雨林辟作自然保留地，重在通过保护性的开发来发展旅游业，对外正式名称是“苏里南中部自然保留地”。

苏里南作为世界上最多样化的生态系统之一，理所当然地受到国际生态保护组织的广泛关注。一些国家和组织积极投资苏里南的旅游业，努力促使其健康持续地发展。2000 年 12 月 1 日，联合国教科文组织将上述 160 万公顷的“苏里南中部自然保留地”定级为“世界遗产”，无疑对苏里南的生态保护和旅游都有积极作用。美国林业局和一些非政府组织积极与苏里南政府开展技术合作，防止当地的热带雨林遭到破坏。美国专家和苏里南当地的自然资源官员一起努力，将生态旅游作为选择，促进内地经济的可持续发展。另外，苏里南政府还资助“蚂蚱行动”计划，在热带雨林深处辟出空地，建起一些供轻型飞机起降的简易跑道（亦即简易机场）。苏里南航空公司的下属单位“苏里南生态旅游运动”，在 3 处简易机场附近修建了一些住房，供游客们零距离体验热带雨林的生活。

通过政府及民间团体等各方面的努力，苏里南的旅游服务设施有所改观，生态旅游和文化旅游吸引越来越多的游客。现在，全国共有13个自然保护区和1个自然公园。苏里南自然保护基金会已在8个自然保护区内实施了各种“发展和旅游计划”，为旅客在保护区内提供各种各样的服务。但是，现在旅馆还主要集中在首都帕拉马里博，客房大约有500多间。在首都之外仅有一些小型的自然（野外）旅馆。政府为适应旅游业的发展，一方面积极努力扩建旅游设施，另一方面对旅游的方式进行革新，以满足不同游客的需求。现在根据旅游事业的发展，政府对组织小规模的（游船）航行旅游产生浓厚兴趣。2007年2月，国家旅游部门建立了游船委员会，并且打算在10月份建立一个小型的游船便利设施。总载客量为1500人的4艘小型游船已于3月开始投入使用。旅游部门还计划投入10万美元的开发成本，以便使每年来苏里南航行旅游的人数能够达到6万~7万人。

20世纪80年代，苏里南的旅游业规模很小，随后不断发展。1990年苏里南接待国外旅客10264人次，旅游收入1100万美元。至1997年和1999年，国外旅客分别增至61361人次和72000人次，国家旅游收入分别增至1700万美元和4400万美元。2001年国外旅客和国家旅游收入均有所减少，分别为68000人次和1400万美元，2002年旅游收入仅为300万美元。后经国际组织等援助，旅游形势有所好转。2004年前往苏里南的旅客增为137806人次。据称，此乃“加勒比旅游组织”（The Caribbean Tourism Organisation）第一年收集到的资料。游客主要来自美国、荷兰、加勒比地区和巴西。其中80%为移民回国探亲访友，20%为真正的旅游者。正是此20%的人为旅游部门提供了60%的收入。2005年1~6月来苏里南的旅游者为73236人次，较上一年同期增加22%；2005年全年来苏里南旅游者为

159852 人次，较 2004 年增加 16%。其中 2/3 的人来自荷兰，许多人属于回国探亲的旅游者。他们在苏里南停留的时间较长，如荷兰的旅游者平均为 6 个星期。据估计，旅游者每年在苏里南的消费量为 2000 万～5000 万美元。但据苏里南《洵南日报》报道，近年来苏里南每年旅游收入达 1.2 亿美元，远不止几千万美元。

2007 年 6 月，世界最大的在线旅游调查组织“实际旅行家”（Virtual Tourist）宣称，科学家最近在苏里南热带雨林中新发现 24 个动物物种，引起世界关注。① 有关方面认为，这是一个重要信息，必将促进苏里南生态旅游业的发展，使苏里南有望成为世界上第六大旅游市场。近年，欧盟曾为苏里南旅游业提供发展援助。2007 年 7 月，双方再次签订协议，由欧盟捐赠 150 万美元资助苏里南的旅游业。为扩大与加强同周边国家和地区旅游业的发展合作，当月，苏里南还与圭亚那、巴西、法属圭亚那签订一项协议，由各方出资 1.1 万欧元，用于对外宣传当地旅游业，重点放在欧洲，其次是美国。政府希望通过地区协作、加强管理、提高旅游服务水平等，吸引更多的游客。

在众多的旅游景观中，位于马罗韦讷河口处的土著人加勒比人自然保留地（Galibi Nature Reserve）、帕拉马里博南边西半球最古老的犹太教堂之一的约旦萨万纳（Jodensavanne）遗址以及布朗斯博格（Brownsberg）等自然公园都很吸引游客。苏里南的旅游活动或乘车、船，或乘飞机，一般均以首都帕拉马里博为出发点。普通的一日游有东、西行两条路线。西行线路，即由帕拉马里博出发西行，途经格罗宁根、博斯卡姆普、托特内斯、瓦格宁根等村镇，到达科兰太因河畔的终点新尼克里市。其中托特内斯（Totness）村庄的名字来源于很久以前就消失了的苏格兰人

① 2007 年 6 月 18 日苏里南《洵南日报》，转引自中国驻苏里南使馆经商处文章。

定居点，有一定的历史渊源和研究价值。据介绍，尼克里行政区第一批种植园就是苏格兰殖民者在1797年建起来的。瓦格宁根镇是苏里南的水稻生产中心，在那里人们可以领略南美稻米之乡的风采。东行线路，即由帕拉马里博出发东行，首先乘船渡过或乘车跨过苏里南河到达荷兰人早期修建的要塞——新阿姆斯特丹市，然后继续前行，向南还可以参观古老的犹太人定居点约旦萨万讷，再经过铝土之城蒙戈，最终到达边境小城阿尔比纳结束旅程。加勒比人自然保留地在阿尔比纳镇的北边，距离大海更近一些，是土著印第安人居住地之一，至阿尔比纳镇划船需90分钟。该保留地濒临大海，海滩很漂亮。每年7、8月还是人们观赏大海龟栖息和孵卵的好地方。另一个可以领略印第安人文化和风俗的去处是帕罗缪（Paloemeu）村，与加勒比人保留地相距也很近。蒙戈是因开采铝土矿产发展起来的城市，现在仍是苏里南重要的铝土生产和加工基地，距阿尔比纳镇50公里，旅游途中可以顺访。

热衷于前往热带雨林进行生态旅游的人，到了苏里南一般都要到丛林黑人或印第安人的居住地看一看。但这两个民族集团现在仍然比较封闭，只有随旅游团或有当地苏里南人带领才能接近。他们不愿意被人参观，最讨厌陌生好奇的游人目送秋波。另外，到丛林黑人村庄去参观时要先拜见村庄的头人加玛（Gaama，类似村长），征得同意后再和其他人进行接触和交谈，对村上的妇女要格外尊重。村庄的头人会欢迎来访者并乐意向村民做介绍。在丛林黑人村庄，人们可以目睹“雨林深处有人家”的淳朴民风：男人外出耕种、打猎，妇女织布、磨晒木薯，淘气的光腚孩子们跟着游客看热闹。丛林黑人的击鼓、舞蹈等文化娱乐形式以及温提教、万物有灵等宗教习俗，会使游客们有走进非洲西部某些国家之感觉。

另外，前文提及的“苏里南中部自然保留地”当然是爱好热带雨林生态旅游者值得一去的地方。保留地位于中部偏西地区，覆盖科蓬纳姆河的上游，包括一系列的地形地貌和生态系统，因其处于原始状态而极具保护价值。在160万公顷的保留地中，大部分地区是未加触动的热带雨林，其次是一些热带草原和山地。保留地中的物种高度多样化，许多物种属于圭亚那地盾所特有的和在全世界范围属于濒危的物种。山地和低洼地生长着各种各样的植物，目前查明的维管植物（vascular plant species）近6000种。其野生动物品种也极为丰富，南美地区很典型的美洲虎、大犰狳、大水獭、貘、树懒和8种灵长目动物在此地都有。保留地的鸟类多达400种，诸如哈佩雕、动冠伞鸟等苏里南最奇特的鸟类随处可见，实可谓观鸟者的天堂。

二 城市简介

帕拉马里博（Paramaribo） 苏里南最大城市、首都和主要港口，国家政治、经济和文化中心。位于苏里南河入海口左岸，距大西洋海岸约16公里。属热带雨林气候。2004年人口24.364万（含郊区）。居民主要为克里奥尔人和黑白混血种人，19世纪后有大批印度人和爪哇人在此定居。

原址为印第安人渔村。“帕拉马里博”一词系印第安语，意为“海上居民”（一说“鲜花之城”），早期称“帕默博”（Parmurbo）。荷兰殖民者初到此时，开垦沿海沼泽地，整天与海水打交道，印第安人以“帕拉马里博”（海上居民）呼之，后为地名沿用至今。15世纪末西班牙殖民者曾到达此地。大约1640年法国人开始在此定居。1651年为英国人占领，成为殖民地的首府。1667年根据英、荷所签《布雷达条约》转归荷兰，为荷属圭亚那殖民地首府。后又在1795~1802年和1804~1816年两度为英国占领。1816年后再次归属荷兰。1821年和1832年两次大火，部分建筑化为灰烬。第二次世界大战后因工业和旅游业兴起而有较大发展，1960年人口增至117650人。1975年苏里南独立后，成为国家首都。

城市布局整齐合理，街道宽畅整洁，绿树浓荫、花草连片。在马格登、约登布里等大街两旁整齐排列的棕榈树高达几十米。房屋建筑多为18、19世纪荷兰样式和木质结构。前荷兰总督府现为苏里南总统府。市中心引人注目的去处是总统府前面的“团结广场”（也称“独立广场”），东边紧临苏里南河。与广场为邻的大街是“滨河大街”（Waterkant），为苏里南首都最有名的大街。在总统府后面紧相连接的是一个秀丽的棕榈公园，内有数以百计的挺拔高大的棕榈树，树木纵横交错，树冠遮天蔽日，树中栖有各种热带鸟类。在柯克普莱恩大街上，还有一座被誉为“南美解放者”的玻利瓦尔的塑像。团结广场东边是17世纪的滨河城堡——泽兰迪亚要塞，内有苏里南博物馆，1980年军事政变后一度成为关押政治犯的地方。在河边的沃特可兰特林荫大街上，人们可以找到帕拉马里博的色彩斑斓的大市场，亦即贸易中心，经销热带产品、印第安人陶器和木刻、鱼类、肉产品和其他商品。由于天气炎热的原因，帕拉马里博机关单位的办公时间和商店营业时间很有地方特征，一般是开门较早，下午1点半关门。一些商店下午4点重新开门，一直营业到夜间8~9点钟。

市内有制糖、服装、食品、饮料、木材加工等企业，还有植物园、影剧院、游泳池、运河、苏里南大学、苏里南医学院、农业研究中心以及罗马天主教堂、犹太教堂、印度教庙宇和清真寺等。旅游业发达，郊区有机场专营国内航空业务。名胜古迹除了17世纪的泽兰迪亚要塞城堡外，还有18世纪的犹太人大教堂（1737年修建）以及据称为美洲最大的木结构教堂之一的19世纪的罗马天主教圣彼得和保罗教堂（即圣彼得勒斯和保罗斯教堂）等，很值得前来观光者一游。在城市南面不远处的苏里南河对岸的约旦萨万讷，还保留了西半球最古老的犹太教堂之一的遗址。旅店很多，其中级别最高的是托拉里卡旅店，游泳池、餐厅和其他娱乐设施一应俱全。

全国几乎所有进出口贸易都经由此地。在帕拉马里博港口附近，人们可以目睹前文叙述的那艘斑驳锈蚀的德国沉船《戈斯拉》号的残骸，回味第二次世界大战的一段历史。在城南45公里处的赞德赖有一座现代化的大型国际机场——“约翰·阿道夫·彭格尔机场”，可供大型飞机起降，有航班通往世界各地。

新尼克里（Nieuw Nickerie） 苏里南第二大城市和主要港口，位于苏里南沿海公路的最西端，西北部尼克里行政区首府。该市临近圭亚那边界，坐落在尼克里河南岸与科兰太因河交汇处，距尼克里河口5公里。东距首都帕拉马里博237公里，西隔科兰太因河与圭亚那的斯普林兰兹市相望。城市属热带雨林气候，年均气温约27℃，年降水量约1970多毫米，少于东部城市首都帕拉马里博。

“尼克里”作为城市名字来源于尼克里河。“尼克里”一词系印第安人瓦劳族语，意为“阿瓦拉水果的果核”（Awara nut）。史载，荷兰人原来在科兰太因河畔建的尼克里小镇被大海冲毁，后又在离海岸较远的现址重建，故称新尼克里。现在的新尼克里已是第三个尼克里。前两个尼克里均在科兰太因河西岸，由于临近大海和被海水冲蚀而无法存在，不得不于1870年和1879年两次搬迁，最后至现址，现有海堤保护。1960年居民为25915人，2000年资料显示，人口达1.5万。2003年人口减至1.33万。

新尼克里地处苏里南水稻主要产地尼克里行政区（区内亦产香蕉、可可等，2003年居民约4.2万人，主要为印度族，以种植水稻和蚊子多而厉害闻名遐迩）。面积不大，但算上附近的低地面积，还是一个可观城市。一条运河将市区分为东西两部分。市内有大米、木材等加工业，有设备良好的医院以及学校、教堂、寺庙等。港口承担国家部分的进出口贸易，小型海轮可以直达港口。主要输出大米、香蕉以及制作高尔夫球的原料“巴博恩”木材和“巴拉塔”树胶等物资。市内居民多为混血种人，亦有大批印度人等。居民生活方式与帕拉马里博完全相同。许多银行、公司在此设有分支机构，商业活动兴旺。有海轮定时往返帕拉马里博，另有沿海公路经格罗宁根、帕拉马里博等可直达东部边境城市阿尔比纳。与圭亚那斯普林兰兹市之间有轮渡联系。

新阿姆斯特丹（Nieuw Amsterdam） 苏里南主要城市和港口之一，但就其规模而言，实为一个小镇。它位于苏里南河入海口右岸和科默韦讷河汇合处，隔河与首都帕拉马里博相望。现为科默韦讷行政区的首府，人口约4200，其中爪哇人占绝大多数。该城市历史悠久，是荷兰早期统治时期逐渐兴建起来的，仿荷兰首都阿姆斯特丹而命名。市里有一座古老的要塞，亦坐落在苏里南河与科默韦讷河汇合处，原是用来防卫两河的。因年久失修，要塞已严重坍塌。现要塞原址辟为露天博物馆，汇集了各种各样的机械展品，还有苏里南早期遗留下来的加农炮等。展品可以使人回忆起苏里南久远的历史，但有些机械至于有何用处，却使今人难以搞清楚。该市附近地区还保留了一些名胜古迹，如遗存于科默韦讷行政区内古老而有趣的种植园宅第；苏里南历史上遗留下来的最后一个而且有纪念意义的现在仍然在经营中的甘蔗种植园——马连堡种植园，等等。这些景点作为历史的见证，都很值得一看。

阿尔比纳（Albina） 位于苏里南东北部马罗韦讷河口西岸。为一边界小镇（也有报道称之为乡村）、马罗韦讷行政区首府，隔马罗韦讷河与法属圭亚那相望。现有居民2000多人。1846年由德国士兵（移民）奥古斯特·卡普勒（August Kappler）所建，以其夫人阿尔韦纳（Alwina）的名字命名。当地上年纪的人亦称该镇为卡普拉里（Kaplari）镇。阿尔比纳镇虽小，但很吸引人。它临河靠海，周围有原始森林，环境优美，空气清新，是人们休闲度假的好去处，同时也是当地丛林黑人与其他居民进行黄金、木制品和农业产品贸易的重要地点。首都帕拉马里博很多居民常常到那里度周末。20世纪60年代起，旅游业成为其最重要的收入来源。但是很遗憾，在20世纪80年代丛林黑人游击队进行反政府内战期间，小镇遭到严重毁坏。

蒙戈（Moengo 或 Moenggo） 位于苏里南东北部的一个小城市，最早的铝土生产、加工和储存基地。原是靠近科提卡河（Cottica）的一个丛林小乡村。沿海公路横穿而过，东西分别与马罗韦讷行政区首府阿尔比纳（相距40公里）和首都帕拉马里博（相距90公里）相连。1915年，美国铝公司的子公司——苏里南铝公司开始在此开采铝土，后由乡村逐渐发展成为小城市。它周围多铝土矿区，所采铝土用火车运到此处，经过初步加工，后装船出口海外。铝土和铝矿出口为其财政收入主要来源。现在，当地已查明的铝土矿藏经长期开采已近枯竭，但附近还有一些小型矿藏。城镇内现有小型机场，与帕拉马里博和阿尔比纳有航班来往，是游人参观了解苏里南铝土工业发展史的好去处。

帕拉南（Paranam） 苏里南东北部一小城市、铝工业中心之一和苏里南铝公司总部所在地。东濒苏里南河，南有帕拉河穿城而过，北与首都帕拉马里博相望。原址为种植园，1938年铝土公司开发苏里南河沿岸的铝土矿时，最早在此采掘和建厂。随之逐渐发展为小城市，并仿附近帕拉河和苏里南河两条河流的名字，被命名为现名。当地属热带雨林气候，所在的科默韦讷行政区人口约2.5万（2004年），其中相当一部分集中生活于该镇。附近铝土资源丰富，采矿业发达。1941年开始成为苏里南河沿岸主要的铝土矿开采基地。有炼铝厂、氧化铝厂、火电厂以及储藏和运输等企业。铝土工业生产设备配套，技术先进，具一定规模。氧化铝日产量大约5350吨。交通方便，马丁·卢瑟·金公路可直达帕拉马里博。

布罗科蓬多（Brokopondo）　布罗科蓬多行政区首府，苏里南旅游景点之一。位于苏里南河左岸，在苏里南河菲德拉大坝（Phedra Dam）和阿福巴卡水电站附近，南邻布洛梅斯泰恩教授湖。属热带雨林气候。人口约2.4万（2003年）。附近铝土、林业等资源丰富，有炼铝厂、氧化铝厂等企业。布洛梅斯泰恩教授湖盛产多种鱼类，可供应本市及行政区东北部的居民。该市交通方便，有优质公路经帕拉南直通首都帕拉马里博。

第八节　国民生活

从国土面积上讲，苏里南是一个小国。但就人均国民收入而言，苏里南在发展中国家里并不低，在某些时期内甚至属于较高的国家。联合国开发署的人文发展指数报告表明，2000年苏里南在173个国家中排序第74名，前于本地区的圭亚那（第103名），后于委内瑞拉（第68名）、哥伦比亚（第69名）、特立尼达和多巴哥（第50名）。2004年苏里南在177个国家中排序第67位，前于本地区的委内瑞拉（第68名）、巴西（第72名）、哥伦比亚（第73名）和圭亚那（第104名），但次于特立尼达和多巴哥（第54名）。2005年以来，苏里南人文发展指数有所下降，当年在177个国家中排序第86位，次于本地区的巴西（第63名）、哥伦比亚（第69名）、委内瑞拉（第75名）、特立尼达和多巴哥（第57名），前于圭亚那（第107名）；2006年在177个国家中排序第89位，是2000年以来排序最低的。但无论是之前的人文发展指数，还是近几年的人文发展指数都能表明，苏里南属中等发展中国家。

苏里南的就业结构基本上是稳定的。据美洲开发银行资料，1987年农业雇佣人员占总劳动力的16.7%，采矿业占4%，制造业占10.6%，建筑业占2.9%，政府雇员（包括国营制造业和批发贸易在内）占42%，当年失业率官方估计为32%。20世纪90年代，当黄金和其他矿产开始增值时，采矿业的就业率有所增加，其他就业率增长快的行业是金融服务业。政府部门成为最大的雇主，公共部门雇佣人员占全国总劳动力的半数以上。但农业雇佣人数始终保持在总劳动力的15%左右。资料表明，20世纪80年代正规部门的工作机会减少，1992~1995年间继续减少，幅度大约为4%。与此同时，失业率仍然居高不下，1992年失业率为17.3%，其间由于政府实行结构调整计划，造成工作机会减少，失业率继续上升，1997年达到20%。1990~1993年期间，职工实际工资减少65%，1994年非技术工种的月工资不足10美元。1996年结构调整计划停止，经济有所恢复，从新世纪开始，失业率逐渐得到控制。2000年失业率为14%，2004年大幅下降，为9.5%。20世纪90年代至今10多年来，苏里南就业结构未发生大的变化，农业部门的就业比例在逐渐减少，服务部门的比例有所增加。2000年50%的劳动力受雇于政府行政机构，约10万人。2001年有39607名公务员直接受雇于中央政府部门，4年来累积增长率为9.4%，另有17650人受雇于国营公司。2002年和2004年农业就业人数均占总劳动力的大约15%。2003年共有64678人受雇于非农业部门，其中3.5%在采矿业，9.7%在制造业，10%在商业贸易，2%在建筑业；政府仍然是最大的雇主，半数以上的劳动力受雇于公共部门。当年40129名公务员直接受雇于中央政府，同样另有17650人受雇于国营公司。又据国家统计局资料，2005年受雇人员93696人，其中16%就业于商业、12%在农业、9%在建筑业、8%在制造业、3%在采矿业。政府仍然为最大雇主，44%的人受雇于公共管理、教育和卫生部门。2002~2005年间，新增加就业机会7830个，其中绝大部分在建筑业（30%）和公共部门（28%）。在其他行业中，只有制造业的就业比例有所减少。

20世纪80年代初军人掌权后，由于政局不稳，经济严重受挫，人民实际生活水平下降。1980~1994年，人均国内生产总值平均每年下降3%。1980年人均国内生产总值按1982年不变价计算为2519美元，到1994年仅为703美元。1985年之前消费品物价一般是低的。之后，由于财政赤字居高不下，货币发行量加大，通货膨胀率猛升。特别是1987年，由于国内游击战争，生产下降，出口减少，引起日用品严重短缺，通货膨胀率达到617%，结果黑市猖獗，甚至成为许多日用品的唯一来源。据美洲开发银行估计，1982~1984年工人工资实际增长率为21%。美、荷两大铝土公司当局一度不给工人增加工资的做法遭到了工会组织的强烈反对。根据1987年协议，在两大公司连续两年冻结工资后，决定为因生产遭游击战争破坏而被解雇的工人支付部分工资。国内工资一直存在很大差别，金融部门和铝土工业部门的工资远远高于其他经济部门，农业部门的工资最低，处于国内平均工资水平之下。

据泛美卫生组织1998年资料，1993年苏里南有70%的人口生活在贫困线之下。1994年政府实行经济结构调整计划后，经济形势逐渐好转。1996年人均国内生产总值增至1284.5美元，随之，各部门雇员的工资多次进行了调整，而且有较大的增加。但是与此同时，物价上涨也快。1997年和1998年国家均给公务员增加工资；2000年初公务员工资又增加50%，然而，远远低于通货膨胀率113%。之后，经过政府努力通货膨胀方得到控制，并逐渐下降。2002年公共部门人员工资又增加大约60%。1999年国际铝土价格下跌，苏里南国内生产总值下降，人均国内生产总值大约1948.8美元，成为美洲开发银行成员国中第四个最低的国家。当年按人均计算的收入（per head income）约为2500美元。据官方估计，有将近一半的人口生活在贫困之中。又据世界银行估计，以1999~2001年的平均价格计算，2001年苏里南国民总收入为7.09亿美元，相当于按国际购买力平价（purchasing power parity，即PPP）计算的1690美元。据报道，1990～2001年平均每年人口增长率为0.4%，而人均国内生产总值平均每年实际增长率为1.0%，略高于人口增长。2002年和2003年人均国内生产总值分别达到2271美元和2307美元。但据有关方面估计，2002年国内70%的人生活在贫困线之下。2005年11月，费内希恩总统在国民议会讲话中指出，当年的人均国内生产总值将达到2300美元，较上年增长5%，失业率将由2004年的9.5%降至8%。据苏里南国家统计局资料，2005年人均国民收入为3494美元，通货膨胀率为9.5%，失业率实现了8%的预期目标。2006年按购买力平价计算的国内生产总值估计为31.36亿美元，人均国内生产总值按购买力平价计算为7100美元。

长期以来，苏里南社会福利主要依靠各教会组织中私人发起和资助。当然，政府亦重视人民社会福利事业，设立了社会保障制度。在1986年的中央政府总支出中，4.0%（3440万苏盾）用于医疗卫生，6.7%（5770万苏盾）用于社会保障和社会福利事业。1996年政府社会福利支出为116.392亿苏盾，占中央政府总支出的10.6%。2000年全国82%的人口改善了饮水设施，可以得到干净的饮用水，城市中95%的人口使用上自来水，农村中70%的人口家里有自来水。同年全国93%的人口改善了卫生设施，由技术人员接生的分娩占85%，产妇死亡率为1.1‰。2001年医疗卫生的公共开支占国内生产总值的5.7%。同年1岁以下的儿童麻疹免疫接种率达到90%。2000年5岁以下儿童患营养不良者占13.2%；2002年占13%。总之，由于医疗卫生条件的改善，国民的健康水平在不断提高。

1984年全国使用电话机25646部。1986年全国有电视机4.8万台，收音机24.6万部。至1994年，全国电话机增至5万多部、电视机增至5.9万台、收音机增至28.5万部（1997年收音机增为30万部)。2000年全国有11万台电视机，相当于每千人中拥有253.3台。1995年全国使用的固定电话由1985年的每千人17部增加到129.7部。2002年全国固定电话为77400部，移动电话为87000部，使用因特网的人数达到14500人。1996年每千人拥有101.4辆轿车，2000年每千人拥有的轿车数降为43辆。

城市和农村居民的生活水平存在一定差别。城市居民无论在劳动就业、文化教育、医疗卫生以及其他生活设施等方面都要好于农村。在农村，土地问题是一个严重问题。虽然全国多次进行土地改革，但土地的占有状况仍是极不平衡。据1993年英国的统计资料，20%的最富裕家庭拥有80%的土地，20%的最贫困家庭拥有的土地则寥寥无几。这种不平衡状况长期得不到改变。土地占有的不平衡直接影响农村人口的生活状况。另外，内地与沿海的居民生活水平也存在着差别。沿海居民的生活水平无疑高于内地，这是不争的事实。内地山重水复，森林茂密，交通不便，经济落后。生活在那里的印第安人和丛林黑人，居住分散，享受不到政府提供的大部分服务，至今缺少医疗卫生设施，他们很少有或者没有接受教育的机会和就业机会。加之政府警力缺乏，管理不到位，内地一些地区遂成为贩毒者、走私者、非法采金者等武装集团的理想活动场所。伐木和采矿活动给当地居民的生活区域造成一定威胁。例如非法采金者造成的汞液污染使当地人口的住处和食物面临威胁，等等。当然，内地的问题已经引起政府部门的注意，并且在采取措施进行解决。前运输部长艾丽斯·阿马福为改善内地交通状况，曾提出一些减少国内运输成本的建议等。另外，单亲家庭（一般是妇女为户主）相对更多地遭受贫穷之苦，这也是不争的事实。20世纪90年代末，在8万名享受社会事务与住房部补贴的人口中，妇女占60%~65%。

第五章

军　事

苏里南军事力量（或称“苏里南武装部队”Surinamese Armed Forces）是国防部长管辖下的“国民军”（The National Army）。军队绝大部分成员是轻型装备的步兵，同时还包括一支较小规模的空军、海军和军事警察部队。另外，作为国家的安全力量的组成部分，苏里南还有一支小型的民事警察部队，直接对司法和警察部部长负责。

第一节　军队简史

1975年11月独立前，苏里南有一支大约1100人的男性军队。成员有700名荷兰应征的士兵、大约300名苏里南非战斗性的专业人员和下士，受40名左右的荷兰军官领导和管理。

1975年上半年在苏里南和荷兰谈判独立时，双方达成协议，即苏里南独立前，荷兰驻军1000多人全部撤离，军事设施移交苏里南；荷兰派出15人组成的军事代表团，驻在苏里南新建的国防部里，帮助训练国民军、维修军事设施和负责其他后勤工作；其驻留苏里南期限不得超过5年。当时，苏里南有一支

1300人的警察部队，包括治安警察和消防警察。其中大约400名警察（包括女警）驻防首都帕拉马里博。警察部队总共拥有110辆警车、1艘巡逻艇、90辆带无线电装置的摩托车等。

苏里南独立后，完全由自己负责国家的防卫任务。1975年11月即苏里南独立之当月，正式组建“苏里南武装部队”，亦称“国民军”。组建当天，武装部队只有8名军官、100名军士、500名应征士兵和150名文职人员。军队的编制只有陆军和海军两个军种。苏里南武装部队组建后，起初严重依赖原宗主国荷兰的军事技术和苏里南独立时荷兰移交的军事装备及设施，而且根据双方协议，由荷兰派遣15人组成的军事代表团负责训练军事人员、维修军事设施和指导其他后勤工作。与此同时，苏里南还派出军人到荷兰接受军事训练。1980年后，苏里南武装部队增建空军部队。然而，尽管苏里南国民军名义上有陆军、海军、空军、军事警察的军种分类，但实际上，海军、空军、军事警察规模很小，都属陆军的下辖部分，军队组成以轻装型步兵编制为主。1982年8月，即在军人掌权期间，政府建立了准军事组织“人民民兵”（The People's Militia），又称“国民民兵”（The National Militia）。

第二节 军队现状

苏里南的军事力量较小，但它是国家主权的象征。国防体制主要沿袭荷兰的军事体制。国家实行志愿兵役制，年满18岁的男、女青年均可应征入伍。总统为武装部队最高统帅，国防部是国家的最高军事领导和指挥机构。总统通过国防部对全军行使领导和指挥权。

20世纪80年代武装部队有所发展。1984年军队成员为2021人，陆军为1800人（占89.1%），海军为160人（占

7.9%），空军为61人（占3%。）。另外，还有大约1000人的准军事人员。1986年国防支出为4100万苏盾。1987年陆、海、空军人员为2690人，至1989年中期增至3050人，其中陆、海、空军人数分别为2700人、250人和100人。另有准军事人员人民民兵约900人。

至1990年中期，武装部队人数仍维持在大约3000人，其中陆军占90%，海军占8.3%，空军占1.7%。国防预算为1.198亿苏盾，占国家预算总额的10.3%。1991年恢复文人政权后，政府整肃军队，军事人员和预算锐减。至1994年中期，武装部队缩减至大约1800人，其中陆军1400人、海军250人、空军150人。从此之后，武装部队人数基本上一直保持在1800人至2000人的水平上。据介绍，2005年苏里南适合服兵役的18～49岁的男性约77790多人，女性72940多人。20世纪90年代中期以后，每年国防开支约为1500万美元，当然，特殊年份的国防开支也有高出或低于这一比例的。1996年国防预算为1400万美元。1998年国防预算升为1500万美元。21世纪开始，国防预算再度削减。2001年和2002年国防预算分别为920万美元和850万美元。2003年国防开支约占国内生产总值的0.7%，2006年估计为0.6%。2007年国防开支预算增加为8420万苏元（约合3070万美元）。

资料显示，20世纪90年代末，苏里南陆军编制为1个步兵营、1个宪兵营、1个机械化骑兵中队，拥有装甲车30辆，迫击炮6门和无坐力炮若干门。海军拥有3艘巡逻艇，空军拥有各类飞机11架。据报道，1999年政府从一家西班牙银行贷款2230万美元购买西班牙2架军用飞机，又贷款1590万美元购买6艘巡逻艇。不过，这些新装备主要为二手货，从2002年初以来已陆续退役。2000年和2001年国家军事人员总计均为2040人，其中陆军1600人、海军240人、空军200人。又据报道，2002

年、2003年和2004年苏里南武装部队人数均为1840人，其中陆军1400人、海军240人、空军200人。武器装备基本上也无大变化，军队总共拥有30辆装甲车（其中6辆装甲侦察车、24辆装甲运输车，一说总共21辆装甲车）、6门迫击炮和若干无坐力炮、6架飞机（其中5架为作战飞机，一说总共8架飞机，其中7架作战飞机）、3架直升机、5艘舰艇（一说3艘）。海军基地设在帕拉马里博。现任武装部队总司令为恩斯特·梅屈尔上校（Col Ernst Mercuur），其前任是格伦·塞德内伊（Glenn Sedney）。

1980年2月，苏里南发生军事政变后，军人独裁、干政一直延续至1991年初。军队在苏里南政治生活中长期处于显赫地位。1991年1月恢复宪制民主，军队陆续返回兵营。但军政关系时有紧张情况发生，特别是在军事强人鲍特瑟1992年12月辞去军队司令后的一段时间内。然而，从1991年费内希恩民选政府上台以后，采取各种行政组织措施，军政关系总的情况是正常的。军队已完全置于国防部长的控制之下，干政问题似乎已不再为虑。2001年政府对高级军事人员进行了顺利的调整，1月任命了新的陆军、海军和军事警察司令，随之又任命了空军司令。此后，政府规定，所有国民军高级官员任职固定期限为3年，实行按期换届。新规定的实施有利于加强文人政府对武装部队的控制。军队司令格伦·塞德内伊在任职期间努力使武装部队非政治化。当年6月即将卸任时，他对过去军队给国家所造成的“伤害和分裂”做了道歉，使军队与政府的关系进一步好转。7月1日恩斯特·梅屈尔上校就任新的武装部队总司令，取代格伦·塞德内伊，双方交接顺利。

荷兰由于同苏里南有特殊关系，自1991年苏里南恢复民主政体后，继续给苏里南提供一些军事援助。美国也为苏里南的军事官员和军事决策者提供训练和一些援助。法国、委内瑞拉、巴西等国与苏里南军队有工作关系。20 世纪 90 年代中期以来，一些亚洲国家亦为苏里南武装部队提供一定的军事装备和后勤材料方面的援助。

如前所述，苏里南除正规军队之外，还有一支准军事力量“人民民兵”。按照官方的解释，人民民兵是军队和人民之间密切联系的象征。但另一方面，由于它成立的时间和背景，许多人将它和政变军人联系在一起，认为它是“军队和革命左派的工具（即耳目）”，“感到它是一种威胁”。所以，苏里南民众中民兵组织的支持者、反对者兼而有之，更甚者有人主张取消民兵组织，并向议会提交议案。

民兵组织规模一直不大，20 世纪 80 年代中期估计有 600～700 人，其中包括一些在校学生。民兵接受简短的军事训练，了解和掌握一些武器知识，但其中能够战斗的人员包括参加过枪支训练的人员，据报道从未超过 200～300 人。至 90 年代初的 1992 年，民兵人数估计约为 900 人。鉴于苏里南国内对于民兵组织的作用意见不一，1992 年 3 月，一项有关废除招募和解散准军事组织人民民兵的宪法修正案被国民议会推迟讨论。之后，很少见到有关人民民兵的报道，特别是近年来的一些有关苏里南国家安全力量方面的资料中，一般仅有正规军的统计数字，不再有准军事力量的统计数字。

第六章

文化、教育、科研、新闻出版和医疗卫生

第一节　文化

苏里南是一个多民族国家，多民族组成带来了文化多样性。但是，长期以来欧洲文化在苏里南一直居统治地位。这是因为过去荷兰等国殖民者在苏里南竭力推行同化政策，企图将其他各民族文化同化到欧洲文化中去。尽管如此，各民族成员仍然千方百计保留本民族的文化传统，诸如语言、宗教信仰、风俗习惯、民间传说、节日、文艺、体育活动，等等。因此，现在苏里南的国家文化虽然受到了西方文化的影响，但在一定程度上仍然具有多样性，故被人称之为“文化马赛克”。许多文化组织，特别是在宗教方面的文化组织，由于受民族政治的影响，过去是、现在仍然是按照民族界限进行组建的。就民族和文化的多样性程度而言，苏里南在南美洲是独一无二的。与此同时，由于各种民族文化之间的互相适应性，“文化马赛克”也呈现出一种易变的形态。

苏里南的各种文化活动一般集中在首都帕拉马里博等城镇。在20世纪70年代，帕拉马里博各个领域的文化活动已很活跃。市里有1947年成立的“苏里南文化中心”（Suriname Cultural

Centre)，包括一个大约400个座位的礼堂、一个阅览室和一个图书馆。中心还有一个电影服务队、一个音乐学校、一个音乐学会、一个青年乐队、若干歌唱队和一个享誉海外的交响乐队，经常组织各种文化活动。例如，戏剧团体上演各种戏剧，电影服务队组织各种电影活动，影片一般来自美国、欧洲、印度等。除在首都放映外，服务队还到农村巡回放映。此外，文化中心还举办芭蕾舞、绘画训练班等。

国家在各地建有一些博物馆，其中一个在前文已提及，是地处新阿姆斯特丹市的露天的博物馆，颇有名气。苏里南在体育活动方面，足球最为流行。其他的体育活动还有网球、篮球、排球、游泳、板球等。帕拉马里博有一个现代化的主要用于足球运动的体育场，也可供田径赛事和自行车比赛使用。1985年中国贷款援助苏里南修建了一座新的约有3000个座位的体育馆。

印度人和爪哇人在保留本民族文化方面是很成功的。这种情况得益于两大民族的生活范围长期以来主要在农村地区，相对比较封闭、孤立。同时也由于他们所信奉的是非西方宗教。印度人中流行印地语、乌尔都语，信奉印度教和伊斯兰教。他们生性活泼，喜爱唱歌跳舞，专有自己民族的传统音乐、舞蹈、宗教节日和祭祀活动。印度教的“礼拜”（Puja）包括简单的家常礼仪和隆重的寺庙礼仪。礼拜内容因教派、民族、时辰、目的以及所用经籍的不同而有所不同。礼拜可以包括右旋礼等，盛大礼拜还可以包括空供和火祭。印度教节日可以举行专门礼拜，如摇神礼或时令游戏等①。家庭火祭是印度教很普遍而且很隆重的礼拜活动。届时，人们在家中竖立一根很长的竹竿

① 《简明不列颠百科全书》第5卷，北京，中国大百科全书出版社，1986，第197页。

（或木杆），上面挂许多小旗子，一连放置几个月。另外，事先要求布置好献祭的地方，即在地板上挖一个献祭的方形小火坑，用白色面粉画出火坑轮廓。然后再围绕方形轮廓画上几个圆圈，圆圈之间绘以装饰图案，撒上五彩缤纷的鲜花和稻谷，旁边为神灵摆上供品等。参加礼拜的人围坐火坑四周，点燃献祭小坑中之圣火，大家以咒语“唵”（Om）开始神圣的应答祈祷，而后分享供品。印度本土所有的主要神灵以及它们的化身，在这里都受到尊重。印度族穆斯林的主要节日是“塔加”（Tadjah），为纪念穆罕默德（Mohammed）的孙子哈桑（Hasan）和侯赛因（Husein）而设。节庆仪式上锣鼓喧天，笛声悠扬。众信徒高举精制的薄竹片做成的宝塔以及各种造型的彩纸，兴高采烈地列队上街游行。几天后所有这些节庆用具作为祭品全部都投入河里，任其漂流。

最后一批爪哇人契约劳工是1939年进入苏里南的，至20世纪80年代，这些原籍来的人中一些人仍然健在。他们喜欢原籍的文化艺术，不仅自己和前辈身体力行保留和发扬它，还教授后代传承下去。所以，至今爪哇人传统艺术形式如“加默朗”（Gamelang或Gamelan）音乐、“哇扬”（Wajang或Wajan，Wayang）木偶戏、“查兰凯庞”（Djaran Kepang）舞蹈等风行不衰，建有专门的歌舞团体，并出国进行友好访问。“哇扬”木偶戏多为表现阿朱诺（Ardjuno）的英雄事迹的，通过表演使之代代相传。年轻人参与上述活动更多的是为了愉悦老年人，而并非都是自己的所爱。他们在接受西方文化方面无疑是不存在任何困难的。

在克里奥尔人中间不仅广泛使用斯拉南语（苏里南语），而且非洲的舞蹈、宗教仪式和民间传说仍普遍流行，尤其是在克里奥尔人的劳动人民中间。一些传统的宗教仪式，如“温提”（Winti）教舞蹈、“欧比亚”（Obia）巫师采用的宗教仪式等从未被人放弃。斯拉南语作为多种语言的混合语在1700年已完全形成，后经不断发展，成为各民族间通用的语言，一直沿用至今。尽管国家有官方语言荷兰语，但斯拉南语被国内一些报纸、杂志、书籍、广播、电视等广泛使用。为了促进斯拉南语的进一步发展，克里奥尔人教师J. G. A. 肯德斯（J. G. A. Koenders）早在20世纪40年代就发起了一个运动，积极进行宣传工作。1946年他还办了一个刊物名叫《男佣》（Foetoe Boi），用斯拉南语和荷兰语两种语言发行。与此同时，苏里南著名诗人亨尼·德泽尔（Henry de Ziel，即特雷弗萨 Trefossa）第一个用斯拉南语进行诗歌创作。他以实际行动向人们展示，用斯拉南语也可以写出高质量的诗作来。克里奥尔文化的重要性主要表现在该民族群体以及其他民族群体对斯拉南语的广泛使用，使苏里南诗歌从此得到复兴。人们因此不再轻视这种语言。

在克里奥尔人中间流传的谜语、寓言和谚语或多或少都带有巫术性质。克里奥尔人的民间传说很多，通过故事形式和谚语形式一代一代地流传了下来。多数故事具有半宗教的作用，时常和葬礼仪式联系在一起，专门在守灵活动和悼念日的夜晚传讲，决不能在白天讲。主要原因是为避免死者回来听故事，由于亲近关系而造成讲故事人或讲故事人的父母死亡。故事中有很多是关于蜘蛛"阿南希"（Anansi Tori）的。在故事开始之前，讲故事的人先要驱邪，一般是从眼睑上取一根毛，装模作样比画一番。阿南希是一个很聪明的蜘蛛，甚至狡猾无赖无所不能，是仅次于最高神的造物主，尽管它时常受到应得的惩罚。"阿南希"的故事虽然是几个世纪前黑人奴隶从西部非洲带到苏里南来的，但直到今天仍兴盛不衰。谚语作为另一种民间传说的表现形式在克里奥尔人中间也很流行。人们在讲话中时常引用一些谚语来说明问题，既形象生动又富有哲理。比如谚语"类人猿的尾巴也就是类人猿的身体"，意思是"伤害一人等于伤害其全家"，等等。

知识渊博的克里奥尔人能熟谙数百条谚语，在与人谈话中运用自如、恰到好处。

丛林黑人保留了大量的原籍文化，而且那些文化更为原装，其中也包括蜘蛛“阿南希”的故事。例如萨拉马卡丛林黑人在死者停尸7天待葬期间，要为死者讲述蜘蛛的故事，以愉悦死者，而且被认为是非常重要的哀悼内容；在举行上述葬礼仪式期间，他们还要为祖先跳舞和唱歌。1970年丛林黑人的部族首领前往西非海岸的加纳、多哥、贝宁和尼日利亚访问时发现，非洲黑人和苏里南丛林黑人双方分开生活繁衍几百年后，仍然存在着一种共同文化传统，而且其相似程度委实令人吃惊。早在1982年苏里南政府甚至试图通过丛林黑人发展文化旅游，黑人的自豪感也因此变得日益强烈。

第二节 教育

一 教育体制和学制

苏里南独立后在教育方面基本上沿用了荷兰的教育体制。现在，全国教育管理工作高度集中，统一由教育部协调、管理和调整。各地区的教育工作均由教育部而不是由地区政府来负责，全国教育经费也主要由教育部负责提供。教育部向全国10个行政区各派遣一个地区主管，由他们实际上负责处理诸如提交和收集学校资料报表，向部里反映学校的物资供应和设备丢失或不足问题，关心教师的工作表现等行政问题，起到地区学校与教育部在第一线的沟通作用。人口多的地区，地区主管可以配备一名秘书。地区主管要向设在帕拉马里博的教育部主管汇报工作，部主管然后再向部里负责教育的助理常务秘书汇报工作。

政府现在仍实行对6~12岁少年儿童即小学阶段实行义务教育。不过，政府已起草新法规拟将义务教育范围扩至4~14岁。[①] 苏里南的学校中，除了政府公办的之外，教会学校也占有重要地位。据介绍，约有一半中、小学校为宗教组织（主要是印度教、穆斯林和天主教等）所开办，由政府予以适当补贴。人们对教会学校的选择一般是与民族联系在一起的，克里奥尔人的孩子多数入基督教（天主教）学校，印度人的孩子大部分入印度教学校，爪哇人的孩子一般入伊斯兰教学校，等等。学校的学年从每年10月1日开始至次年8月17日结束（原为每年9月至次年8月）。小学上课从上午8点开始至下午1点；初中从上午7点30分开始至下午1点；高中从上午7点开始至下午1点。学校教学语言一般为荷兰语。

现在，苏里南教育体制包括学前教育、初等教育（小学）、初级中等教育（初中）、高级中等教育（高中）、职业教育和第三级教育即大学教育等。

学前教育是2年制，为4岁和5岁儿童提供。每个班平均28人，当然，学校之间也有差别。教室与小学一样，但上课有他们自己的教师，基本上都是经过师范学院专门训练的女性。全国学前教育没有统一课程，由各校教师自己安排。教师主要是参考自己在师范学院学习的内容，编写教学计划。两年之后，学前教育的学生自动或实际上全部进入小学学习。

---

① 英国经济学家情报社《苏里南国家概况》（2006）、美国国务院西半球事务局《背景评论：苏里南》（2006）、1988年的《欧罗巴年鉴》和《南美中美和加勒比概览》、2000年之后的中国《世界知识年鉴》等资料均为6~12岁。1997年《欧罗巴年鉴》和1999年《南美中美和加勒比概览》为6~16岁。《欧罗巴年鉴》（2003）、《南美中美和加勒比概览》（2005）、Henk E. Chin 等著《苏里南政治、经济和社会》（1987）均为7~12岁。The Economist Intelligence Unit Limited, *Country Profile*, *Suriname*, *2007* 中拟改为4~14岁。

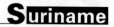

初等教育即小学为6年制。小学毕业时，全国统一考试，同时参考第六学年的学习情况，合格后发给“小学离校者证书”（Primary School Leavers' Certificate，即毕业证书）。拿到证书的学生可以根据考试分数有选择地进入初中继续学习。

中等（中学）教育学制为7年。中等教育分为普通教育和特殊教育。普通中等教育（中学）又分为初级阶段（初中）和高级阶段（高中）。初级阶段为期3~4年，高级阶段为期2~3年。普通中等教育毕业后可以考大学继续深造。特殊中等教育（职业）为5年学制，毕业后可以获得文凭以供求职就业。

普通中等教育初级阶段（初中）同一年级分为6个系统（six streams）。小学生进入初中后，根据其在小学第六学年考试的成绩被分配到6个系统中的一个系统中去。第六学年考试分数高的学生能够进入学制4年的综合初级中等教育（General Junior Secondary Education，MULO）系统学习。学校为其提供荷兰语、英语、西班牙语、会计学、数学、物理、生物、地理、历史、图画和体育11门课程的教学。第六学年考试分数稍低的可以进入4年制的初级中等综合职业教育（Junior Secondary General Vocational，LBGO）系统学习。该系统实际上是一个职业前教育系统，旨在进一步深造。学生如果分数达不到后一个系统的标准，可以进入“真正的”职业教育系统学习，其中信誉最好的是3年制的初级中等技术学校（Junior Secondary Technical School，LTO），培养方向是专门的职业技能，如木工、汽车修理工等。分数再低一些的可以进入初级职业学校（Elementary Vocational School）、职业家庭经济学校（Vocayional Home Economics School）或者特殊教育学校（Special Education School）。初级职业学校目标是向学生传授一般的手工技能，职业家庭经济学校是为女孩子提供持家的技能。这些职业学校一般不是作为进一步深造的选择。接受4年综合初级中等教育的学生在第十年级（加上小学6年级共为10年）结束时参加考试。考试及格者可以继续到高级中等教育阶段学习。

普通中等教育高级阶段（高中）的选择也由考试成绩来决定。考试分数高的学生可以进入3年制的高级中等专科系统（Senior Secondary Academic Stream，VWO，即大学前的第一学院 Pre-University College Ⅰ）学习，以便将来进入大学深造。考试分数稍低的学生可以进入2年制的高级中等职业系统（Senior Secondary Vocational Stream，HAVO，即大学前第二学院 Pre-University College Ⅱ）学习。该职业系统实际上是专业前教育，其目标是将学生引入诸如法律、旅游等专业领域进行深造，学校并非一般意义上的职业学校。大学前和专业前教育系统由不同学校提供。两类学校都提供荷兰语、英语、西班牙语、数学、物理、生物、地理、历史、图画和体育教学，只是教材深度不同。毕业考试时前者考7科，后者考6科。多数科目的教材依赖荷兰的课本，地方编写的课本和教材主要是西班牙语、历史、物理、部分地理和生物等。初级中等教育考试分数不足以录取到大学前和专业前教育系统的学生，可以进入“真正的”职业教育系统。其中信誉最好的是4年制的技术学院（Technical College，NATIN），培养方向是专门的职业技能。考试分数再低一些的学生，可以进入4年制的师范学院（Teacher Training College，PA），接受有关小学教师的专门培训，还可进入商业学院（Commercial College，MEAO），学习3年制的会计和一般管理专业或者2年制的秘书技能专业。对较少专科能力的学生还可选择参加初级中等水平的（Junior Secondary Level）初级职业项目（Elementary Vocational Program，EBO）、职业家庭经济项目（Vocational Home Economics Program，LNO）或者特殊教育项目（Special Education Program，VBO）的学习。

第三级教育即高等教育由4所技术和职业学院以及苏里南大学提供，即分为两个途径：一是苏里南大学（University of Suriname），它还拥有一个医学院；另一个是高等职业教育（Higher Vocational Education，HBO），它提供包括高级教师培训等21个领域内的高级教育项目。持有高级中等专科系统（VWO）结业证的学生可以进入苏里南大学学习，持有高级中等职业系统（HAVO）结业证的学生可以继续接受高等职业教育（HBO）的学习。当然，对于高级中等职业系统（HAVO）和4年制的高级中等技术学院（NATIN）的优秀学生，同样有能够进入苏里南大学的途径。实际上，苏里南大学的入学考试与高级中等专科系统第十三年级（小学6年、初中4年、高中3年，连续共13年）的结业考试是一样的。上述学校结业考试合格的学生可以进入大学1年制的预科班学习，完成预科学习后将被录取为正式大学生。这种选择为HAVO和NATIN系统的学生进入大学提供了又一次机会。但他们的学年并未减少，在高级中等学校省去的一年，又为大学多上的一年所持平。至于每个学院课程的开设，一般由各个学院的讲课教师来决定，目的是达到国际水平。在教育方面，苏里南接受的国际援助支持了学校的课程开发、教师的先进性教育以及图书资源、特别实验室和其他教学设备的供应。

二 教育概况

1976年苏里南开始对7～12岁的儿童引进义务教育制度，当时苏里南尚处于荷兰殖民主义统治之下。1975年独立后，政府重视发展教育事业，在财政支出方面给予优惠。以1975～1986年为例，平均每年教育支出占政府每年总支出的22.64%，其中1975年所占比重最低为17.9%；1984年最高达到24.2%。另外，苏里南规定对所有的政府学校和教会学校的学生一律实行免费教育，包括高等教育在内；对教会学校和非教会学校政府全都给予资助。但是，20世纪80年代期间，由于政局动荡、经济衰退和国外援助经常中断等原因，政府对教育的投资受到一定限制。1984年和1986年中央政府对教育的投资分别为9120万苏盾（约合5110万美元）和1.63亿苏盾（约合9132万美元）。进入90年代后情况有所好转。1990～2000年，政府每年在教育方面的公共开支相当于国内生产总值的3.4%，高于同期本地区圭亚那的3%，但低于巴巴多斯的7.3%。其中在1996年，各级政府用于教育部门的支出计为38.40亿苏盾，占国民生产总值的3.2%。教育方面的国际援助主要来自荷兰、比利时以及印度、中国、巴西、日本和联合国开发署等国家和组织。

从1980年初军事政变后开始，政府对传统的教育制度进行改革，强调教育要从苏里南的具体情况出发，服务于苏里南人的需要。改革包括开展扫盲运动和实行成人教育规划等。经过几年实践，教育水平有所提高。据官方估计，1985年成人文盲率约为10%。但是，国家公民接受高等教育的比例并不太高。泛美卫生组织的资料显示，1994年在39000名政府工人中，67%仅受过初等教育，而受过高等教育的仅占4%。

1984年，中、小学入学率相当于学龄儿童的98%。1997年，中、小学生入学率相当于学龄儿童的79%（男性占76%，女性为82%），其中小学的入学率要高一些，占学龄儿童的99.9%（男、女比例相同）。1990～1991年，小学的净入学率为78%，2001～2002年增加为97.4%（男占96.7%，女占98.1%），中等学校入学人数占学龄人数的63%（男占52.4%，女占74.8%）。此外，男、女生入学比例也有明显差别，其中女生比例稍高一些。以2001～2002年为例，在全国各类学校中，男生入学率为69%，女生入学率为79%。2001年，小学教师与学生的比例为1∶19.5，中等学校教师与学生的比例为1∶15.1。

据官方估计，1995年成人文盲率为7.0%（男性为4.9%，女性为9.0%），较20世纪80年代中期有所下降。据联合国教科文组织提供的资料，2000年成人文盲率降为5.8%（男性为4.1%，女性为7.4%）。2001年大约为7.8%（男性为6.4%，女性为9.3%）。2001年国家文盲率占总人口的14%。据2004年人口普查资料，成人识字率即15岁以上人口能够读和写的人占89.6%，其中男人高于女人，比例分别为92%和87.2%。又据世界银行资料，2006年苏里南成人的识字率仍为89.6%。

20世纪60年代，全国有小学200所，其中教会学校占半数以上，专为内地印第安人和丛林黑人儿童所设的丛林学校计36所。除了基础教育设施外，全国还有1所大学（1968年建立的苏里南大学）、1所医校、1所法学院、2所技校、2所师资培训学院、2所持家学校、2所特殊学校。70年代全国教育状况有所发展，特别是内地教育条件有所改善。全国小学增加到将近400所，其中专为内地孩子提供教育的学校达40所。另外，国内还有一些中学、初等院校、技校、农校以及1所师范学院和1所设有医学、法律、社会经济专业的大学，即苏里南大学（与荷兰国立莱顿大学有联系）和一个农业研究所。90年代以来，随着国内政局的好转，教育状况也有了进一步改善（见表6-1）。

现在，苏里南大学是全国唯一的一所大学，位于首都帕拉马里博市。该校创建于1968年，现在设有法律、经济、医学、科学技术、社会科学等专业。学生毕业后，或在当地就业，或出国留学继续深造。另有3所师范学院，均设在帕拉马里博，4年学制，为学前教育和小学教育培养教师。中学教师由高级教师培训学院培养。职业和技术学校的教师由一所特殊的职业教师培训学院培养。

表 6-1　20 世纪 90 年代以来苏里南的教育情况

单位：学校：所，教师和学生：人

		1994/1995 学年	1997/1998 学年	2001/2002 学年
学前教育	学校	286	无学校数目	无学校数目
	教师	517	539	637
	学生	14976	12286(1999/2000)	15746
小学(含特殊)教育	学校	307	280	308
	教师	3636	2565	3159(不含特殊教育)
	学生	63892	67414	65611
中学(含师范)教育	学校	101	123	141
	教师	2056(不含师范)	2056(1994/95)	2056(1994/1995)
	学生	30893	36364(1999/2000)	39858
大学教育	学校	1	1(1999/2000)	1
	教师	254(1990/1991)	无教师数目	无教师数目
	学生	2462	2644(1999/2000)	2949
其他教育	学校	2	3(1999/2000)	3
	教师	241(1990/1991)	无教师数目	无教师数目
	学生	234	1456(1999/2000)	1456(1999/2000)

资料来源：*The Europa World Year Book*, Europa Publications London, 2003, p. 3906, *Regional Survey of the World, South America, Central America and the Caribbean*, Europa Publications, London, 2001, p. 664, 2003, p. 740, 2005, p. 799.

据报道，现在每年中、小学在校学生仅占学龄少年儿童的3/4。教育上存在的主要问题是缺乏足够的合格师资，因此教学质量受到严重影响。在农村地区，无论是教师的数量还是质量都较城镇差，特别是在爪哇人和印度人居住的地区。然而，愿意去农村工作的教师又为数很少。另一方面，语言仍是教育中的一个问题。由于学校采用荷兰语教学，而多数学生只懂得本民族语言，不懂荷兰语或仅懂一点点，在学习方面存在一定困难。20世纪70年代的一份资料显示，只有15.5%的爪哇族小学生和14.3%的印度族小学生在家里和学校里使用荷兰语。克里奥尔族的小学生状况好一些，大约有 82.7% 的小学生在家里和学校讲荷兰语或至少能听懂别人讲荷兰语。因此，学生（尤其是印度族和爪哇族）退学率较高，自然不足为奇。由于城市化进程的不断加快，现在上述数字也在发生变化。20 世纪 90 年代初由于一些政治事件的发生，苏里南一些学校，特别是内地的一些学校被关闭，学生入学率随之下降。2003 年 3 月，美洲开发银行批准为苏里南贷款 1250 万美元用于改造基础教育体制，使应该完成 6 年（小学）学业的学生人数增加 10%，同时减少 20% 的学生退学率和复读率。据世界银行资料，2005 年完成小学学业的人数占相关年龄段人数的 87.1%。

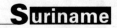

第三节　科研概述

在科研方面，政府注重发掘和保护古代印第安人文明，也注重从当地社会经济发展需要出发，开展农业、养殖、医疗卫生等方面的科研工作。另外，政府还注意开展对当地生物多样性的研究和保护，并取得一定成效。

苏里南的考古研究的历史开始于 19 世纪 70 年代，距今 130 多年。其研究工作集中在哥伦布发现美洲之前生活在苏里南这片土地上印第安人的有关情况。与圭亚那（19 世纪 30 ~ 80 年代）和法属圭亚那（19 世纪 70 ~ 80 年代）相比，苏里南系统地填补其地图上空白地区的考古勘探工作相对比较晚，时间是在1900 ~ 1911 年。其间，苏里南先后勘探考察了尼克里河（1900 年）、科蓬纳默河（1901 年）、萨拉马卡河（1902 ~ 1903 年）、拉瓦河（1903 ~ 1904 年）、塔帕纳荷尼河（1904 年）、图马克 - 胡马克地区（1907 年）、苏里南河（1908 年）和科兰太因河（1910 ~ 1911 年）等地。之后，考古勘探、发掘和研究工作不断进行，而且不断取得新的成果。

C. J. 海伶（C. J. Hering）是第一位调查和发掘古人类遗址的人。他 1829 年出生在帕拉马里博，从事考古工作的时间是在 19 世纪的最后的几十年里。之前，他曾是种植园主、甘蔗加工和朗姆酒酿造专家，还曾任政府秘书、税务局官员。他自学了热带农业、植物学、动物学、气象学和考古学等多种学科，做过美国和荷兰一些机构的通讯员。他在苏里南的考古生涯是从为法国博物馆收集动物学和植物学标本开始的。1860 年，他曾将两把在卡瑟里纳·索菲亚种植园（Catharina Sophia Plantation）附近发现的史前石斧送往荷兰的莱顿国家古物博物馆收藏。在随后考古工作中他又发现和收集到一些石斧和陶器制品，发现了马罗韦讷河附近的比吉斯顿（Bigiston）岩画，并对科罗尼地区的贝拉德鲁姆（Belladrum）、英吉·康德雷（Ingie Kondre）等地进行考古发掘。1885 年 6 月，荷兰第一位研究美洲原始人类语言文化的专家和当时最著名的民族学家之一的 H. F. C. 坦恩·卡特（H. F. C. Ten Kate）前往苏里南从事印第安人的研究工作，对苏里南史前的石斧情况进行了描述和分类。现在，苏里南有关考古方面的知识水平和技能水平绝大多数是以 20 世纪 50 ~ 80 年代的田间发掘工作为基础的。

1947 年苏里南博物馆基金会（The Stichting Surinaams Museum）成立，7 年后基金会的董事会找到一处适合陈列、设立图书馆和开展其他相关活动的楼房。早期积极从事博物馆基金会工作的是费里尔博士（即苏里南末任总督和独立后的首任总统，是博物馆基金会的长期赞助人）和 D. C. 盖斯克斯（D. C. Geijskes）博士。后者是一位生物学家，还曾担任基金会 1954 年开业的博物馆第一任馆长，参加过许多考古发掘工作。当时，人们对哥伦布之前的时代知之甚少，相关出版物则更少，盖斯克斯博士努力改变这种状况。其实，早在第二次世界大战期间，他就发掘了帕拉马里博市内及附近沙脊中的古代的遗物，后经鉴定分析属于夸塔文化（Kwatta culture）和科里亚博文化（Koriabo culture）。1957 年 10 月，他开始对西部沿海平原上巨大的赫坦里兹（Hertenrits）古代人工黏土墩遗址的发掘，推动了苏里南对史前人类的考古研究工作。1961 年，作为他论文之一的发掘成果在小安的列斯第一次考古学大会上发表。但是，盖斯克斯博士最大的和最重要的发掘工作则是 1961 ~ 1962 年对著名的帕拉马里博附近的夸塔·廷基荷罗（Kwatta Tingiholo）遗址的发掘，出土了完整的陶器皿、完整的埋葬物和小型的流纹岩蛙形人工制品（small rhyolite frog-shaped artifacts）等。至 1965 年他离开苏里南之前，适逢苏里南大搞基础设施建设。他作为“蚱蜢计划”（Operation Grasshopper）负责人，利用修路、修机场之机会发掘了诸如翁弗达赫特（Onverdacht）、科默特瓦讷（Commetewane）、沃诺托博瀑布（Wonotobo Falls）、科默韦讷地区的默里科克里克（Moricokreek）、内地的科埃罗埃尼岛（Coeroeni Island）、蒙戈 - 布什曼希尔（Moengo-Bushmanhill）等史前遗迹，出土了科里亚博（Koriabo）陶器、马巴鲁马（Mabaruma）陶器等，其中包括一些彩陶。

之后，盖斯克斯的助手博尔沃克（P. Bolwerk）、林务员布伯曼（Bubberman）、地理学家扬森（Janssen）等继续盖斯克斯的考古研究工作。特别是后两位还是苏里南博物馆基金会董事会的成员。他们发现大量的古代人类遗址，并结合他们的生态学研究对古人类遗址进行考察，收集到了许多古代人工制品。他们的考古成果现在陈放在苏里南博物馆基金会的博物馆里进行展览。在此期间，苏里南的考古工作有较大进展，古人类遗址数量在 1965 年之前的为数不多的基础之上又增加了 200 多处。

1965 年作为博物馆基金会的一个组成部分，苏里南建立了考古研究所。1972 年精心修复后的泽兰迪亚要塞捐赠予博物馆基金会，设立苏里南博物馆。另外，古老的佐格 - 恩 - 胡普

(Zorg-en-Hoop) 的旧建筑仍然可供使用。基金会董事会成员布伯曼和扬森在泽兰迪亚要塞新设的博物馆里的印第安人房间 (the Indian Room) 办起了考古展览。基金会考古实验室以及博物馆的图书馆都仍设在佐格－恩－呼普。1973 年布默特 (A. Boomert) 作为第一位专业考古学者来到苏里南从事考古工作。他发掘了一些古人类遗址并对收集到的文物进行了报道，1976 年他向在瓜得罗普召开的国际考古学加勒比代表大会提交了关于苏里南古代土墩的论文。1981 年之后，布默特在盖斯克斯、布伯曼和扬森等人考古工作的基础上考察、研究并发表了大量有关苏里南史前文化的论文，内容涉及赫坦里兹遗址、陶器时代之前的锡帕利韦尼文化、殖民时期的塔鲁马遗址 (Taruma)、沃诺托博遗址、巴巴科埃巴 (Barbakoeba) 遗址等考古情况，证明了阿颇埃拉 (Apoera) 铁路附近的考里克里克 (Kaurikreek) 遗址是苏里南最古老的彩陶产地。他还发表了从广泛的地理学角度对出土石斧分类的研究成果。在此期间在林业部门的帮助下，苏里南的考古人员对东部地区的蓬多克里克 (Pondokreek) 等遗址也进行了调查。1980 年原基金会的考古研究所作为一个独立单位，归属苏里南教育和文化部。博物馆基金会的专家们（有的与荷兰的同行们合作）进行了许多发掘、整理古代文物的工作，发表了大量研究成果，在保护印第安人文化和其他古代文物方面发挥了重要作用。

1965 年苏里南还建立了农业研究中心等研究机构，开展农业生产技术、作物品种和病虫害防治等方面的综合研究，直接为农业生产等服务。2000 年保护国际 (Conservation International) 和苏里南政府合作创立了一个保护苏里南生物多样性的组织——苏里南保护基金会 (The Suriname Conservation Foundation)，从事生物多样性的研究和保护工作。苏里南保护基金会是一个专门为慈善、教育和科研目的而组织、经营的机构。它扶持和促进旨在保护苏里南生物多样性的活动，特别强调保护根据国家法律建立的自然保留地的生物多样性。基金会主要目标是加强苏里南管理自然保留地的能力，加强苏里南对于其生物多样性和自然保留地状态进行科学和政策研究与分析的能力，促进环境教育和增强环保意识，鉴定和促进苏里南的生态旅游机会，或者加强苏里南利用保护地区作为生态旅游目的地的能力，以便支持生物多样性的可持续利用和保护。基金会特别强调对苏里南中部自然保留地、锡帕利韦尼自然保留地和其他保留地的管理工作。基金会的有关资金来自保护国际基金会（Conservation International Foundation，根据1998年基金会和苏里南签订一项谅解备忘录）、联合国开发基金（The United Nations Development Fund）、全球环保便利（The Global Environment Facility）和其他国际赠款者。基金会还谋求通过捐赠、自愿贡献、补助金、转让财产、遗赠、援助等形式得到来自个人或合法团体的资金、有形或无形的资产等。

第四节　新闻出版

通讯社　苏里南通讯社（Surinaam Nieuws Agentschap）为官方新闻机构，与欧洲、北美、拉美、加勒比各大通讯社均有业务联系，每天出版2种荷兰文新闻稿和1种英文新闻稿。

广播电台　全国现有近20家广播电台，其中主要广播电台为12家，影响较大的电台有以下几家。

（1）苏里南广播基金会电台（Stichting Radio Omroep Suriname），政府经营，创建于1965年，设在帕拉马里博，用荷兰语和一些当地语言播音。

（2）苏里南国际广播电台（Radio Suriname International），政府经营，创建于1984年，设在帕拉马里博，用荷兰语、英语和苏里南语播出新闻、政治、经济和文化节目。

(3) 帕拉马里博电台 (Radio Paramaribo), 商业性电台, 创建于1957年, 设在帕拉马里博, 用荷兰语和一些当地语言播音。

(4) 卡拉广播公司电台 (Kara's Broadcasting Co.), 商业性电台, 创建于1985年, 设在帕拉马里博, 用荷兰语和当地语言广播。

(5) 鼓声电台 (Radio Apintie), 商业性电台, 创建于1958年, 设在帕拉马里博, 用荷兰语和一些当地语言播音。

(6) 尼克里广播电台 (Radio Nickerie), 商业性电台, 设在新尼克里, 用印地语和荷兰语广播。

电视台 苏里南有4家电视台, 另有7家转播站, 其中苏里南电视台 (Surinaamse Televisie Stichting) 和阿波尼电视台 (Algemene Televisie Verzorging) 较大, 均由政府经营, 属商业性电视台。前者创建于1965年, 用当地语言、荷兰语和英语播出节目。后者创建于1985年, 使用荷兰语、英语、葡萄牙语、西班牙语和一些当地语言播出节目。

出版社 出版业组织为苏里南出版者协会 (Publishers' Association Suriname), 全国主要出版社有10家, 如教育与社团发展部出版社、苏里南大学出版社等。

报刊 苏里南主要日报有4家。

《真理时报》(De Ware Tijd), 创刊于1957年, 早报, 长期独立和自由报纸, 荷兰文。发行量最大, 日发8000份。

《西方晚报》(De West), 创刊于1909年, 午报, 自由报纸, 荷兰文。发行量为1.5万~1.8万份。

另外两份日报是《帕拉马里博时报》(The Times of Paramaribo) 和《苏里南日报》(Dagblad Suriname), 均为荷兰文。

政府、劳工组织、宗教等方面还出版发行以下5种主要刊物。

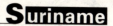

政府刊物：《苏里南共和国新闻简报》（Advertentieblad van de Republiek Suriname），政府和官方的新闻简报。1871 年创刊，荷兰文，每周 2 期，发行量 1000 份。

工会刊物：《文职雇员中心组织新闻简报》（CLO Bulletin），为劳工新闻，1973 年创刊。由公务员工会出版，不定期刊物，荷兰文。

宗教刊物：天主教新闻简报《向上》（Omhoog）为周刊，荷兰文。1952 年创刊，发行量达 5000 份。另有两份刊物，一份创刊于 1895 年，为月刊；另一份创刊于 1906 年，为周刊。

第五节 医疗卫生

苏里南取得国家独立以来，重视公民卫生保健工作，医疗卫生事业有一定的发展。现在，苏里南拥有比较现代化的医疗卫生服务设施，在某些疾病的防治方面取得一定成效。荷兰和欧盟等国家和组织在医疗卫生方面给予苏里南一定资助。

一 医疗卫生组织与政策

政府卫生部全面负责国家医疗卫生工作。医生、助产士、药剂师以及他们的助理人员的注册和证书由卫生部管理和监督，医生的工作许可证由卫生部颁发而且还需得到临床实习卫生主任的同意。其他的卫生职业是不被承认或不受管理的。卫生部下设中央卫生局，局下设医疗护理和药品监管处、法律处、计划处、总行政处等，起着政策研究、监督和协调的作用，特别是法律处负责同司法部和国民议会中常设卫生委员会的协调工作。卫生部还设有公共卫生局，是国家主要的卫生医疗组织，下设卫生教育处、流行病学和生物统计学处以及一些家庭卫生和疾病控制部门，雇员大约400人。该局公共卫生实验室负责食品和其他产品（包括饮用水）的质量管理；其环境检查员负责餐馆、食品加工公司、公共和私人卫生系统（包括固体垃圾和污水处理）的检查工作；医药检查员负责药品和疫苗的注册和进口。流行病学处负责为卫生部提供疾病分布等信息。流行病学处还与地区卫生局合作经管一个传染病监视系统，通过20多个监视报告站的每周报告及时了解疫情。另外，政府通过与国际卫生组织和一些国家政府的技术与财政合作，完成一些重大医疗卫生项目的研究开发工作。

苏里南还设有地区卫生局。这是一个由政府资助的半私营机构，专门为沿海地区的贫苦人家提供卫生服务。20世纪90年代末，该局经管11个卫生中心、27个综合医院、19个分布在各乡村的辅助卫生站和一些为5岁以下儿童设立的卫生所，提供医疗、药品和化验等服务。它雇用55名医生、20名助理医生、48名护士、59名护理辅助人员、28名助理护士、39名助理药剂师、10名化验技术员、15名经过训练的助产士和大约250名管理和后勤人员。由于地区卫生局的努力，使得大约89%的住户距综合医院或卫生站不到5公里，60%的住户长期固定地利用这些医院或卫生站为自己提供医疗服务。地区卫生局除政府资助外，其特殊医疗项目还得到泛美卫生组织以及荷兰等国政府的财政和技术援助。

医疗布道团（The Medical Mission）是苏里南的一个非营利性的、私营的医疗卫生组织，受卫生部指派负责内地居民所有的医疗卫生工作。它接受政府资助，充当教会基金会的保护伞。20世纪90年代末雇用大约170人，其中4名医生、6名注册护士和62名“卫生助理”，经营45个卫生站，其中6个在内地。医疗布道团的宗旨是发展一个以社团需要为基础的医疗体系，促进人们的卫生意识。布道团的工作对象大约48500人（80%为丛林黑人，20%为印第安人)。

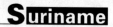

其他与开展卫生工作和疾病控制活动有关的组织还有卫生部的皮肤病控制局（The Dermatologische Dienst）、农业部的兽医局（The Veterinary Service of the Ministry of Agriculture）、“十字协会”（so-called Cross Associations）和一些诸如计划生育基金会、青年牙科服务基金会等组织。“十字协会”为非政府组织，设有“好婴儿诊所”（Well-baby clinics）等。

皮肤病控制局旨在控制性病、艾滋病、雅司病（一种热带痘状慢性皮肤病）、利什曼病（内脏利什曼病又称“黑热病”）和其他传染病，根治麻风病（当时卫生部的官方政策目标是在2000年消灭麻风病）。20世纪90年代末，控制局雇用大约50名医生、护士、管理人员和工人，通过设在帕拉马里博的中央综合医院、尼克里的地区医院、沃诺莱佐的地区卫生中心等提供医疗服务。每年处理来访病人约2.4万人，进行4.6万次实验室测试，还为专科医院之外的医院提供梅毒血清、输血服务等。

计划生育基金会旨在促进计划生育和预防宫颈癌。工作重点群体是青少年、年轻的成年人和内地居民。基金会除了做计划生育工作之外，每年为1万~1.2万名妇女进行早期宫颈癌脱落细胞巴氏染色法（Pap tests）检查。

青年牙科服务基金会旨在促进口腔医疗保健工作。它经营一个培训中心并在一些卫生中心和学校开设了30多个牙科诊所，免费为17岁以下的儿童和少年提供牙病防治。每年诊疗活动达20多万人次，约为病人拔牙3万多颗。

为使医疗卫生工作顺利开展，政府为医疗卫生工作制定了一系列法规、政策和措施。例如，政府在1996年制定的一项政策文件（The Policy Paper 1996）中提出，保护所有人口的卫生权益，重点为社会经济状况脆弱的个人和团体提供所需要的物资和社会支持，最终使这些弱势群体实现生活自给自足。另外，国家社会事务和住房部还为现存的“支持制度”提供保障，其中包括为老年人和贫困家庭的现金转拨、儿童补贴和为贫困人口（占总人口的25%）提供免费医疗等。

国家卫生部在其1997～2001年政策文件（The 1997～2001 Policy Paper）中重申，医疗卫生系统中两个核心问题是财政问题和缺少受过培训人员的问题。政策文件同时指出，卫生部政策的重点是停止医疗卫生部门的衰退；卫生部对医疗卫生体系调整和改组的措施中包括将国家卫生委员会工作制度化，加强医疗卫生管理，修订医疗卫生立法，继续对政府医院、地区卫生局和其他机构实行私有化，恢复内地的医疗卫生设施等。政策文件还规定，政府对“参加地方社团、动员地方资源、分散卫生体系管理”等给予优惠；对包括妇女、儿童和劳动阶层在内的重点团体的医疗卫生目标是控制腹泻疾病、增强免疫力和加强子宫颈癌的筛查；对全部人口实行“一项义务国民卫生保险制度”（A Compulsory National Health Insurance System），其中包括调整医疗服务人员的薪水、控制药品和其他投入物的价格、控制内部医疗的成本等。在医疗卫生方面，政府财政政策的重点是结束为医院无限制地筹措资金、逐步取消补贴等。政府的医疗卫生支出将限制在国民生产总值的6%～8%，内部医疗的成本被限制在医疗卫生预算的52%以下。政府在控制疾病的规划中对疟疾、登革热、麻风病、血吸虫病、泥土传染的蠕虫病，包括艾滋病在内的性传染疾病、肺结核等给予优先考虑等。

二　医疗卫生概况

20世纪70年代末，国家公共医疗卫生状况良好。首都帕拉马里博有5家设备先进的综合医院，尼克里也有一家。全国其他地方还有一些医院、卫生中心和卫生站等。至1985年，全国共有医院床位1964张、医生219人，相当于每1

万人拥有6名医生和52张病床。但是，80年代由于国际市场铝土及其产品价格下跌，荷兰中断发展援助，1986～1992年内地发生游击战争等，国家经历了一个困难时期。其间，国内基础设施损坏严重，医疗卫生部门也因投资少和财政紧缩受到严重影响。医疗设施和器械得不到及时维修和更新，药品和试剂缺乏，受过培训的公共卫生专业人员、医药专家和注册护士大量流失。至20世纪90年代末期，国家财政虽有好转，然而困难尚存，故对各大医院和其他医疗机构的拨款迟滞，致使医疗卫生工作的局面未得到根本改变。另一方面，苏里南大量向外移民，继续造成训练有素的医务人员的严重流失。据2001年的报道，1970～1998年间培养的护士中有82%的人现在海外工作。医生数量也大幅下降，1990年苏里南每10万人中拥有74名医生，相当于1348人拥有1名医生；1993年每10万人中有40名医生，相当于2500人1名医生；1996年每10万人中拥有25名医生，相当于4000人1名医生。21世纪开始后，医疗卫生工作有所改观，但进展不快。2001年和2003年每10万人中拥有的医生均为50名，相当于2000人拥有1名医生；人均医生数较1996年均有增加，但较1990年仍有减少，而且尚低于1985年的比例数。

1990年大约212人拥有1张病床，1993年232.5人拥有1张病床。1996年每1万人拥有31张病床，相当于322.5人拥有1张病床。当年，医疗卫生支出为40.52亿苏盾，占政府总支出的3.7%。1998年政府用于卫生服务方面的开支占国内生产总值的7.1%，平均每人为225美元。2000年和2001年医疗卫生开支分别占国内生产总值的9.8%和7.3%。2004年略有升高，达到7.8%，人均376美元。

现在，国家经济仍然依赖铝土、木材生产。另外，黄金生产在国家财政收入中也起着相当重要的作用。正因为如此，而且由于相关法律和措施缺乏，大量的采矿者、伐木者破坏生态，污染环境，侵害当地居民（主要是印第安人和丛林黑人）的权益，损害当地居民的身体健康，引起当地居民的不满。伐木、黄金开采活动的同时还带来了日益增多的暴力犯罪、嫖娼、吸毒和性传染疾病等社会和公共卫生问题，日益成为人们关注的焦点。在这些地区，水资源的污染是一个重要问题。采矿者在开采金矿时造成内地的汞（水银）污染、帕拉马里博的废水和化粪池沉积物排入苏里南河以及工业废水排入萨拉马卡渠道等，都对环境和居民的健康构成威胁。

由于地处热带环境等原因，苏里南一些慢性病，如甲肝、黄热病、白喉、破伤风、脊髓灰质炎、伤寒、疟疾等仍有发生，威胁着人们的健康。肠胃炎是苏里南致人死亡的第五大疾病。由于一些地区特别是内地缺乏安全饮用水，许多人丧失了维护健康所必需的卫生条件。在沿海地区，管道输送的饮用水因途中污染使得人们的健康仍受到威胁；在一些缺乏卫生条件的贫困农村地区，雨季到来后因水源引起的疾病仍是很普遍的事情。目前，在苏里南还缺乏系统的卫生和环境教育，现存的环境卫生监督制度还有待进一步改进。

尽管政府对医疗卫生部门的公共投资不足，医疗卫生状况不尽如人意，但由于医疗卫生条件的改善，国民的健康水平在不断提高。婴儿的死亡率呈明显的下降趋势，人口预期寿命亦在不断延长。在加勒比国家中，苏里南的各项医疗卫生指标还是比较高的，情况是比较好的。据联合国人口发展报告统计或以前的有关的资料，1960～1993 年人口年均增长率为 1.1%，1986～1996 年年均死亡率在 7.3‰和 6.2‰之间。1970 年人口预期寿命为 64 岁，1980 年为 64.8 岁。1996 年的人口预期寿命提高到 70.5 岁，2000 年和 2002 年分别为 71.4 岁和 71 岁；2000～2005 年人口预期寿命平均为 71 岁。但是资料显示，2006 年人口预期寿命又降为大约 69.01 岁，2007 年估计为 73.23 岁（男为 70.52 岁，女为

76.12 岁）。居民传统的接生方式不断改进，2000 年由经过训练的助产士接生率达到 84.5%，大大提高了婴儿的健康水平。婴儿死亡率由 1980 年的 46.6‰降至 1996 年的 28‰，2000 年又降至 25‰，但 2001 年和 2002 年又有所回升，分别达到 32‰和 31‰，2006 年和 2007 年估计分别降为 23.02‰和 20.11‰。近几年，婴儿死亡率出现升高和人口预期寿命出现降低的情况，与自然灾害等原因有一定关系。

自 1983 年诊断出第一例艾滋病以来，截至 1996 年年底，全国报告的艾滋病及携带病菌者 597 例。20 世纪 90 年代末，在临近巴西边界的一个印第安人村庄也发现了首例艾滋病患者。据有关部门估计，2001 年艾滋病及携带病菌者占 15～49 岁人群的 1.2%，约为 5200 人；2003 年估计占 1.7%，当年因艾滋病死亡者少于 500 人。2005 年艾滋病及携带病菌者占 15～49 岁人群的 1.9%，大约为 2400 人。

第七章

外　交

第一节　外交政策

苏里南独立后，对外奉行不结盟的外交政策，维护和平共处、互不干涉内政和民族自决等原则，并且主张以《联合国宪章》、《美洲国家组织宪章》为准则，与不同社会制度的国家发展友好合作关系。

20 世纪 80 年代以来，苏里南积极推行多元化外交，重视发展同包括荷兰、马来西亚、中国、印度、印度尼西亚、日本、美国、巴西等国家的关系，积极参加拉美和加勒比地区一体化运动。1995 年 2 月，苏里南成为加勒比共同体正式成员，亦即该组织中第一个非加勒比英联邦国家的成员，2006 年 1 月，加入包括绝大多数加勒比英语国家在内的加勒比单一市场。1997 年 5 月，苏里南总统韦登博斯出席美国总统克林顿与加勒比另外 14 国领导人在巴巴多斯首都举行的第一次地区峰会，为加强司法、扫毒、金融和发展以及贸易等方面的地区合作而努力。与此同时，由原来作为《洛美协定》（Lome Convention）成员国与欧盟保持联系，在 2000 年 2 月《洛美协定》期满后，苏里南继而成为《科托努（Cotonou Agreement）协议》成员，继续与欧盟在综合贸易和援助方面保持密切联系。当地的蔗糖、香蕉、朗姆酒、大米等获准以进入市场的优惠条件向欧盟出口。1997 年 5 月加勒比开发银行接纳苏里南为成员。同年，苏里南加入伊斯兰会议组织，1998 年成为伊斯兰开发银行成员。截至 1998 年 5 月，苏里南已同大约 100 个国家建立了外交关系。近年来，苏里南与亚洲国家特别是中国、马来西亚、印度尼西亚、印度、韩国等国的贸易和投资联系进一步加强，亚洲大量的计划投资和实际投资流入了苏里南的农业、林业、渔业、矿业等部门。与此同时，苏里南政府亦更加注重加强本地区的政治经济联系，与本地区许多国家特别是周边国家签署了多领域合作的双边协议等。

1975 年苏里南独立后成为联合国第 144 个成员国。在对待联合国的问题上，苏里南支持发展中国家在联合国安理会中拥有更多席位，认为安理会改革不要仅限于扩大规模的问题，而且更要关注提高效率和所有遵守宪章规定的国家一律平等的原则问题等。苏里南积极支持在缉毒方面开展国际和地区合作，但认为缉毒不应受政治影响，也不应以缉毒为借口干涉别国的内政。1997 年苏里南通过立法，部分地执行联合国关于预防犯罪的 1988 年《维也纳公约》。据联合国禁毒署 2001 年 1 月出版的一份报告，每年大约有 22 吨可卡因途经苏里南和圭亚那，流向北美与欧洲等，其中主要是流向欧洲。这些可卡因相当于南美洲可卡因流出量的 5%，按批发价约合 2 亿美元。尽管政府积极采取了这样或那样的措施，但仍不足以有效遏制毒品走私的浪潮。

苏里南积极努力，进一步深化与国际上多边机构和非政府组织的友好关系。现在，苏里南除了是联合国的成员国之外，还是拉美经委会（1976 年）、非洲、加勒比和太平洋地区国家集团（1976 年）、美洲国家组织（1977 年）、亚马孙合作条约组织（1978 年）、国际货币基金组织（1978 年）、世界银行（1978 年）、不结盟运动（1979 年）、美洲开发银行（1980 年）、国际铝土协会（1984 年）、加勒比国家联盟（1994 年）、国际金融公司、加勒比共同体（1995 年）、加勒比开发银行（1997 年）、伊斯兰会议组织和伊斯兰开发银行（1998 年）等约 40 个国际组织的成员。

第二节　同南美洲一些国家和地区的关系

一　同圭亚那的关系

苏里南与圭亚那有领土纠纷，涉及苏里南人所称的库鲁尼河（The Curuni，即库塔里河 The Kutari 或 Koetari）和博文科兰太因河（Boven Corantijn 上科兰太因河，即新河 The New River）、圭亚那人所称的新河和上科兰太因河（The Upper Courantyne，即库塔里河）之间的三角地区（因形似三角而得名），面积约 1.7 万平方公里。[①] 据资料介绍，科兰太因河上游为库塔里河与锡帕利韦尼河（The Sipaliwini），两河汇合后始称科兰太因河。两国争论的焦点在于科兰太因河的上游到底是哪条河，应该依照哪条河来划定边界。另外，苏里南和圭亚那还曾存在海域争端，双方关系一度因海域争端而很紧张。

现在的苏里南和圭亚那边界是以 1936 年英国和荷兰两国拟定的，但此边界从未被双方政府所批准的有关条约所确定。当时，圭亚那和苏里南分别为英国和荷兰的殖民地，边界是由两国的宗主国商定的。因第二次世界大战全面爆发，边界条约的签署被搁置下来。据该条约草案，两国以科兰太因河的左岸为边界，

① 一说 1.5 万平方公里（6000 平方英里），见 *The Europa World Year Book*, Europa Publications Limited, London, 2003, p. 3903。

库塔里河为该河的上游和源流，科兰太因河为苏里南所有，但圭方有权使用该河。条约草案包括领海，但不包括专属经济区，双方专属经济区均未得到相互邻国的同意。该条约草案实际上是沿袭了 1799 年同为荷兰殖民地的苏里南总督和伯比斯（今圭亚那一个地区）总督签订的一个边界条约，同时采纳了 1840 年德国地理学家罗伯特·尚伯克（Robert Schomburgk）对英属圭亚那边界的考察结果。1871 年英国地理学家巴林顿·布朗（Barrington Brown）再次对科兰太因河上游进行考察，提出“新河而不是库塔里河为科兰太因河上游和源流”的见解。这一发现使荷兰和英国对苏里南和圭亚那的边界走向产生争议。

1947 年荷兰对新河和库塔里河进行空中摄影，企图以影像说明新河是科兰太因河的上游和源流。1962 年荷兰对圭亚那在科兰太因河上游的新河以东地区的主权提出质疑，声称两国边界应该沿塔尔韦格河（The Thalweg）和西边的新河划定，而不是科兰太因河的左岸和库塔里河，并且建议修改过去的条约草案。1965 年苏里南将新河改名为“上科兰太因河”。然而，英国政府坚持以科兰太因河上游库塔里河为界河，拒绝重新谈判边界问题。因此，边界问题作为一个历史遗留问题延续下来。[①] 1966 年 6 月圭亚那和荷兰政府曾就边界问题在伦敦举行谈判，但无结果。此后，边界问题遂成为影响两国关系的主要因素之一。

20 世纪 60、70 年代，双方曾有过小规模的边界摩擦。如 1967 年、1969 年，圭亚那两次派军队前往该新河三角地区，驱逐进入该地区的苏里南考察队员和武装人员。1970 年苏、圭双方在特立尼达和多巴哥总理威廉斯的调解下达成谅解，同意新河

① EIU, *Country Profile*, *Suriname*, The Economist Intelligence Unit Limited, London, 2003 ~ 2006, *Regional Survey of the World*, *South America*, *Central America and the Caribbean*, Europa Publications, London, 2001, 2003, 2005.

三角地区实现非军事化，并且尽快恢复1966年在伦敦举行的边界谈判。边界紧张局势遂得到缓和。1977年、1978年双方又发生互相扣留在科兰太因河及其附近海域作业的渔船、渔民等问题。1978年7~8月，两国高级官员多次进行会谈，相互关系有所改善。1979年4月，两国总理在巴巴多斯举行会谈，就签订两国间友好谅解协定、贸易和经济技术合作协定以及文化和科学协定等三个文件草案达成协议，并同意两国领导人互访，为进一步改善和发展两国关系奠定了基础。6月中旬苏里南总理阿龙访问圭亚那，双方签署文化和科学协定；苏里南同意在圭亚那设立使馆；至于边界问题，双方认为存在已久，应成立一个专门的联合机构研究解决。

1980年以来，两国关系较为稳定。1989~1991年两国总统等领导人多次互访。1991年9月圭亚那总统霍伊特亲自出席苏里南总统费内希恩的就职仪式。1994年6月圭亚那总统贾根访苏，两国领导人重申了解决边界问题的愿望，并且决定进一步加强两国间经济合作等。1995年和1996年两国官员多次互访，进一步探讨解决领土纠纷问题。1995年双方还就建立联合委员会寻求解决边界争端的办法达成了协议。1997年10月苏里南和圭亚那签署了有关两国界河——科兰太因河轮渡的意向书。

1998年6月两国关系又起波澜，盖源于据称蕴藏有160亿桶石油和丰富天然气的海域争端。美国地质勘探队调查认为，在科兰太因河入海附近的海域存在着世界上一些最大的处女油田和气田。当年圭亚那批准加拿大的CGX能源有限公司（CGX Energy Inc.）在其沿海大陆架上勘探石油和天然气。但在标明的科兰太因河地段中，有部分水下地区属于苏里南要求拥有主权的争议地区，于是引起苏里南方面的关注。2000年5月苏里南政府提出正式抗议，反对加拿大CGX能源公司获得的开采特许权，声称侵犯了苏里南主权和领土完整，并邀请圭亚那就领海界线问题进行谈判。圭亚那政府认为，勘探活动完全是在圭亚那领海上进行的，不存在侵犯苏里南主权和领土问题，但与此同时表示愿意与苏里南就此问题进行谈判。6 月初，正当加拿大 CGX 能源有限公司在据认为储量约 10 亿桶石油的水域开钻时，苏里南政府派遣海军炮艇强迫该公司移走其钻井设施。随之，圭亚那和苏里南两国争端升温，双方军队集结边境，军用飞机互相进入对方领空，军事冲突迫在眉睫。随后，由于加勒比国家等领导人紧急出面调解，冲突才得以避免。6 月 6 日双方代表在特立尼达和多巴哥的西班牙港会晤，同意建立一个联合技术委员会来解决两国争端。接着，两国又在牙买加进一步谈判，但僵局始终未能打破。由于圭亚那忙于 2001 年大选，双方同意在大选后即恢复谈判。加拿大 CGX 能源公司看到圭亚那和苏里南两国一时难以达成协议，遂放弃了在该地区的勘探业务。

2000 年 9 月，据圭亚那报道声称，苏里南士兵入侵其领土，两国关系又变紧张。2001 年 6 月，两国外长分别代表政府发表声明，承诺两国之间和平与合作，圭亚那总统贾格德奥还接受了苏里南为解决两国争端的访问邀请。7 月，两国总统在地区会议上会晤并宣布，2002 年初“圭亚那—苏里南双边合作委员会”重新开始工作。2002 年 1 月，圭亚那总统贾格德奥访问苏里南，同意恢复谈判、成立苏里南和圭亚那边界委员会。贾格德奥在苏里南国民议会发表演讲时，提出两国联合勘探和开采争议地区石油的建议，但遭到苏里南议会反对党成员的强烈抵制，原因是他们认为这样做有损国家主权。同年 3 月底荷兰外交大臣约齐亚斯·范阿尔特森（Jozias van Aartsen）访问苏里南，苏方正式向荷方档案馆申请援助，希望从原宗主国荷兰档案馆的历史资料中寻求证据，以加强在与圭亚那领土争端方面的地位。费内希恩总统表示，他期望通过研究档案资料决定新河三角地区的归属。2002 年 7 月，苏里南和圭亚那边界委员会举行会议，重新讨论开发争议地区石油资源的途径问题。与此同时，两国政府还同意在贸易、投资、合资企业等方面加强合作。2003 年 3 月两国关系再度出现波折，原因是苏里南政府发布一项公告称，驻帕拉马里博的所有外交使团在发送苏里南地图时，必须将有争议的领土包括在内，并向它们发送了新出版的苏里南地图样本。圭亚那立即作出反应，认为苏里南的“挑衅”行为实际上是一份宣战文告。遂向苏里南提出正式抗议，同时致信所有驻苏里南外国使团阐明立场，并派遣海军分遣队对科兰太因河附近海域进行巡逻。两国间关于边界问题的谈判和努力再次受挫。2004 年 2 月 24 日，圭亚那根据联合国海洋法公约第 287 条之规定，将海域争端提交联合国海洋法庭，要求根据相关法律进行仲裁，联合国海洋法庭予以受理。同年 5 月 12 日和 29 日，两国代表与设在德国汉堡的联合国海洋法国际仲裁法院院长多利弗·纳尔逊（Dolliver Nelson）法官举行会谈，圭亚那方面在会谈中还就继续进行石油和天然气的勘探工作提出一些过渡性建议措施。但是，海洋法庭的仲裁需要在 3 年内举行大量听证会后才能作出，需要耐心等待。在此期间，两国任何一方不得在有争议的地区进行石油和天然气的开采工作。2006 年 3 月苏里南又宣布，将把原来主张的 200 海里专属经济区的界线向外扩展 150 海里，同时考虑与圭亚那等邻国的专属经济区可能重叠的问题。根据联合国海洋法公约，上述主张提交公断的最后期限是 2009 年。

2007 年 9 月 17 日，两国等待已久的联合国海洋法庭的仲裁有了结果，争议海域中绝大部分划归了圭亚那。这一结果自然不是苏里南所希望看到的，但也只能服从。另外，苏里南扩张专属经济区的主张将可能引发新的争议问题，与其他邻国间造成摩擦，当然包括与圭亚那的关系问题。海域边界问题虽获解决，但与科兰太因河相关的新河三角地区的边界争端是不能通过海洋法庭解决的。因此，边界争端问题仍将是两国间产生摩擦、影响相互关系的重要因素。在 2007 年 10 月 1 日的国家声明讲演中，苏里南总统费内希恩提出了解决遗留的边界问题的尝试性建议。

二 同法属圭亚那的关系

法属圭亚那是法国的海外省，同法属圭亚那的关系实际上是同法国的关系。苏里南与法属圭亚那也存在领土纠纷问题，涉及利塔尼河（The Litani）至马罗韦讷河之间的三角地区，面积大约 1.55 万平方公里（一说 1.30 万平方公里），当地基本上渺无人烟。[①] 另一个影响双方关系的因素是难民问题。1986 年苏里南爆发反政府游击战争，东部约有难民 7000 ~ 10000 人逃入法属圭亚那，加之法国担心海地难民也可能通过苏里南涌入，致使法国与苏里南关系紧张。法国政府向苏里南发出警告，不允许其军队在镇压反叛活动的过程中进入法属圭亚那，同时在边界地区部署了准军事部队和法国外籍军团人员，严加防范。苏里南政府也谴责法国，认为在法属圭亚那的法国军队准备入侵苏里南。其间，鲍特瑟军政权与古巴和利比亚关系密切，甚至宣称支持法属圭亚那和马提尼克的分离主义运动等，更加引起法国政府的不安。特别是欧洲航天局的阿丽亚娜火箭发射基地——库鲁航天中心的战略位置靠近苏里南边界，其安全问题使苏里南与法国和法属圭亚那的关系进一步复杂化。

1988 年中期，苏里南和法国与联合国难民事务高级专员办事处签订了关于遣返大约 1 万名难民的框架协议。1992 年 4 月即有大约 6000 难民返回苏里南。7 月，苏里南政府就强迫遣返难民问题，向法国当局提出正式抗议。法国于是将其资助的遣返

---

① *Latin American Caribbean & Central America Report*, Latin American Newsletters, London, July 7, 2007.

难民计划的最后期限由9月30日延至12月31日。到年底，出于人道主义考虑除了数百难民被留下来之外，其余的绝大多数难民由法国提供资助返回了苏里南，两国紧张关系逐渐得以缓和。2006年6月苏里南和法国签订一项警察合作协议，规定两国中任何一方的警察都可以与国际同行们在两国界河即马罗韦讷河两侧2公里之内采取联合行动，追捕犯罪嫌疑人等。据报道，现在仍有近1万苏里南人生活在法属圭亚那，其中包括2800名难民，主要是1986~1992年内战时逃至法属圭亚那的丛林黑人。现在，尽管双方边界争议尚未解决，但并不是一个严重问题，相互之间关系正常。

2007年2月，法国方面宣布，在临近苏里南东南边界地区（部分在争议区内）建立一个200万公顷的自然保留地——“圭亚那亚马孙公园”。当地印第安人的渔、猎生活因此受到法国军队的限制，财产受到破坏，导致边界地区发生一些小事件。苏里南土著人组织（The Organization of Indigenous People）向苏里南政府和法国政府提交一份请愿书，提出抗议，声称该地区属于苏里南。在收到请愿书后，法国驻苏里南大使让-马里耶·布律诺（Jean-Marie Bruno）发表讲话说，法国军队在该地区的任何干预行动都是合法的，因为法国政府一直把伊塔尼河看做是正式边界。苏里南总统费内希恩获悉情况后承诺就此问题特别是非法开采金矿问题，将与苏里南土著人和法国官方进行磋商。7月13日，苏里南向法国当局提交一份外交照会。世界野生动物基金会（The World Wildlife Fund）也关注事态发展，强调在该地区的任何开发工作都应该完全尊重土著人的生活方式和保护该地区的需求。

苏里南与法属圭亚那的海洋边界问题，根据等距线原则早已解决。现在，法国建议改进双方的运输和电力供应方面的关系，据认为将对两国都有利。2007年9月，法国代表团与苏里南讨论了关于在马罗韦讷河上修建成本约为5000万美元的桥梁问题、改进阿尔比纳至帕拉马里博的道路问题以及在苏里南河东岸建立深水港可行性问题等的有关框架。

三 同巴西的关系

巴西是苏里南的最大邻国和重要贸易伙伴之一，苏里南历届政府都重视与巴西发展关系。长期以来两国关系一直比较密切。双方在经济领域的合作广泛，在各个层次的交往频繁。原先两国也存在边界争议问题，但后来通过谈判协商和正式划界，使争议问题得到和平解决。在国际事务中，苏里南认为巴西能代表小国利益，故在许多领域支持巴西的立场。

苏里南独立后，前两届政府总理以及军队司令鲍特瑟等都曾访问巴西，两国签订了友好条约以及经济技术合作协定，还设立了混合委员会。

1985年两国签订了巴西向苏里南提供2000万美元贷款协定。1989年巴西总统萨尔内和苏里南总统尚卡尔互访，两国关系进一步发展。1990年圣诞节前夕，苏里南再次发生军事政变，巴西与荷兰、美国等予以强烈谴责。1991年苏里南军人还政于民后，巴西和苏里南关系随之改善。次年1月，巴西外交部秘书长访问苏里南。1996年初，苏里南总统费内希恩访问巴西，双方就苏里南延期偿还巴西债务问题达成协议。1997年，苏里南总统韦登博斯及其他各界人士相继访问巴西，两国关系进一步加强。韦登博斯对巴西进行国事访问回国后专门任命了一个由8人组成的“巴西关系行动”特别工作组，负责协调两国之间在经济合作中的有关政策和工程项目等问题。据1998年1月苏里南报载，巴西为苏里南提供借贷款额总数达到6400万美元，成为苏里南的最大债主。另外，巴西在苏里南有数万移民，其中多为非法移民（如淘金者等）。2003年苏里南总统费内希恩访问巴西，两国总统在移民、延期偿还债务等问题上达成共识。与此同时，两国还在司法互助和双边贸易等方面进行磋商。巴西国内大米需求量很大，每年进口约180万吨。2005年4月，巴西同意每年免税从苏里南进口大米1万吨。由于两国边界相连，运输方便，巴西此举无疑对两国都有益处。

四　同委内瑞拉的关系

苏里南同委内瑞拉关系密切，双方高层领导频繁互访，在经济技术等各方面不断发展合作。委内瑞拉外长何塞·桑布拉诺都认为，苏里南独立后直至1980年2月发生军事政变，委内瑞拉同苏里南一直保持着最好的关系。

1975年12月两国签订协议，委内瑞拉供应苏里南所需要的全部石油，苏里南向委内瑞拉出口铝土和氧化铝，两国共同开发苏里南的石油资源。1978年6月苏里南总理阿龙访问委内瑞拉，同年7月委内瑞拉总统佩雷斯访问苏里南。1979年11月阿龙总理再次访问委内瑞拉，双方进一步密切了经济和文化合作，其中有委内瑞拉帮助苏里南训练技术人员、建筑住房和向苏里南提供石油等。1980年苏里南发生军事政变后，委内瑞拉政府对苏里南中断宪制民主表示遗憾，并密切关注其政局的发展。1985年苏里南和委内瑞拉签订了渔业协定。1989年2月，苏里南副总统兼部长委员会主席（总理）阿龙出席委内瑞拉佩雷斯总统的就职仪式，10月委内瑞拉总统佩雷斯访问苏里南。1990年12月苏里南再次发生军事政变后，委内瑞拉中止了与苏里南的外交关系，仅在苏里南保留一名外交官负责领事事务等。1991年5月苏里南进行大选，组成新的文人政府。委内瑞拉积极支持苏里南恢复民主与法治，并立即向苏里南派出代办。同年9月，佩雷斯总统前往苏里南参加费内希恩总统的就职典礼，表示委内瑞拉将帮助苏里南尽快恢复经济。次年1月，委内瑞拉同意向苏里南提供 400 万美元贷款。1993 年 4 月费内希恩总统访问委内瑞拉。委内瑞拉表示愿意为推动苏里南加入拉美一体化进程而努力。1998 年，两国续签了关于捕鱼权和海产品保护的双边协定。

从 20 世纪末乌戈·查韦斯就任委内瑞拉新总统以来，两国关系一直平稳发展。

2006 年 9 月，在古巴召开的不结盟运动首脑会议上，费内希恩总统和查韦斯总统会晤，双方讨论了在石油和渔业方面的合作问题。现在，尽管存在美国的压力，但苏里南与其他加勒比共同体邻国一起，积极发展同委内瑞拉的密切关系。

第三节　同荷兰的关系

苏里南过去是荷兰殖民地，双方有特殊的传统关系。现在，大约 30.9 万有苏里南血统的人生活在荷兰，荷兰是苏里南的主要发展援助国。这些因素在两国关系中起着重要作用。实际上，苏里南注意与荷兰保持“特殊的传统关系”。独立前夕，苏里南将议会中荷兰女王巨幅照片悄无声息地摘下，在夜间将总督广场上的荷兰女王石头塑像迅速搬离。独立之日举行升旗仪式时，阿龙总理并未发表脱离荷兰的独立讲话，等等。所有这一切均被认为是对荷兰的友好表示。与荷兰的这种“特殊的传统关系”在长时间内一直是影响苏里南国内政治的一个重要因素。

由于在政治、经济、文化等方面受荷兰影响很深，苏里南独立后与荷兰保持着密切联系。又因为苏里南官方语言为荷兰语，所以长期以来它在拉美的西班牙语和葡萄牙语环境中难免显得封闭和孤立。于是，荷兰成了它了解世界的主要窗口。1954 年荷兰修改王国章程和苏里南取得内部自治地位以后，上述情况稍有变化。但直至 20 世纪 60 年代初，曾访问苏里南的作家 V. S. 奈波尔（V. S. Naipaul）仍有以下印象："在苏里南，荷兰就是欧洲，荷兰就是世界的中心，而美洲却退离得很远"。一些苏里南人甚至称苏里南是荷兰的第12个省。

苏里南独立时，两国签订了由荷兰向苏里南提供35亿荷盾（约合15亿美元）的发展援助条约，授予了荷兰在苏里南经济发展中有较大权势。在所签订的另一项协议中，荷兰允许苏里南人在独立后的5年中可轻易地向荷兰移民。这样，苏里南在经济上和心理上均对荷兰有所依赖的旧关系保留了下来。1977年6月，苏里南总统和总理访问荷兰，进一步加强双边关系。1980年2月，苏里南发生军事政变后，军事当局强调要改变与荷兰的旧关系；荷兰强烈谴责苏里南军事当局破坏民主体制，两国传统关系恶化。1982年12月8日苏里南发生"流血事件"后，荷兰中断发展援助，两国关系变得更为紧张。1983年军队司令鲍特瑟出席在新德里举行的第七届不结盟会议，利用不结盟会议对第三世界国家进行实际上反对荷兰的动员工作。1986年12月31日，苏里南外交部发表备忘录，谴责荷兰支持苏里南国内的反政府游击队活动。1987年1月苏里南以"干涉其内政"为由驱逐荷兰大使。作为外交惯例，荷兰以驱逐苏里南代办作为报复。1988年1月苏里南民选政府执政后，两国重新互派大使，荷兰恢复对苏的发展援助。次年7月苏里南副总统兼部长委员会主席（总理）阿龙访问荷兰。但1990年圣诞前夕苏里南发生军事政变后，荷兰再次中断对苏里南的发展援助，两国关系再度恶化。

1991年初民选"新阵线"政府上台后，两国关系开始改善，11月两国举行部长级会晤。1992年6月费内希恩总统访问荷兰，双方签订《苏里南荷兰友好和加强合作关系框架协议》，同意在民主、法制、经济等领域开展合作；荷兰恢复对苏里南的发展援助，同时增加技术援助和投资，支持苏里南实施经济结构调整计划。1993年7月荷兰又以无外部监督为理由单方冻结对苏里南的发展援助，两国关系再次紧张。同年11月，荷兰发展合作大臣访问苏里南，同意有选择地恢复一些基础设施的援助项目，双方紧张关系方有所松动。1994年苏里南议长拉奇蒙为解决两国分歧问题等，多次率团访问荷兰。在双方共同努力下，两国关系重获改善。1995年5月1日，两国签署的上述框架协议正式生效，荷兰向苏里南提供大量经济和技术援助，两国关系进一步发展。1996年荷兰给苏里南1.52亿荷盾的发展援助，后又追加900万荷盾。

韦登博斯总统上台后，两国关系发生逆转，主要原因是苏里南政府与前军队司令鲍特瑟继续保持密切联系。1997年3月，正当荷兰政府调查鲍特瑟涉嫌毒品走私罪行之时，韦登博斯总统将其任命为国家顾问，引起荷兰政府强烈不满，两国关系遂出现恶化。随后，荷兰要求苏里南政府引渡鲍特瑟到海牙接受走私毒品的审判，但苏里南根据宪法拒绝荷兰要求。下半年荷兰政府又提请国际刑警组织通缉鲍特瑟，致使两国关系进一步紧张。苏里南召回驻荷兰大使商议对策，据称鲍特瑟在通缉令发布后亦一度隐匿起来。1998年4月，苏、荷两国就改善关系事宜在纽约举行部长级会谈，但双方意见严重分歧，谈判毫无结果。当年荷兰政府宣布再次中断对苏里南的发展援助。1999年3~7月，荷兰法院以贪污和贩毒等罪名，缺席判处鲍特瑟有期徒刑16年（后减为11年）和罚款220万美元。被荷兰以同样方式和程序审判的还有苏里南游击队领导人罗尼·布伦斯韦克（罪名是毒品走私，判刑8年）和苏里南银行行长亨克·胡德斯哈尔克（罪名是蓄意金融管理渎职）。同年6月，荷兰将苏里南从其援助国名单中删除，两国关系跌入低谷。2000年1月，由于受害者亲属的控告，荷兰检察总长又为鲍特瑟罗列出涉及1982年“12月8日大谋杀”的迫害致死罪等。

2000年5月大选后，“新阵线”再次上台执政。费内希恩政府努力着手调查鲍特瑟军政权期间所发生的“12月8日大谋杀”问题，两国关系又逐步得到改善，之间发展与合作援助得到恢复，高层互访亦增多。同年10月荷兰发展合作大臣、外交大臣先后访问苏里南。荷兰决定提高苏里南的国际信用度，同时恢复对苏里南1998年中断的发展援助。2001年8月，荷兰为苏里南提供一项国家担保，使苏里南从荷兰开发银行获得为数1.377亿欧元的10年期贷款（每年5.18%的利息），用于稳定政府的浮动债务。贷款中3200万美元用于偿清韦登博斯政府期间引进的外国贷款，剩余9300万美元偿还苏里南中央银行的债务，以此加强该银行外汇地位。尽管2002年2月苏里南发生向荷兰驻苏大使鲁道夫·特雷弗斯（Rudolf Treffers）官邸投掷手榴弹事件，但两国关系并未受到影响。事后荷兰派遣医学专家协助苏里南当局调查此案。同年3月两国政府代表举行一系列会晤，表示加强相互合作。两国同意建立一个“回返移民委员会”（Returned Emigration Committee），监督拥有荷兰国籍的苏里南人志愿回国后社会福利不受损害。另外，为方便荷兰老年人到苏里南旅游，双方还讨论了对60岁以上的荷兰旅客取消临时签证之规定的问题。2002年和2003年荷兰共为苏里南提供援助2500万美元。2004年6月，荷兰改变对苏里南的官方政策，自1975年以来第一次强调，两国之间就像荷兰与其他发展中国家之间一样，需要发展更为商业性的和务实的关系。新政策鼓励苏里南减少对前宗主国的依赖，进一步融入地区一体化和获得多边机构的而不是单纯依赖荷兰的发展援助。新政策还强调，两国继续加强在打击犯罪（贩运毒品和拐卖人口）、环境、贸易、投资、防卫和文化等方面的合作。苏里南走私毒品等活动猖獗，主要目的地是美国和欧洲（包括荷兰）。2002年10月，荷兰政府在资助苏里南建立一个新的警察司令部的同时，还为其安全部队提供了专家训练和设备。2004年初，荷兰政府和苏里南政府同意在收集情报方面开展合作以及对来自苏里南的旅客和货物加强安检。另外，根据此项新政策，荷兰政府设想了一个5年的过渡期，以建立新的关系框架并支付1975年苏里南独立时发展援助额中剩余的2.82亿欧元（合3.47亿美元）。2005年荷兰向苏里南提供2840万欧元的经济援助。两国还签署了教育合作声明，并且就“国籍条约”问题进行磋商。同年11月，荷兰首相继10月份外相访问苏里南后再次造访，并参加了苏里南独立30周年的庆典活动。

但是，2006年年初以来双方关系因荷兰政府采取的一项控制毒品政策出现摩擦。该政策规定，对抵达阿姆斯特丹斯希普霍尔机场的苏里南乘客和空运货物实行百分之百的控制政策，其中明确提出对来自苏里南的乘客实行毒品搜查。苏里南政府对此项政策规定强烈不满，认为有歧视倾向。2006年5月费内希恩总统致信荷兰首相扬·彼得·巴尔克南德（Jan Peter Balkenende），提出措辞严厉的抗议。随后，尽管荷兰政府承诺实行一个较为人道的检查政策，但双方关系依然紧张。1月和2月苏里南运输部长艾利斯·阿马弗、10月苏里南劳工和环境部长乔伊斯·阿马雷略·威廉斯等访问荷兰或途径荷兰时，在机场均遭到检查，苏里南政府为此均对荷兰政府提出正式外交抗议。2006年11月6日，费内希恩总统和萨灸副总统拒绝与来访的荷兰发展大臣范·阿登内（Van Ardenne）女士进行礼节性会见。次日，费内希恩总统还在议会辩论时，再次严厉谴责荷兰的毒品搜查政策。

第四节 同美国的关系

美国是苏里南的重要贸易伙伴，苏里南的进口贸易一半以上来自美国。美国铝公司现在仍然控制着苏里南的铝土采矿业，一些美国公司一直活跃在苏里南的消费品生产和服务部门。苏里南在经济上对美国依赖较深，在政治上也希望得到美国的支持，因此非常重视同美国发展关系。

1980 年苏里南发生军事政变后，当局宣称“发展社会主义进程”，引起美国的严重关注。1982 年“12 月 8 日大谋杀”事件发生后，美国中止对苏里南的援助，两国关系遂变紧张。特别是当时苏里南与古巴和利比亚建立密切关系，大量古巴顾问出现在苏里南，更加引起美国当局的警觉。据前国务卿舒尔茨在 1993 年的回忆录《骚乱与胜利》（*Turmoil and Triumph*）一书中讲，美国政府为防止“共产主义政府”在西半球蔓延，在苏里南发生“1982 年 12 月大谋杀”事件后，原准备通过军事干涉推翻鲍特瑟政权。但美国的军事计划中要求荷兰出兵占领帕拉马里博，与此同时自己对苏里南建立海上封锁，后因荷兰拒绝军事参与，美国遂放弃该计划。1983 年 10 月美国入侵格林纳达后，苏里南当局有所感悟，于是中止同古巴签订的一些合作项目，并驱逐古巴大使卡德纳斯及其随员，主动缓和与美国的关系。1988 年苏里南民选政府上台后，两国关系有所改善。

1991 年民选政府再次建立以来，美国和苏里南在民主、尊重人权、法治和文人治军的原则基础上，一直保持着积极的和互利的关系。为进一步加强苏里南的文人政权和支持其民主体制，美国为苏里南的一些军官和决策者们提供了关于军人在宪制社会中如何发挥作用方面的培训。美国还帮助训练了苏里南的扫毒人员，协助苏里南进行扫毒和打击有组织的犯罪活动。此外，两国在打击非法移民和洗钱方面亦有重要的伙伴关系。2000 年以来，美国向苏里南警察捐赠了一个犯罪记录数据库以及一些电脑、车辆、无线电通信设备等。2006 年 7 月，美国毒品管制局在苏里南建立了一个 3 人常设办事处，为当地执法部门提供支援和训练，但无刑事调查权。

美国和苏里南在经济贸易方面的合作逐步增加，特别是美国铝公司在苏里南铝土及其加工业的长期存在的投资，使美国成为苏里南最主要的贸易伙伴之一。苏里南从美国主要进口化学品、飞机、汽车、机械部件、肉类和小麦。1990 年和 2000 年美国在苏里南进口贸易中所占比重分别达到 40% 和 48.5%，在苏里南出口贸易中所占比重分别为 11.5% 和 28.4%。1993 年美国向苏里南提供 400 万美元发展援助。1995 年美国又向苏里南赠送价值为 70 万美元的药品和医疗设备，并且延长两国间的小麦贷款协定，保证 1996 年对苏里南的小麦供给。1998 年美国和苏里南签订了海运合作协定。2001 年，美国在苏里南的进、出口贸易额中所占比重分别为达到 40% 和 25%，2004 年两者分别为 33.1% 和 21.2%。美国和平队（The U.S. Peace Corps）还同苏里南地区发展部和农村社团一起开展环保工作，以促进内地社团居民的经济健康发展。

贩运毒品和非法移民是美国和苏里南关系中两个重要因素。1992 年 2 月，苏里南总统费内希恩访问美国，会晤布什总统，双方同意在推进民主化进程和反对毒品走私等方面加强合作；美方同意向苏里南提供 800 万美元的贷款，用于购买小麦。苏里南支持美国关于解决海地问题的政策，1994 年苏里南派出军队和警察，参加以美国为首的赴海地多国维和部队。1998 年 6 月，苏里南签署了美洲国家组织起草的“西半球扫毒战略”（The Anti-Drug Strategy for the Western Hemisphere）。同年，苏里南作为加勒比国家中的最后一个国家，与美国签订了海上合作缉毒协议，旨在共同打击毒品走私和洗钱活动，1999 年 8 月协议生效。与此同时，苏里南政府还制定缉毒总计划、通过新的法规，建立扫毒协调中心，严打、严惩毒品走私和洗钱等犯罪活动。美国认为，苏里南虽然打击洗钱的体制薄弱，但还是参加了旨在协调打击洗钱活动的“加勒比金融行动任务队”（The Caribbean Financial

Action Task Force)，尽了相关义务。此外，苏里南有条件地支持美国关于建立美洲自由贸易区的倡议，因担心美国在贸易安排方面牺牲弱小国家的利益，故在相关谈判中对美国存在戒心，主张拉美国家应该协调立场。在其他一些国际问题上，苏里南与美国观点也不尽一致。它反对美国制裁古巴和对伊拉克发动战争等。2003 年由于美国施压，苏里南加大了打击向美国非法移民的力度。

2007 年 3 月 1 日，美国在每年发表的国际麻醉品控制战略报告中，再次指出苏里南在南美毒品运往欧洲的过程中所起的中转站作用。报告说，由于苏里南缺乏财力和人力，政府不可能控制其边界，这样使得途经苏里南的毒品走私者只遇到较少的抵抗。报告还提到，苏里南政府至今尚未通过贯彻联合国毒品公约的法律。美国鼓励苏里南加强海港的安全措施，并承诺继续为苏里南提供扫毒设备、技术和训练方面的支持。

第五节　同印度和印度尼西亚的关系

在苏里南人口中，印度人和印度尼西亚爪哇人占有较大的比重。所以，政府一向重视同印度、印度尼西亚发展关系，双方高层互访和经济文化等方面的合作活动比较多。

苏里南议长拉奇蒙和副总统阿佐迪亚分别于 1993 年 4 月和 1994 年 11 月访问印度。拉奇蒙议长访印期间，两国签订了经济合作协定，苏里南政府利用印度贷款引进印度的农业机械等设备。2003 年 3 月费内希恩总统出访印度，成为苏里南第一个访问印度的总统。两国关系进一步加强，印度政府免除了苏里南 5000 万卢比的到期债务，同时还决定给苏里南提供 10 万美元的药品援助。同年 6 月，第七届印地语大会在苏里南举行，印度高度重视，由外长辛格率领由 100 多人组成的代表团参加大会。此外，两国之间还有一些长期技术和经济合作项目。印度在苏里南还开办了印度文化中心，组织一系列活动，积极传播印度文化，增进两国人民之间的了解和友谊。

苏里南和印度尼西亚过去同为荷兰殖民地。由于历史渊源，长期以来两国之间保持着较为密切的关系。20 世纪 90 年代以来双方进一步发展经济合作。1993 年 8 月，苏里南政府批准印度尼西亚穆萨公司在苏里南开发 15 万公顷森林资源的合同。1993 年 9 月印度尼西亚外长阿拉塔斯访问苏里南，两国签署了经济技术合作协定，鼓励私人企业来苏里南投资。1994 年 5 月苏里南总统费内希恩出访印度尼西亚，两国友好关系进一步加强。1995 年 10 月印度尼西亚总统苏哈托访问苏里南，两国签订了促进和保护投资协议以及关于加强旅游和电信合作的两个意向书。1997 年 10 月苏里南总统韦登博斯前往印度尼西亚进行国事访问，两国签署了发展相互关系的框架协议、农牧渔业合作谅解备忘录、文化协定、成立两国混合委员会协议等，同意在开发石油、制糖、木材加工等方面进行合作。印度尼西亚政府允诺向苏里南提供 1.75 亿～2 亿美元的贷款。2003 年两国政府签署了航空合作协议和避免双重征税协议。2005 年苏里南国民议会议长保罗·索莫哈佐访问印度尼西亚，两国签订一项关于加强双边议会交往的协议。近年来，两国在许多领域中开展技术合作，每年举行经济混合委员会会议，讨论相关事宜。

第六节　同中国的关系

1853 年首批华人契约劳工进入苏里南，两国开始建立联系。在苏里南和中国建交之前，苏里南共产党即于 1974 年发起成立了“苏里南—中国友好协会”，积极致力于两国人民之间的了解和友谊，促进两国之间发展友好合作关系。1976

年5月28日苏里南与中国正式建立外交关系，1977年5月中国在苏里南设立大使馆，两国关系开始进入一个新的时期。此后，两国关系一直平稳发展，双方不断努力加强在政治、经济、文化等各领域的交流与合作。1998年1月苏里南在中国设立大使馆，亨德里克·海伦贝格（Hendrick F. Herrenberg）出任苏里南第一任驻华大使，两国间的外交联系进一步加强。中国奉行"独立自主"、"和平共处"和"国家不论大小一律平等"的外交政策和原则受到苏里南方面的好评，苏里南长期奉行"一个中国"政策的原则立场，受到中国方面的赞赏。

20世纪80年代以来，苏里南高层领导频繁访华，不断为增进两国之间的了解和理解做出努力。先后来华访问的苏里南政要有外交部常务秘书海尼曼（1979年）、代总统米西尔（1984年）、外长海仑贝格（1986年）、教育科学与文化部长李福秀（1987年）、总理兼副总统和民族党主席阿龙（1992年）、外长蒙格拉（1992年）、总统费内希恩（1994年和2004年）、议长拉奇蒙（1995年）、国防部长吉尔兹（1996年）、总统特使鲍特瑟（1997年）、总统韦登博斯（1998年）、总理乌登豪特（1999年）、总检察长罗森布拉特（1999年）、国防部长潘代（1999年）、国防部长阿森（2000年）、教育与人民发展部长瓦尔特·桑德里曼（2001年）、贸易与工业部长张振猷（2002）、外交部常务秘书里蒙（2002年）、贸易与工业部长杨进华（2003）、财政部长希尔顿贝赫（2003年和2004年）、公共工程部长巴雷沙（2003年）、副议长阿兰迪（2005年）、议长索莫哈佐（2007年）、副总统萨灸（2007年）等，访问期间受到中国领导人及有关部门的热情接待。

1984年来访的代总统米西尔是苏里南第一位访问中国的总统级高官。实际上，他并非因为国事，而是以个人名义来华旅行休假的，但同样受到了中国的高规格礼遇。国家主席李先念亲自会见和宴请，体现了中国对发展同苏里南等拉美国家友好合作关系的重视和国家之间的相互尊重。1986 年苏里南外长海伦贝格访华，与万里副总理等会见，国务委员兼外长吴学谦与之会谈，双方签署了建交后第一个政府间的经济技术合作协定。1994 年，费内希恩作为苏里南第一位正式总统应邀对中国进行国事访问，受到国家主席江泽民的热情接待。两国政府签署了中国向苏里南提供贷款协定、中国政府向苏里南政府提供一批一般物资的换文、关于推迟苏里南向中国偿还贷款期限的换文和中国向苏里南提供农机具的合同等 4 个文件。1996 年苏里南国防部长吉尔兹访华，开创了苏里南军队领导人首次访问中国和两国军队领导人相互接触的记录，扩大了两国间合作领域。1998 年韦登博斯总统应江泽民主席邀请访问中国，两国领导人就双边关系和共同关心的问题深入交换意见并达成广泛共识，双方签署了中苏两国政府贸易协定、中苏两国政府经济技术合作协定、中苏两国政府关于中国向苏里南提供优惠贷款的框架协议等合作文件。其间，韦登博斯总统还赴杭州参加了杭州市与帕拉马里博市结为友好城市的签字仪式。2003 年 9 月，贸易与工业部长杨进华前来中国参加商务部在厦门举办的加勒比地区部级经贸官员研讨班，并出席了在厦门举办的加勒比地区投资与贸易研讨会，进一步加强了两国间的经贸合作关系。2004 年 2 月，费内希恩第二次担任总统后再次来中国进行工作访问，受到国家主席胡锦涛的亲切会见。两位领导人在会谈中就两国关系以及国际和地区问题等广泛交换意见并达成共识，共同出席中国政府和苏里南政府经济技术合作协定、关于中国向苏里南提供优惠贷款的框架协议和中国进出口银行向苏里南财政部提供买方信贷的协议等 3 个双边合作文件的签字仪式。温家宝总理也会见了费内希恩总统，并高度评价他的中国之行。两国领导人充分肯定了双边关系发展的良好势头。

中国高层领导人也积极出访苏里南，进一步加强两国之间的沟通与交流。先后访问苏里南的中国官员有外交部副部长韩叙（1984年）、对外经济贸易部副部长吕学俭（1987年）、外交部副部长刘华秋（1990年）、全国人大副委员长陈慕华（1993年）、林业部副部长王志宝（1994年）、中国政府特使、常驻联合国代表秦华孙大使（1995年）、对外经济贸易部副部长刘山在（1995年）、外交部副部长李肇星（1996年）、文化部副部长艾青春（1997年）、对外经济贸易部部长助理杨文生（1998年）、全国人大外事委员会主任曾建徽（1999年）、中国政府特使、教育部部长陈至立（2001年）、对外经济贸易部副部长孙广相（2001年）、外交部副部长杨洁篪（2001年）、国务委员吴仪（2003年）、全国人大副委员长蒋正华（2004年）、卫生部副部长陈啸宏（2006年）、中共中央政治局常委李长春（2007年）、海关总署副署长刘文杰（2007年）等，访问期间，同样受到苏里南包括总统、总理和议长等在内的高层领导人的热情接待。2002年中国同包括苏里南在内的加勒比建交国家建立了外交部之间首次正式磋商机制，探讨发展双方友好合作关系等问题。之后，据此磋商机制，中国与加勒比建交国的外交部间定期举行会议，就进一步加强政治、经济、文化等领域的友好合作进行磋商等。2006年7月25日双方进行第三次磋商，同意为进一步深化双方友好合作关系继续共同努力，并就共同关心的国际和地区问题深入交换了意见。苏里南积极参加上述外交部之间磋商，在更大范围内加强与中国的友好合作。

20世纪80年代以来，两国在经济、技术等各个领域里的合作关系不断发展。1984年4月两国签订了中国援助苏里南建设体育馆的贷款协定，次年10月援建项目正式开工。1986～2005年，中国和苏里南总共签署了9个经济技术合作协定。两国技术合作主要项目除体育馆外，还有输变电线路、机场冷库、低造价住房、外交部办公楼、淡水养殖、稻壳煤气发电、沼气技术合作等。1987 年、1994 年和 1998 年还分别签订文化协定、中国政府向苏里南政府提供贷款的协定和中国政府向苏里南提供优惠贷款的框架协议。1997 年中国驻苏里南大使李建英和苏里南外长埃罗尔·斯尼德斯（Errol Snijders）分别代表本国政府，在帕拉马里博签署两国政府经济技术合作协定，中国向苏里南提供 2000 万元人民币的无偿援助，帮助苏里南发展民族经济。2003 年 1 月国务委员吴仪访问苏里南时，受到苏里南总统费内希恩亲切会见和政府的高规格礼遇。费内希恩总统表示，苏里南政府重视发展对华关系，愿与中国探讨新的合作领域和方式，并重申继续坚持“一个中国”的政策。吴仪与苏里南副总统阿佐迪亚等举行会谈，并签署中国和苏里南经济技术合作协定等合作文件。2006 年 6 月 13 日，中国驻苏大使陈京华代表中国政府和与苏里南政府代表外交部长克拉赫－科特尔戴克，签署关于中国援建的苏里南外交部办公楼主楼等 3 个项目的交接证书。6 月 15 日苏里南外交部为中国援建的该部办公楼启用举行了隆重仪式。苏里南总统费内希恩、副总统萨灸与外交部长等 13 名内阁部长、中国驻苏使馆部分官员、中资企业代表以及苏方各界人士数百人出席。苏里南邮政局还专门为此发行了纪念明信片。2005 年 1 月苏里南承认中国完全市场经济地位，同年 2 月中国宣布将苏里南列为中国公民旅游的目的地国家。双方文化与其他方面的交往也日益增多。中国杂技团、艺术团、歌舞团等多次访问苏里南，还在苏里南举办绘画、摄影、工艺品等展览。苏里南的教育科学与文化部长、教育与人民发展部长以及青年代表、新闻记者等相继访华。1998 年 7 月，中国政府派出两国建交以来第一个政府文化代表团，由文化部副部长艾青春率领对苏里南进行访问。2007 年 7 月中国杂技民乐团应华人团体广义堂的邀请，对苏里南进行访问演出，受到苏里南政要和广大观众的热烈欢迎。中国海关总署代表团对苏里南进行了两国建交以来的首次访问，双方就海关缉毒、人员培训等方面的合作事宜交换了意见。

为进一步增进两国间的了解和友谊，2003 年苏里南有关方面举办了一系列活动，纪念华人到达苏里南 150 周年。2006 年 5 月 28 日，苏里南和中国建交 30 周年，中国国家主席胡锦涛与苏里南总统费内希恩互致贺电。胡锦涛在贺电中指出，中苏建交 30 年来，两国关系顺利发展，相互了解和友谊与日俱增；两国在贸易、文化、教育等领域的交流与合作富有成效；在国际和地区事务中互相理解、互相支持；中国愿同苏方共同努力把中苏友好合作关系推向新的更高的水平。费内希恩总统在贺电中说，在过去的 30 年中，苏中两国在相互信任和尊重的基础上建立了牢固的伙伴关系；在双边领域以及地区和国际事务中开展了成功的合作；苏里南坚持“一个中国”政策，坚信两国友好合作关系将越来越巩固。与此同时，两国外长也互致贺电，祝贺中苏建交 30 周年。6 月 25 日苏里南驻华使馆和中国人民对外友好协会还联合举办庆祝两国建交 30 周年招待会。

2007 年以来，中国和苏里南高层领导人互访更为频繁，两国关系进一步加强与发展。1 月苏里南议长索莫哈佐访华时重申，苏里南议会重视发展对华关系并愿为此作出积极努力，坚持“一个中国”政策是苏里南坚定不移的政治原则，永远不会改变。议长访华期间受到吴邦国委员长的亲切会见。3 月下旬，中共中央政治局常委李长春率中国代表团访问苏里南，会见了苏里南总统费内希恩，对近年来两国政治互信不断增强、经贸和文教等领域平等合作的显著成效以及在国际事务中保持密切协调与合作表示满意，对苏里南政府长期坚持“一个中国”政策表示赞赏。费内希恩总统在讲话中再次重申，苏里南继续坚持“一个中国”政策，支持中国为完全实现国家统一所做的努力，希望进一步深化两国间各个领域的互利合作，并由此带动加勒比国家与中国的友好关系。两国领导人共同出席了中国和苏里南政府经济技术合作协定的签字仪式。同年6月，苏里南副总统萨灸访华期间，受到国家主席胡锦涛、副主席曾庆红等领导人高规格的热情接待。胡锦涛在会见时表示，中国重视中苏关系，愿和苏方一道进一步扩大双方交流与合作，把中苏关系提高到新的水平。萨灸副总统在讲话中指出，中国真诚地帮助苏里南发展，是苏里南的真正朋友；同时表示苏方将继续坚持“一个中国”的原则，进一步加强与中国在各个领域的交流与合作，推动苏中友好合作关系不断深入发展。

20世纪90年代中期以来，双方贸易有了进一步发展。据中国海关总署统计，1995年，中苏贸易总额为732.6万美元，其中中方向苏里南出口为521.5万美元，从苏里南进口211.1万美元；2000年双方贸易总额为1144.8万美元，首次突破1000万美元大关。2003年双方贸易额为3587万美元，较上年增长102.4%。2005年中苏贸易总额再上新高，达到4603万美元，其中中方进、出口额分别为735万美元和3868万美元，三项分别比上年增长47.4%、664.3%和27.8%。2006年全年两国贸易总额达到4689万美元，其中中方进、出口额分别为395万美元和4294万美元。中国从苏里南进口产品主要为木材、铝土等，对苏里南出口主要为机电、纺织、轻工、五金和粮油等产品。另外，中国在苏里南的投资也在不断增加。至2003年年底，中国公司在苏里南的协议投资已达到1536万美元。至2006年，中国在苏里南的各类公司已有9家，分布在林、矿、渔、建筑等各个行业。

附　录

一　重要政治人物简介
（按出生年月排序）

约翰·亨利·伊莱扎·费里尔（Johan Henri Eliza Ferrier）　苏里南政治家、教育家、企业家、前总督和总统。1910年5月12日出生于帕拉马里博。1950年11月获荷兰阿姆斯特丹大学艺术和哲学博士，之后任过学校教师、童子军领队。苏里南独立前，曾在自治政府中担任多种职务。1946~1948年任苏里南议会议员。1951~1955年在帕拉马里博任教育部总监。1955~1958年任苏里南自治政府总理、总务部长和内政部长。1959~1965年任荷兰教育、艺术和科学部顾问、部长。1966~1968年任苏里南比利顿矿业公司总经理。1968~1975年任苏里南殖民地时期末任总督。1975年11月25日，苏里南独立和建立共和国后，成为第一任总统，职务主要为礼仪性的。1980年2月25日，苏里南发生军事政变后应邀留任。同年8月14日因与军事当局发生施政分歧，奉军队之命辞职。9月中旬被政府授予苏里南最高勋章——黄星勋章，表彰他在担任学校教师、童子军领队、企业家和国家元首期间所做出的卓越贡献。

罗纳德·费内希恩（Ronald Venetiaan） 苏里南总统。1936年6月18日出生于帕拉马里博。先后在荷兰阿姆斯特丹中学和莱顿大学学习，获数学、物理学硕士学位。随后，在莱顿大学数学系任研究助理。回国后任苏里南大学预科学校讲师和教育学院数学系主任。1973～1988年先后任教育部长（1973～1980年）、科学教育局局长、教师进修学院和苏里南大学高级数学讲师并兼任统计局科学顾问。1987～1990年再次出任教育部长。1988年起任苏里南民族党顾问委员会主席。1989～1991年任联合国教科文组织执委。1991～1996年任总统。任职期间实行经济结构调整计划，苏里南经济形势好转，苏里南与荷兰等国的关系得到改善。1993年4月，继阿龙引退后当选为苏里南民族党主席。1994年5月访问中国，是苏里南第一位访问中国的总统。2000年8月再次当选总统。2004年应中国国家主席胡锦涛的邀请第二次访华。2005年8月大选获胜，连选连任，成为苏里南独立以来唯一的3任民选总统。曾多次获国内和国际勋章等奖项。信奉天主教。爱好文学、艺术、音乐、园艺等，尤其是诗歌和油画。

朱尔斯·韦登博斯（Jules Wijdenbocsh） 苏里南前总统。1941年5月2日生于帕拉马里博。曾获政治学与公共行政管理博士学位。早期曾任苏里南政府海关官员，地区行政管理部副局长、局长、部长兼司法警察部部长等职。作为民族民主党青年运动成员，开始其政治生涯。曾长期在国外生活，1984年回苏里南后参与军政权工作。在军人当政期间一直为官，1986年7月出任内政部长，1987年4月至1988年1月任总理兼一般事务部长与外交部长。1990年12月至1991年5月出任副总统、总理兼财政与计划部长等，组成所谓的“克拉赫—韦登博斯”临时政府。1991年、1996年代表民族民主党参加国民议会。1987～1996年曾担任民族民主党第一主席、副主席和议会领袖等职。

1996 年 9 月至 2000 年 8 月担任国家总统。1996 年 9 月获国家黄星勋章和棕榈勋章。1998 年 5 月访问中国，受到江泽民主席的接待。由于在职期间国家经济形势恶化等原因引发群众罢工和抗议浪潮，被迫提前一年于 2000 年 5 月举行新的大选，终因大选失利下台。韦登博斯还是一位作家，著作颇丰。主要著作有《苏里南特色共和国概述》、《苏里南社会的行政组织》、《政治秩序与法制》、《荷兰王国特权》和《参与实际民主》等。信奉基督教摩拉维亚教派。

德西·德拉诺·鲍特瑟（Desi Delano Bouterse） 民族民主党主席，苏里南有影响的职业军人。1980 年政变成功后曾长期控制苏里南的军、政大权。1945 年 10 月 13 日生于苏里南多姆堡的一个中产阶级家庭。他在国内接受早期教育，而后赴荷兰学习军事等。1965 年起先后入商业学校和荷兰军事学校学习，曾在荷兰军队和北约驻联邦德国的部队中服役，1975 年回国，参加苏里南军队，任军士长、体育训练教官等。1980 年 2 月 25 日参与领导苏里南军事政变，推翻阿龙为首的民族党联盟政府。自称是持有中间立场的社会主义者。同年 4 月被国家军事委员会任命为军队司令，晋升少校。6 月被任命为军队参谋长。10 月出任国家军事委员会主席，掌握国家实权，多次挫败政变企图。1981 年 4 月晋升中校。1982 年 12 月 8 日，以其为首的军事当局处决 15 位包括政治家、知识分子、工会领导人、律师、记者等在内的政治反对派知名人士（即所谓的 1982 年“12 月 8 日大谋杀”），遭到国内外的谴责。1983 年 11 月 25 日创建“二·二五运动”，自任主席。1985～1987 年任最高磋商委员会主席、国家武装部队司令、军事当局主席等。迫于国内外舆论和苏里南内地反政府游击战争的压力，同意于 1987 年举行全国大选。1990 年 12 月 23 日，因对政府不满而辞去军队司令职务，24 日发动不流血政变（即“电话政变”或“圣诞前夜政变”），推翻民主选举的尚卡尔政府，12 月 31 日官复原职。1991 年再次被迫同意自由选举，同年出任民族民主党主席。1992 年 11 月，因政府允许举行纪念 1982 年“12 月 8 日大谋杀”10 周年的游行活动，他再次辞去军职。1993 年 1 月继续出任民族民主党主席，之后连选连任。1997 年 5 月 1 日被韦登博斯总统任命为国家顾问，1999 年 4 月被解职。1999 年 7 月被荷兰法庭缺席审判，指控犯有可卡因毒品走私罪等，判刑 16 年（后减为 11 年）并罚款 220 万美元。据报道，2004 年 12 月苏里南有关机构已完成对他 1982 年“12 月 8 日大谋杀”一案的司法调查，其结果有待 2007 年审判，后军事法庭又将审判延后至 2008 年上半年。

维利·苏米塔（Willy Soemita）　印度尼西亚爪哇人后裔。1970 年以来一直任印度尼西亚联合农民党（现为印度尼西亚民族联合与团结党）领袖。1936 年 3 月 10 日出生于苏里南东部爪哇人聚居的科默韦讷行政区。接受正规教育至初中，后继续接受其他形式教育，文化程度有所提高。其父伊丁·苏米塔为该党创始人，任主席至 1970 年，之后将该党领导权转位于他。维利·苏米塔在爪哇人中有较大影响。多次担任部长和国民议会议员，1988 年 1 月至 1990 年 12 月曾出任副总理。1977 年在任农业部长期间因犯贪污案，被迫辞职。他曾两次入狱：一是因涉嫌土地诈骗案入狱；二是 1980 年军事政变后，被军政权短期监禁，后恢复自由和政治活动。

二　苏里南大事记

公元前大约 3000 年，首批印第安人开始在今天的苏里南地区生活。

1499 年　西班牙人阿隆索·德奥赫达和胡安·德拉科萨在苏里南所处的圭亚那海岸登陆。

1593年 西班牙人正式宣布占有包括苏里南在内的圭亚那海岸地区，但未正式在此定居。

1613年 在沿科兰太因河地区建立起50个荷兰人家庭。

1621年 荷属西印度公司成立。荷兰国会授权它垄断荷兰与美洲和非洲大部分地区的贸易，有权建立殖民地。

1630年 第一批英国殖民者到达苏里南。

1640年 荷属西印度公司贩运第一批黑人奴隶。

1650年 英国殖民地巴巴多斯总督威洛比派出一支探险队前往苏里南，调查建立殖民地的可行性。直至1667年苏里南成为英格兰威洛比的地产。

1651年 一批在巴巴多斯的英国殖民者带着黑人奴隶到苏里南建起永久定居区。

1662年 英国查尔斯二世将已定居的苏里南土地授予威洛比勋爵和劳伦斯勋爵。

1665年 在苏里南托拉里卡村庄定居的英国人迁移到今天的帕拉马里博的附近定居。一些在南美洲荷兰殖民地的犹太人来苏里南定居，并在那里建起据称是西半球的第一个犹太教堂。

1667年 第二次英、荷战争结束，英国人根据《布雷达条约》，将苏里南让与荷兰人，换取荷兰人殖民地新阿姆斯特丹（即今日纽约）。

1674年 印第安人和马龙人（即逃亡的奴隶）在卡艾克西（Kaaikoesi）和加尼梅特（Ganimet）领导下进行起义。

1682年 原由荷兰的泽兰省议会管理的苏里南被转售予荷属西印度公司。

1683年 苏里南又被售予范索梅尔斯迪克家族等。范索梅尔斯迪克被任命为苏里南总督。

1688年 7月，苏里南发生兵变，范索梅尔斯迪克总督被士兵杀害。

1749 年　荷兰殖民当局与萨拉马卡部族的马龙人签订和平条约。

1765 年　从这一年直至 1793 年，黑人奴隶们在巴伦（Baron）、博尼（Boni）和约利·克尔（Joli Coeur）领导下进行起义和游击战争。

1770 年　范索梅尔斯迪克家族将苏里南股份售与阿姆斯特丹市。

1799 年　英国人占领苏里南至 1802 年。

1804 年　英国人再次占领苏里南至 1814 年。其间，1808 年英国人取消奴隶贸易。

1814 年　苏里南归荷兰皇家殖民地部管理，废除奴隶贸易。

1815 年　根据《维也纳条约》，荷兰获得对苏里南的永久控制。

1824 年　贩入苏里南的黑人奴隶总数估计达到 30 万 ~ 35 万。

1836 年　科罗尼地区奴隶起义。

1853 年　开始引进华人和马德拉人契约劳工。第一批华人来自印度尼西亚。

1863 年　7 月 1 日，荷兰废除苏里南等殖民地的奴隶制，较英、法两国废除奴隶制分别晚 29 年和 15 年。

1873 年　开始引进印度契约劳工。至 1916 年共达 3.7 万人。

1894 年　开始引进印度尼西亚契约劳工。至 1939 年共达 3.3 万人。

1917 年　苏里南铝土公司建立。

1922 年　苏里南变为荷兰王国的一部分。

1931 年　1931 ~ 1933 年，帕拉马里博不断发生反饥饿的劳工暴动。

1940 年　1940～1942 年，美国陆军占领苏里南，保护具有重要战略意义的美资铝土工业免受德国侵害。

1946 年　以克里奥尔人为主体的苏里南进步人民党、苏里南民族党等相继成立。

1947 年　以印度人为主体的进步改革党、以爪哇人为主体的印尼农民党相继成立。

1948 年　根据 9 月 3 日荷兰王国法令，苏里南正式成为王国的一个组成部分。实行普选制。

1954 年　根据 12 月签署的宪章，苏里南与荷属安的列斯、荷兰成为荷兰王国中的“平等伙伴”，取得完全内部自治，并制作第一面代表性旗帜。

1965 年　美资铝土公司在阿福巴卡建立一座水力发电站。

1968 年　苏里南大学建立。

1973 年　11 月举行大选，民族党等 4 党联盟获胜。12 月，民族党主席阿龙就任总理。

1975 年　11 月 25 日，苏里南摆脱荷兰殖民统治，宣布独立和成立共和国。

1977 年　10 月，民族党等 4 党联盟在大选中再次获胜，民族党主席阿龙连任总理。

1980 年　2 月 25 日，鲍特瑟等 16 名军人发动政变，推翻阿龙政府。8 月 13 日，军人宣布终止宪法，停止议会活动，全国实行紧急状态。

1981 年　苏里南国家石油公司建立。

1982 年　12 月 8 日，15 位著名的反对军政权人士被处决，在国内外引起强烈谴责。

1985 年　1 月，重新组建国民议会，年底恢复政党活动。

1986 年　7 月，内地爆发丛林黑人反政府游击战争，一直延续至 1992 年。

1987 年 9 月，颁布新宪法，规定总统为国家元首和政府首脑，副总统兼总理为总统助手。11 月，举行 1977 年以来第一次大选。民族党、进步改革党和印度尼西亚民族联合与团结党组成的“民主与发展阵线”获胜。

1988 年 1 月，进步改革党成员尚卡尔就任总统。苏里南结束近 8 年的军人统治。

1990 年 12 月 24 日，发生不流血军事政变（又称“电话政变”、“圣诞节前夕政变”），尚卡尔政府被推翻。军方任命克拉赫为临时总统。

1991 年 5 月 25 日，举行大选。民族党、进步改革党等组成的“新阵线”获胜。9 月，民族党主席费内希恩当选总统。

1992 年 苏里南与荷兰签订框架条约。

1995 年 苏里南成为加勒比共同体正式成员国。

1996 年 5 月 23 日，举行大选。9 月，民族民主党主席韦登博斯当选总统。

1997 年 苏里南成为伊斯兰开发银行成员。5 月 1 日，韦登博斯任命鲍特瑟为国家顾问。

1999 年 4 月，鲍特瑟被韦登博斯总统解除国家顾问职务。7 月，荷兰法庭缺席审判鲍特瑟，指控他犯有毒品走私罪等，判刑 16 年（后改 11 年）和罚款 220 万美元。

2000 年 苏里南河大桥竣工。5 月 25 日，举行大选，“新阵线”获胜。8 月，民族党主席费内希恩再次当选总统。10 月，在发现国家 98% 的黄金储备消失后，苏盾官方汇率贬值 50%。12 月 4 日，苏里南共和国的首位总理阿龙在访问荷兰期间突然去世。

2001 年 5 月 19 日，苏里南最大的工会联合会 C－47 工会主席德尔比在踢足球时突然去世。10 月 19 日，苏里南政界元老之一、议长拉奇蒙访问荷兰期间突然去世。11 月 17 日，苏里南印度尼西亚农民党创始人伊丁·苏米塔去世。

2002 年　6 月，荷兰派专家前往苏里南，帮助收集关于 1982 年“12 月 8 日大谋杀”资料。

9 月，政府同意美国铝公司和澳大利亚 BHP 比利顿勘探公司合资开发巴克辉斯铝土矿。

2003 年　社会事务和住房部长保罗·索莫哈佐因性丑闻犯罪而辞职。11 月，前总理阿利布克斯因涉嫌 1982 年“12 月 8 日大谋杀”和任职期间欺骗政府罪，获刑一年。

2004 年　1 月，中央银行采用新货币苏元取代苏盾。12 月，苏里南有关机构完成对 1982 年“12 月 8 日大谋杀”的司法调查。

2005 年　5 月，公共工程部长巴莱萨因遭腐败指控辞职。5 月 25 日举行大选，“新阵线”再次获胜，8 月，民族党主席费内希恩连续当选总统。

2006 年　1 月，成为加勒比单一市场成员国。1 月 19 日，贸易和工业部长吉尔兹因涉嫌洗钱而辞职（2000～2005 年曾任司法和警察部长）。1 月 25 日，原公共工程部长巴莱萨（2000～2005 年任职）因遭腐败指控开始接受司法质询，15 名涉案人员被调查，其中 6 人被捕入狱。2 月 6 日，民族民主党宣布退出议会中所有立法委员会，抗议其成员鲍特瑟被排斥在国防委员会之外。2 月 10 日，丛林黑人党“悉卡”因不满政府对街头商贩的政策而退出“新阵线”8 党执政联盟。

2007 年　1 月 15 日，原贸易与工业部长吉尔兹因涉嫌洗钱在法院受审。3 月 13 日，运输通信和旅游部长艾丽斯·阿马福女士因被指控滥用公款而辞职。9 月 17 日，经联合国海洋法庭仲裁，苏里南与圭亚那的海洋边界争端得到解决。11 月底，前军队司令鲍特瑟和另外 24 名（实为 21 名）涉嫌“12 月 8 日大谋杀”的嫌疑人将开始接受审判。

三　苏里南独立前历届总督（1650～1975年）

1650～1654　安东尼·罗姆斯（Anthony Rowse）

1654～1667　威廉·拜厄姆（William Byam）

1667～1668　巴里上校（Colonel Barry）

1668～1671　菲利普·朱利叶斯·利希藤贝格（Philip Julius Lichtenberg）

1671～1677　彼得·韦斯特雷*（Pieter Versterre）

1677～1678　托比亚斯·阿德里安森（Tobias Adriaensen）

1678～1680　约翰内斯·海因西厄斯（Johannes heinsius）

1680～1683　劳伦斯·韦布姆*（Laurens Verboom）

1683～1688　科内利斯·范阿尔森·范索梅尔斯迪克（Cornelis van Aerssen van Sommelsdijck）

1688～1689　亚伯拉罕·范弗雷登堡*（Abraham van Vredenburg）

1689～1696　约翰·范沙尔普赫森岑（Johan van Scharphuizen）

1696～1707　保罗斯·范德费恩（Paulus van der Veen）

1707～1710　法兰西斯·安东尼·德雷内瓦尔*（François Anthony de Rayneval）

1710～1715　约翰·德霍耶（Johan de Goyer）

1715～1716　法兰西斯·安东尼·德雷内瓦尔*（François Anthony de Rayneval）

1716～1717　约翰·巴龙·德马奥尼（Johan Baron de Mahony）

1717～1718　法兰西斯·安东尼·德雷内瓦尔*（François

Anthony de Rayneval)

1718～1721　扬·库蒂耶（Jan Coetier）

1721～1722　法兰西斯·安东尼·德雷内瓦尔*（François Anthony de Rayneval)

1722～1727　亨德里克·特明（Hendrik Temming）

1727～1728　法兰西斯·安东尼·德雷内瓦尔*（François Anthony de Rayneval)

1728～1734　卡雷尔·埃米利乌斯·亨利·德舍塞斯（Carel Emilius Henry de Cheusses）

1734～1735　贾科布斯·亚力山大·亨利·德舍塞斯（Jacobus Alexander H enry de Cheusses）

1735～1737　约翰·拉耶·范布罗莱瓦德（Johan Raye van Breukelerwaard）

1737～1742　赫拉德·范德谢佩尔（Gerard van de Schepper）

1742～1751　约翰·贾科布·莫里丘斯（Johan Jacob Mauricius）

1751～1752　亨德里克·埃内斯特·巴龙·冯斯波克尔*（Hendrik Ernest Baron von Sporckle）

1752～1754　维格博尔德·克罗姆林*（Wigbold Crommelin）

1754～1756　彼得·阿尔贝特·范德梅尔（Pieter Albert van der Meer）

1756～1757　扬·内沃*（Jan Nepveu）

1757～1768　维格博尔德·克罗姆林（Wigbold Crommelin）

1768～1779　扬·内沃（Jan Nepveu）

1779～1783　伯纳德·泰克西耶（Bernard Texier）

1783～1784　沃尔法特·贾科布·比尔斯尼德·马特路斯*（Wolphart Jacob Beelsnijder Matroos）

1784～1790　扬·格哈德·维歇斯（Jan Gerhard Wichers）

1790~1802　朱里安·法兰西斯·德弗雷德里西（Jurriaan François de Frederici）

1802~1803　W. O. 布洛伊斯·德特雷斯龙*（W. O. Blois de Treslong）

1803~1804　皮埃尔·贝兰格（职衔：专员 Pierre Berranger）

1804~1805　查尔斯·格林（Charles Green）

1805~1808　威廉·卡莱恩·休斯（William Carlyon Hughes）

1808~1809　约翰·沃德洛*（John Wardlau）

1809~1811　查尔斯·赫拉夫·本廷克（Charles Graaf Bentinck）

1811~1816　潘松·博纳姆（Pinson Bonham）

1816~1822　科内利斯·莱因哈德·瓦扬（Cornelis Reinhard Vaillant）

1822~1828　亚伯拉罕·德费尔（Abraham de Veer）

1828~1831　保罗斯·勒劳夫·坎茨拉尔（Paulus Roelof Cantzlaar）

1831~1838　埃弗特·卢多尔夫·巴龙·范黑克伦（Evert Ludolph Baron van Heekeren）

1838~1839　菲力普斯·德坎特*（Philippus de Kanter）

1839~1842　朱利叶斯·康斯坦丁·赖恩（Julius Constantijn Rijk）

1842~1845　伯查德·让·埃利亚斯（Burchard Jean Elias）

1845~1852　赖尼尔·弗雷德里克·巴龙·范雷德斯（Reinier Frederik Baron van Raders）

1852~1855　约翰·乔治·奥托·斯图尔特·冯·施密特·奥夫·阿尔藤斯塔特（Johan George Otto Stuart von Schmidt auf Altenstadt）

1855~1859　查尔斯·皮埃尔·欣普夫（Charles Pierre

Schimpf)

1859～1867　赖因哈特·弗兰斯·范兰斯贝格（Reinhart Frans van Lansberge）

1867～1873　威廉·亨德里克·约翰·范伊德辛加（Willem Hendrik Johan van Idsinga）

1873～1882　科内利斯·阿斯卡涅斯·范西颇斯泰因（Cornelis Ascanius van Sypesteyn）

1882～1885　约翰内斯·赫伯特·奥古斯特·威廉·巴龙·范黑尔特·托特·埃弗贝格（Johannes Herbert August Willem Baron van Heerdt tot Everberg）

1885～1888　亨德里克·扬·斯米特（Hendrik Jan Smidt）

1888～1889　瓦莫尔特·汤肯斯*（Warmolt Tonckens）

1889～1891　毛里茨·阿德里安·德萨沃南·洛曼（Maurits Adriaan de Savornin Lohman）

1891～1894　蒂图斯·安东尼·贾科布·范阿施·范韦克（Titus Anthony Jacob van Asch van Wijck）

1894～1896　蒂图斯·安东尼·贾科布·范阿施·范韦克（Titus Anthony Jacob van Asch van Wijck）

1896～1899　瓦莫尔特·汤肯斯（Warmolt Tonckens）

1899～1902　瓦莫尔特·汤肯斯（Warmolt Tonckens）

1902～1905　科内里斯·莱利（Cornelis Lely）

1905～1908　亚力山大·威廉·弗雷德里克·伊登堡（Alexander Willem Frederik Idenburg）

1908～1911　德克·福克（Dirk Fock）

1911～1916　威廉·德克·亨德里克·巴龙·范阿斯贝克（Willem Dirk Hendrik Baron van Asbeck）

1916～1919　赫拉德·约翰·斯塔尔（Gerard Johan Staal）

1919～1921　兰伯特斯·约翰内斯·里特伯格*（Lambertus

Johannes Rietberg）

1921～1928　阿诺尔德·扬·安娜·阿莱德·巴龙·范海姆斯特拉（Arnold Jan Anna Aleid Baron van Heemstra）

1928～1933　亚伯拉罕·阿博尔德·洛德韦克·鲁特格斯（Abraham Arbold Lodewijk Rutgers）

1933～1944　约翰内斯·库恩拉德·基尔斯特拉（Johannes Coenraad Kielstra）

1944～1948　约翰内斯·科内利斯·布龙斯（Johannes Cornelis Brons）

1948～1949　威廉·许恩德尔（Willem Huender）

1949～1956　扬·克拉塞斯（Jan Klaasesz）

1956～1962　扬·范蒂尔贝格（Jan van Tilburg）

1962～1963　阿奇博尔德·柯里*（Archibald Currie）

1963～1964　阿奇博尔德·柯里（Archibald Currie）

1964～1965　法兰西斯·哈弗斯米特*（François Haverschmidt）

1965～1967　亨利·卢西恩·德弗里斯（Henry Lucien de Vries）

1967～1975　约翰·亨利·伊莱扎·费里尔（Johan Henri Eliza Ferrier）

注：*号表示临时总督。本文引用时删去了部分任期很短的临时总督的名字。

资料来源：http：//www. troon. org/suriname/governors. html。

四　苏里南独立后历届领导人

（一）总理

19 75.11～1980.2　亨克·阿方修斯·尤金·阿龙（Henck Alfonsius Eugene Arron）

1980. 3 ~ 1982. 2　亨克·厄尔·陈亚先（Henk Chin-A-Sen）

1982. 3 ~ 1982. 12　亨利·内伊霍斯特（Henry Neyhorst）

1983. 2 ~ 1984. 2　利亚卡特·阿利·埃罗尔·阿利布克斯（Errol Alibux）

1984. 2 ~ 1986. 6　威姆·乌登豪特（Wim Udenhout）

1986. 7 ~ 1987. 3　普雷塔普·拉达基顺（Pretaap Radhakishun）

1987. 4 ~ 1988. 1　朱尔斯·韦登博什（Jules Wijdenbosch）

1988. 1 ~ 1990. 12　亨克·阿方修斯·尤金·阿龙（Henck Alfonsius Eugene Arron）

1990. 12 ~ 1991. 9　朱尔斯·韦登博什（Jules Wijdenbosch）

1991. 9 ~ 1996. 9　朱尔斯·拉坦科马·阿佐迪亚（Jules Rattankoemar Adjodhia）

1996. 9 ~ 2000. 8　普雷塔普·拉达基顺（Pretaap Radhakishun）

2000. 8 ~ 2005. 8　朱尔斯·拉坦科马·阿佐迪亚（Jules Rattankoemar Adjodhia）

2005. 8 ~　拉姆丁·萨灸（Ramdin Sardjoe）

（二）总统

1975. 11 ~ 1980. 8　约翰·亨利·伊莱扎·费里尔（Johan Henri Eliza Ferrier）

1980. 8 ~ 1982. 2　亨克·厄尔·陈亚先（Henk Chin-A-sen）

1982. 2 ~ 1988. 1　弗雷德·拉姆达特·米西尔（Fred Ramdat Misier，代理总统）

1988. 1 ~ 1990. 12　拉姆塞瓦克·尚卡尔（Ramsewak Shankar）

1990. 12 ~ 1991. 9　约翰·克拉赫（Johan Kraag 临时总统）

1991. 9 ~ 1996. 9　鲁纳多·罗纳德·费内希恩（Runaldo

Ronald Venetiaan)

1996.9~2000.8 朱尔斯·韦登博什（Jules Wijdenbosch）

2000.8~2005.8 鲁纳多·罗纳德·费内希恩（Runaldo Ronald Venetiaan）

2005.8~ 鲁纳多·罗纳德·费内希恩（Runaldo Ronald Venetiaan）

（三）国民议会议长

1975.11~1977 埃米尔·莱纳斯·阿尔弗雷德·韦恩图因（Emile Linus Alfred Wijntuin）

1977~1980.8 埃米尔·莱纳斯·阿尔弗雷德·韦恩图因（Emile Linus Alfred Wijntuin）

1980.8~1985.1 国民议会停止活动

1985.1~1987.11 乌尔里希·阿伦（Ulrich Aron）

1987.11~1991.5 贾格纳斯·拉奇蒙（Jaggernath Lachmon）

1991.5~1996.5 贾格纳斯·拉奇蒙（Jaggernath Lachmon）

1996.5~2000.5 马赖克·赤瓦拉珀萨德（女 Marijke Djwalapersad）

2000.5~2001.10 贾格纳斯·拉奇蒙（Jaggernath Lachmon，病逝任上）

2001.11~2005.5 拉姆丁·萨灸（Ramdien Sardjoe）

2005.5~ 保罗·索莫哈佐（Paul Somohardjo）

主要参考文献

中　文

中华人民共和国外交部网站。

〔特〕埃里克·威廉斯：《特立尼达和多巴哥人民史》（上、下册），吉林人民出版社，1973。

〔美〕艾·巴·托马斯：《拉丁美洲史》（第一册），商务印书馆，1973。

〔英〕詹姆士·罗德韦：《英、荷、法属圭亚那》，吉林人民出版社，1974。

〔英〕J. H. 帕里等：《西印度群岛简史》，天津人民出版社，1976。

〔苏〕A. B. 叶菲莫夫等主编《拉丁美洲各族人民》（上、下册），生活·读书·新知三联书店，1978。

《苏里南人民党章程和纲领》（中译本），中共中央对外联络部四局，1980年12月19日。

李春辉：《拉丁美洲史稿》（上、下册），商务印书馆，1983。

《简明不列颠百科全书》，中国大百科全书出版社，1986。

〔苏〕维·沃尔斯基主编《拉丁美洲概览》(中译本)，中国社会科学出版社，1987。

中国社会科学院拉丁美洲研究所编《拉丁美洲历史词典》，上海辞书出版社，1993。

钟清清主编《世界政党大全》，贵州教育出版社，1994。

孟淑贤主编《各国概况·南美》(2)，世界知识出版社，1997。

《世界知识年鉴》，世界知识出版社，1989/1990，1997/1998，2001/2002，2005/2006 等。

《世界知识图册——国家·民族·美洲》，世界知识出版社，1999。

顾明远主编《世界教育大事典》，江苏教育出版社，2000。

李明德主编《简明拉丁美洲百科全书》，中国社会科学出版社，2001。

尼克·哈纳等：《加勒比海》(中译本)，辽宁教育出版社，2002。

纳塔利·米尼斯等：《异域风情丛书·南美洲》(中译本)，中国水利水电出版社，2003。

王湘江主编《世界军事年鉴》(2004 年)，解放军出版社，2004。

外　文

Dr. C. F. A. Bruijning (photographs) and Lou Lichtveld (text), *Suriname, A New Nation In South America*, Radhakishun & Co. Ltd. Paramaribo, 1959.

Encyclopaedia Britannica, Vol. 10, Encyclopaedia Britannica Inc. Chicago, 1964.

The General Secretariat of the Organization of American States, *Americas*, *June-July 1979*, Washington, D. C. 1979.

Lands and Peoples, *Central and South America*, Grolier Incorporated, Danbury, 1981.

The New Encyclopaedia Britannica, Vol. 8, Encyclopaedia Britannica Inc. Chicago, 1981.

George Thomas Kurian, *Encyclopedia of the Third World*, Facts on File, Inc. New York, 1982 and 1987.

The Economist Intelligence Unit, *Country Report*, *Suriname*, The Economist Intelligence Unit Limited, London, 2000 ~ 2006.

The Economist Intelligence Unit, *Country Profile*, *Suriname*, The Economist Intelligence Unit Limited, London, 1985 ~ 2006.

Simon Collier and Others (General Editors), *The Cambridge Encyclopedia of Latin America and Caribbean*, Cambridge University Press, 1985 and 1992.

Arthur Stephen Morris, *South America*, Barnes & Noble Books, 1987.

Henk E. Chin and Others, *Surinam Politics*, *Economics and Society*, Frances Pinter (Publishers), London, 1987.

Regional Survey of the World, *South America*, *Central America and the Caribbean*, Europa Publications, London, 1988, 1999, 2001, 2003, 2005。

The Europa World Year Book, Europa Publications Limited, London, 1988, 1997, 2000, 2003.

Ben Box, *South American Handbook*, Footprint Handbook Limited, England, 1997 and 1999.

Suriname Wealth Beyond Its Measure, IMF/World Bank Special Edition, September 1998.

Ron Ramdin, *Arising From Bondage: A History of the Indo-Caribbean People*, I. B. Tauris, Publishers, London, 2000.

Bureau of Western Hemisphere Affairs, U. S. Department of State, *Background Notes: Suriname*, October 2006.

Inter-American Development Bank, *Suriname Education Sector Study*, *February* 1998, http://www.iadb.org/regions/re3/su-edu.htm (2007 - 3 - 2)

《列国志》已出书书目

2003 年度

吴国庆编著《法国》
张健雄编著《荷兰》
孙士海、葛维钧主编《印度》
杨鲁萍、林庆春编著《突尼斯》
王振华编著《英国》
黄振编著《阿拉伯联合酋长国》
沈永兴、张秋生、高国荣编著《澳大利亚》
李兴汉编著《波罗的海三国》
徐世澄编著《古巴》
马贵友主编《乌克兰》
卢国学编著《国际刑警组织》

2004 年度

顾志红编著《摩尔多瓦》

赵常庆编著《哈萨克斯坦》

张林初、于平安、王瑞华编著《科特迪瓦》

鲁虎编著《新加坡》

王宏纬主编《尼泊尔》

王兰编著《斯里兰卡》

孙壮志、苏畅、吴宏伟编著《乌兹别克斯坦》

徐宝华编著《哥伦比亚》

高晋元编著《肯尼亚》

王晓燕编著《智利》

王景祺编著《科威特》

吕银春、周俊南编著《巴西》

张宏明编著《贝宁》

杨会军编著《美国》

王德迅、张金杰编著《国际货币基金组织》

何曼青、马仁真编著《世界银行集团》

马细谱、郑恩波编著《阿尔巴尼亚》

朱在明主编《马尔代夫》

马树洪、方芸编著《老挝》

马胜利编著《比利时》

朱在明、唐明超、宋旭如编著《不丹》

李智彪编著《刚果民主共和国》

杨翠柏、刘成琼编著《巴基斯坦》

施玉宇编著《土库曼斯坦》

陈广嗣、姜俐编著《捷克》

2005 年度

田禾、周方冶编著《泰国》

高德平编著《波兰》

刘军编著《加拿大》

张象、车效梅编著《刚果》

徐绍丽、利国、张训常编著《越南》

刘庚岑、徐小云编著《吉尔吉斯斯坦》

刘新生、潘正秀编著《文莱》

孙壮志、赵会荣、包毅、靳芳编著《阿塞拜疆》

孙叔林、韩铁英主编《日本》

吴清和编著《几内亚》

李允华、农雪梅编著《白俄罗斯》

潘德礼主编《俄罗斯》

郑羽主编《独联体（1991～2002）》

安春英编著《加蓬》

苏畅主编《格鲁吉亚》

曾昭耀编著《玻利维亚》

杨建民编著《巴拉圭》

贺双荣编著《乌拉圭》

李晨阳、瞿健文、卢光盛、韦德星编著《柬埔寨》

焦震衡编著《委内瑞拉》

彭姝祎编著《卢森堡》

宋晓平编著《阿根廷》

张铁伟编著《伊朗》
贺圣达、李晨阳编著《缅甸》
施玉宇、高歌、王鸣野编著《亚美尼亚》
董向荣编著《韩国》

2006 年度

李东燕编著《联合国》
章永勇编著《塞尔维亚和黑山》
杨灏城、许林根编著《埃及》
李文刚编著《利比里亚》
李秀环编著《罗马尼亚》
任丁秋、杨解朴等编著《瑞士》
王受业、梁敏和、刘新生编著《印度尼西亚》
李靖堃编著《葡萄牙》
钟伟云编著《埃塞俄比亚　厄立特里亚》
赵慧杰编著《阿尔及利亚》
王章辉编著《新西兰》
张颖编著《保加利亚》
刘启芸编著《塔吉克斯坦》
陈晓红编著《莱索托　斯威士兰》
汪丽敏编著《斯洛文尼亚》
张健雄编著《欧洲联盟》
王鹤编著《丹麦》

顾章义、付吉军、周海泓编著《索马里 吉布提》
彭坤元编著《尼日尔》
张忠祥编著《马里》
姜琍编著《斯洛伐克》
夏新华、顾荣新编著《马拉维》
唐志超编著《约旦》
刘海方编著《安哥拉》
李丹琳编著《匈牙利》
白凤森编著《秘鲁》

2007 年度

潘蓓英编著《利比亚》
徐人龙编著《博茨瓦纳》
张象、贾锡萍、邢富华编著《塞内加尔 冈比亚》
梁光严编著《瑞典》
刘立群编著《冰岛》
顾俊礼编著《德国》
王凤编著《阿富汗》
马燕冰、黄莺编著《菲律宾》
李广一主编《赤道几内亚 几内亚比绍 圣多美和普林西比 佛得角》
徐心辉编著《黎巴嫩》
王振华、陈志瑞、李靖堃编著《爱尔兰》

刘月琴编著《伊拉克》

左娅编著《克罗地亚》

张敏编著《西班牙》

吴德明编著《圭亚那》

张颖、宋晓平编著《厄瓜多尔》

田德文编著《挪威》

郝时远、杜世伟编著《蒙古》

2008 年度

宋晓敏编著《希腊》

王平贞、赵俊杰编著《芬兰》

图书在版编目（CIP）数据

苏里南/吴德明编著. －北京：社会科学文献出版社，2008.6

（列国志）

ISBN 978－7－5097－0188－1

Ⅰ. 苏... Ⅱ. 吴... Ⅲ. 苏里南－概况 Ⅳ. K977.2

中国版本图书馆 CIP 数据核字（2008）第 071502 号

苏里南（Suriname） ·列国志·

编 著 者／吴德明
审 定 人／江时学 宋晓平 吴国平

出 版 人／谢寿光
总 编 辑／邹东涛
出 版 者／社会科学文献出版社
地 址／北京市东城区先晓胡同 10 号 （邮政编码：100005）
网 址／http：//www.ssap.com.cn
网站支持／（010）65269967
责任部门／《列国志》工作室 （010）65232637
电子信箱／bianjibu@ssap.cn
项目经理／宋月华
责任编辑／孙以年
责任校对／孙 鹏
责任印制／岳 阳

总 经 销／社会科学文献出版社发行部
（010）65139961 65139963
经 销／各地书店
读者服务／市场部 （010）65285539
排 版／北京中文天地文化艺术有限公司
印 刷／三河市尚艺印装有限公司

开 本／880×1230 毫米 1/32
印 张／9.5
字 数／231 千字
版 次／2008 年 6 月第 1 版 2008 年 6 月第 1 次印刷

书 号／ISBN 978－7－5097－0188－1/K·0018
定 价／29.00 元

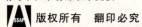

《列国志》主要编辑出版发行人

出 版 人　谢寿光

总 编 辑　邹东涛

项目负责人　杨　群

发 行 人　王　菲

编辑主任　宋月华

编　　辑　（按姓名笔画排序）

孙以年　朱希淦　宋月华

李正乐　周志宽　范　迎

范明礼　赵慧芝　袁卫华

黄　丹　魏小薇

封面设计　孙元明

内文设计　熠　菲

责任印制　盖永东

编　　务　杨春花

编辑中心　电话：65232637

网址：ssdphzh _ cn@ sohu. com